能源经济系统中的效率评价问题研究

——基于数据包络分析（DEA）方法

赵林林　查　勇　卞亦文　著

中国财经出版传媒集团

经济科学出版社

Economic Science Press

图书在版编目（CIP）数据

能源经济系统中的效率评价问题研究：基于数据包络分析（DEA）方法/赵林林，查勇，卞亦文著．——北京：经济科学出版社，2022.10

ISBN 978 - 7 - 5218 - 4124 - 4

Ⅰ.①能…　Ⅱ.①赵…②查…③卞…　Ⅲ.①能源经济 - 经济效率 - 研究 - 中国　Ⅳ.①F426.2

中国版本图书馆 CIP 数据核字（2022）第 194566 号

策划编辑：李　雪
责任编辑：高　波
责任校对：王苗苗
责任印制：邱　天

能源经济系统中的效率评价问题研究
————基于数据包络分析（DEA）方法

赵林林　查　勇　卞亦文　著

经济科学出版社出版、发行　新华书店经销

社址：北京市海淀区阜成路甲 28 号　邮编：100142

总编部电话：010 - 88191217　发行部电话：010 - 88191522

网址：www. esp. com. cn

电子邮箱：esp@ esp. com. cn

天猫网店：经济科学出版社旗舰店

网址：http://jjkxcbs. tmall. com

固安华明印业有限公司印装

710×1000　16 开　16 印张　249000 字

2022 年 10 月第 1 版　2022 年 10 月第 1 次印刷

ISBN 978 - 7 - 5218 - 4124 - 4　定价：80.00 元

序　言

　　气候变化已成为全球性的非传统安全问题，实现"碳中和"是全球大势、时代命题，关乎全人类未来发展。目前，全球已超过137个国家提出"碳中和"目标或愿景，中国也在2020年9月做出力争实现2030年前"碳达峰"、2060年前"碳中和"的庄严承诺。

　　温室气体主要源自人类活动所排放的二氧化碳，而化石能源消耗则是碳排放的主要原因。2020年，能源相关的碳排放约占全球碳排放总量的87%。资源禀赋与技术优势差异，决定了世界各国低碳转型的不同路径，但总体呈现"减煤、稳油、增气、大力发展可再生能源"的态势。中国是全球最大的能源消费国和碳排放国，近88%的碳排放来自能源系统，为实现碳中和目标，需要通过提高能效、减少煤炭使用，以及大幅提高清洁能源使用比例等措施实现自身快速、深度转型。此外，中国政府还须强化政策引导，加大科技创新，加快推进能源绿色低碳转型，才能支撑"碳达峰、碳中和"目标如期实现。

　　该书正是在这种时代背景下酝酿产生的。专著基于数据包络分析（data envelopment analysis，DEA）方法研究能源经济效率评价问题，采用理论研究与仿真分析相结合的研究方法，围绕决策者应对环境规制的策略、变量的特征、网络结构、节能减排目标等内容，系统性的分析能源经济系统中的效率评价问题，并为效率改进提供政策建议。在理论研究方面，所构建的能源经济系统效率评价模型对完善DEA理论具有重要意义。例如，在复杂网络结构下可持续发展系统效率评价部分，创造性地将可持续发展系统划分经济和环境子系统与社会子系统，并进一步探讨两个非独立平行子系统之间的交互关系，分别构建非合作和合作博弈情形下的效率评价模型。在应用研究方面，不仅对中国区域工业效率、区域经济与环境效率、主要城市的可持续发展效率进行分析，更为各区域能源经济系统的效率改进提供政策建议，对促进区域可持续发展具有重要意义。

2022 年 9 月 16 日

前　言

气候变化已成为人类社会共同关注的重大问题。2021 年 8 月，联合国政府间气候变化专门委员会（intergovernmental panel on climate change, IPCC）发布了第六次气候变化评估报告。该报告显示，自 19 世纪以来，人类活动已导致全球温度比工业化前水平高出 1.1℃，而未来 20 年升温还将持续。气候变化不仅带来了全球平均温度的升高，还导致极端气候事件呈现出频发、广发、强发和并发的趋势。以极端高温事件为例，目前极端高温发生的频率是工业化之前的 4.8 倍。世界经济论坛发布的《2020 年全球风险报告》指出，未来 10 年的全球前五大风险全部与气候和环境相关。可见，全球气候变化形势紧迫，需要世界各国切实行动，携手应对。

国际社会已采取行动积极应对气候变化的挑战。2015 年，《联合国气候变化框架公约》195 个缔约方在第 21 届联合国大会上一致同意通过《巴黎协定》，就全球控温达成共识：将全球升温控制在较工业革命前水平 2℃以内，同时尽最大努力控制在 1.5℃以内。为实现这一目标，各缔约国做出减排承诺。根据 IPCC 发布的《全球 1.5℃温升特别报告》，实现 1.5℃目标需要在 2050 年左右实现全球范围内的净零排放目标（即碳中和目标）。从联合国环境规划署发布的《排放差距报告 2021》来看，即使各国实现了国家自主贡献目标，与 1.5℃目标相比，仍然存在 2800 亿吨碳排放差距。因此，各国需要根据 1.5℃目标，提出更有力度的自主贡献目标。

中国作为世界上最大的发展中国家，在应对气候危机的挑战中彰显了大国的责任与担当。2020 年 9 月，国家主席习近平在第七十五届联合国大会上郑重宣布："中国将提高国家自主贡献力度，采取更加有力的政策和措施，二氧化碳排放力争于 2030 年前达到峰值，努力争取 2060 年前实现碳中和。"2021 年 10 月，国务院发布的《关于完整准确全面贯彻新发展理念做好碳达峰碳中和工作的意见》与《2030 年前碳达峰行动方案》构成了贯穿碳达峰、碳中和两个阶段的顶层设计。双碳顶层设计文件设定了到 2025 年、2030 年、2060 年的主要目标，并首次提到 2060 年非化石能源消费比重目标要达到 80% 以上。实现碳达峰、碳中和，是实现可持续发展的迫切需要。

双碳目标是一种倒逼机制，将加速中国能源经济系统的转型。然而，中国是一个发展中国家，仍处于工业化、城镇化发展的中后期，人均收入还需要大幅度提升，推进碳中和进程不能以牺牲经济增长为代价。与经济增长相随的能源消费总量不断增加将导致碳排放居高不下，减碳也是经济高质量增长的重要组成部分。2020 年，全国能源消费中，化石能源消费占比约为 84.3%，虽然与世界平均水平差距不大，但碳排放最大的煤炭消费占比是世界平均水平的 2 倍以上。我国以煤炭为主的能源资源禀赋特点（2020 年，煤炭消费占比 56.8%），决定了短中期内，煤炭仍然是能源供应体系中重要的基础能源。未来碳减排的重点之一就是降低煤炭的消耗，并提高清洁能源利用的能力。推进碳达峰、碳中和将对我国经济结构、产业结构、能源结构、能源系统等提出重大变革性和挑战。

除了减碳的压力之外，中国还面临能源安全问题。近年来，国际能源供应格局已经发生深刻变化，全球政治、文化、贸易冲突日益加剧，中国能源安全隐患逐渐凸显。以石油为例，2019 年中国石油对外依存度高达 72.6%。短期内，在能源技术没有发生突破性变革的前提下，随着工业化、城镇化的推进以及居民生活水平的提高，中国对石油的需求将持续增长，而由于资源禀赋约束，中国石油产量近年来呈现微降态势，因此短中期内，石油对外依存度将持续走高。在碳中和进程中，如何"先破后立"，在保障能源安全的前提下推进碳减排对经济的高质量发展具有重要意义。

促进经济发展、保障能源安全和保护生态环境是能源经济系统的基本目标。能源、环境和经济的协调发展问题主要涉及能源、环境和经济效率评价分析、清洁生产、节能技术及能源与环境政策等方面。其中，能源、环境和经济效率评价分析是一个关键问题。有效、合理的评价可以为能源经济政策及节能减排方案的制定和推行提供准确的信息。在上述时代背景下，本书基于效率视角，运用数据包络分析方法，研究能源经济系统效率评价过程中存在的一些特殊问题，如决策者应对环境规制的策略、动态多周期、不确定性因素、子系统博弈、结转变量、节能减排目标的可实现性等。全书共分八章。

第一章为导论，概要介绍了 DEA 理论、能源经济系统效率研究现状、研究方法、研究内容以及研究意义。第二章至第七章分别从环境规制应对策略、动态多周期、不确定性因素、子系统博弈、结转变量、节能减排目标的可实现性等方面介绍了经济、环境和能源效率评价的方法体系和具体应用实践。第八章则是对相关研究工作及其创新性进行总结，并对未来可能的研究进行展望。

本书在构思和撰写的过程中，笔者查阅了大量国内外相关论著，对文献资料进行梳理，对相关统计年鉴中的数据展开了多轮细致的搜集与整理，融入研究团队多年来在能源经济系统效率评价领域开展科学研究的成果，确立本书的框架和主要内容。撰写的过程中，笔者先后多次对内容进行斟酌增删，保证了本书的时代性、科学性、实用性、系统性和可读性。

尽管研究团队一直在探索能源经济系统效率评价的理论体系与方法框架，持续关注能源经济系统效率评价的最新发展动态，并在全书完稿后又进行了全面的梳理和修改，尽力做到科学、完整、客观地反映能源经济系统效率评价的最新研究成果。但是由于笔者水平有限，加之能源经济系统效率评价的思想、理念在不断更新，能源技术创新持续推进，书中内容难免有失偏颇，或停留在粗浅的探索层面，敬请各位读者能及时反馈意见，以便笔者及时修正、完善和深化。如果本书能对您的研究工作有所启发或帮助，笔者将倍感荣幸和欣慰。

本书的撰写工作得到了国家自然科学基金青年项目"基于数据包络分析的委托人与高管团队效率研究"（项目编号：71701102）、安徽省博士后科研项目"碳减排任务分配与碳排放权交易机制研究"（徽商期货有限责任公司博士后科研工作站）以及 2022 年江苏高校"青蓝工程"（优秀青年骨干教师）的资助，也参考了大量学者的相关论著，采用了许多统计年鉴中的数据，在此一并表示衷心感谢！

最后，感谢经济科学出版社的相关编辑，您们的辛勤工作，使本书最终成功出版发行。

赵林林

2022 年 10 月于南京

目　录
CONTENTS

第1章

导　论

能源作为经济活动中的重要投入要素，对经济的增长起着至关重要的作用。近三十年来，随着全球化的持续推进，各国对能源的消费也在迅速增长。尤其是中国，随着改革开放的实行，中国的经济飞速发展，工业化持续加快，能源消耗也在不断上升。如今，中国已是能源最大消费国。在国际能源消费结构中，煤炭、石油和天然气等矿物质能源占主要地位。矿物质能源的消耗导致环境问题越来越严重，例如，温室气体排放量的显著增加导致全球变暖；工业化的进程中工业污染物的排放导致空气污染、水污染和土壤污染等；矿物质能源的过度开采造成生态环境被严重破坏。迅速增长的能源消费也给能源供给带来了巨大压力，能源短缺已经成为制约世界经济发展的主要障碍。能源与环境问题业已成为人类发展的两大瓶颈。为了人类社会的长远发展，须采取措施保障能源供给、保护生态环境和促进经济增长。

1.1 引　言

可持续发展日益被视为一个国际问题。它是指，"既能满足当代人的需要，又不对后代人满足其需要的能力构成危害的发展"（Brundtland，1987）。它包含两层含义：保证当代人和后代人赖以生存的经济、社会和生态环境的健康发展；技术水平等方面的因素制约着现在和未来需求的满足（White and Lee，2009）。2002 年，关于可持续发展问题的世界首脑会议，又以"人，地球，繁荣"作为主题。这些都说明可持续发展的主要目标是促进经济增长、保护自然环境和推动社会发展（卞亦文，2006）。

可持续发展，旨在克服一系列的经济、能源和环境问题，特别是全球性的环境污染以及经济、能源和环境之间关系失衡。可持续发展的关键在于如何操作这种新的战略，帮助决策者找出影响经济、能源和环境协调的主要问题，制定有效的应对策略。

为了更好地分析经济、能源和环境之间的协调问题，1997 年，国际能源署（international energy agency，IEA）正式出版了能源效率报告，并每年进行更新（IEA，2011）。一般而言，能源效率定义为经济产出与能源投入的比例。周德群等（2012）指出，"该指标可以用于评估不同层面的经济活动能源效率，包括微观企业、中观行业以及宏观国家层面"。决策者可以根据经济产出的增长提高能源的消耗量，或者根据经济产出的减少降低能源的消耗量，以提高能源效率。这意味着，要实现经济、能源和环境的协调发展，必须提高能源效率。"美国能源信息署（energy information administration，EIA）在 2009 年的《世界能源展望》中提出，终端能源效率的提高将是 2030 年二氧化碳减排的最大贡献者"（周德群等，2012）。

以矿物质燃料为主的世界能源消费结构，导致环境污染问题日益严峻。为描述经济发展对环境产生的影响，20 世纪 90 年代，经济合作与发展组织（organization for economic cooperation and development，OECD）首次定义了环境效率的概念（Picazo‒Tadeo et al.，2012）。一般来说，环境效率是指企业、行业或者国家以较小的环境影响生产出较多的产品或服务。环境效率可以通过产品或服务的经济价值与其生产过程中对环境的压力或影响之比来评估（Picazo‒Tadeo and Prior，2009；Picazo‒Tadeo et al.，2012）。如在宏观层面上，可以用 GDP 与二氧化碳排放量之比表示；在微观层面上，可以用单位污染物或者环境压力的经济产出表示。环境效率可以客观地反映地区现状，有利于污染物减排政策的制定与实施。通过分析效率指标的变化，可以识别影响环境改善的关键因素，为环境政策的调整指明方向。

　　工业化进程中，起初，人们评价企业、行业或地区的生产活动时，主要考虑资本、劳动力和经济产出等指标，只关注企业、行业或地区的经济水平。而可持续发展要求各个部门在开展生产活动时，必须协调经济、能源和环境之间的关系。此外，随着能源效率政策的推进和环保形势的严峻，对能源经济系统效率评价的要求也越来越高。这些问题对效率测度提出了新的工作要求，也为相关政策的制定提供了新的方向。

　　综上所述，我们在分析企业、行业或地区的效率时，须同时考虑其经济产出、能源投入、非能源投入和污染物的排放。实践中，还要考虑应对策略、生产的多周期性、不确定性变量、内部结构、节能技术水平、经济结构以及能源消费结构等因素对效率测度的影响。这有助于客观地描述企业、行业或地区的效率，揭示其效率特征，发现存在的关键问题，帮助决策者采取有效的措施，提高企业、行业或地区的能源经济系统效率，推动节能减排目标的实现。

1.2　DEA 理论

　　1978 年，查恩斯、库铂和罗兹（Charnes，Cooper and Rhodes，1987）首次提出数据包络分析（data envelopment analysis，DEA）理论。该方法主要用于评价具有多投入和多产出的同质决策单元（decision making unit，DMU）之间的相对效率。该方法具有以下几个方面的优势：首先，它不需要预先估计生产函数（Zhang et al.，2011；Choi et al.，2012）。其次，它也不需要对相关的权重和参数进行假设，从而避免了决策者主观因素的影响（卞亦文，2006）。另外，它可以刻画出有效生产前沿面，为无效 DMU 的效率改进提供标杆（Camanho and Dyson，1999；Adler et al.，2002；Zhu，2014）。基于这些优势，40 多年来，有关 DEA 的理论研究不断推进，应用的领域也越来越广泛（Cooper et al.，2004；Cook and Seiford，2009）。DEA 已成为运筹学和管理学领域中一种重要的评价与分析工具（盛昭翰等，1996）。下面我们将简要介绍 DEA 相关的基本概念。

1.2.1　DEA 基本概念

1.2.1.1　决策单元

通常，我们可以将一个生产系统视为一个单元。通过生产要素的投入可以生产出一定的产品或服务。尽管不同的经济活动具有不同的内容和特征，但它们在生产的过程中都追求最大的效益。决策影响着产出，产出是决策的结果。那么这种生产系统可以称之为决策单元（盛昭翰等，1996）。由此，看出每个决策单元都反映出相关的经济意义。其基本特点为，有投入和产出，并在生产过程中追求自身的目标。

决策单元是一个广义的概念。可以是一个公司，投入指标为雇员、固定资产、员工薪酬和技术等；产出指标为净利润、股价和市场竞争力等。也可以是一个高校，投入指标为研究员、固定资产和校舍等；产出指标为所承担的科研项目、SCI 论文和研究生等。社会系统也可以视为决策单元，例如，公共服务方面的财政支出是其投入指标，医疗满意度、公共安全满意度和基础教育满意度等是其产出指标。

通常情况下，DEA 方法主要用于评价同质决策单元的相对有效性。同质的决策单元有以下三个方面的特征（盛昭翰等，1996）：

（1）任务与目标相同；

（2）所处的外部环境相同；

（3）投入和产出指标相同。

基于以上特征和不同的研究目标，我们在评价决策单元的相对效率时，需要根据具体的情形，选择合适的投入和产出指标。

1.2.1.2　生产可能集

在一个生产系统中，假定有 n 个决策单元，每个决策单元使用 m 种投入 $X = (x_{1j}, \cdots, x_{mj})^T$，生产出 s 种产出 $Y = (y_{1j}, \cdots, y_{sj})^T$。这样，整个

生产活动就可以通过 (X, Y) 进行描述。

定义 1–1

生产可能集：$T = \{(X, Y) \mid Y\, 由\, X\, 生产出\}$

为方便起见，一般假定生产可能集满足如下公理：

（1）凸性：两个可行的生产活动，其任意的线性组合也是可行的。

（2）锥性：k 倍的投入可能得到 k 倍的产出。

（3）无效性：产出不变时投入可以增加或投入不变时产出可以减少。

（4）最小性：满足前三项的集合的交集才是生产可能集（魏权龄，2004）。

根据不同的规模报酬，生产可能集可分为以下四种情形：

（1）规模报酬不变情形：

$$T_{CRS} = \Big\{(X, Y): Y \leqslant \sum_{j=1}^{n} y_{rj}\lambda_j, \ X \geqslant \sum_{j=1}^{n} x_{ij}\lambda_j,$$

$$\lambda_j \geqslant 0, \ i = 1, \cdots, m, \ r = 1, \cdots, s\Big\} \tag{1.1}$$

图 1–1 描述了规模报酬不变情形的生产可能集。

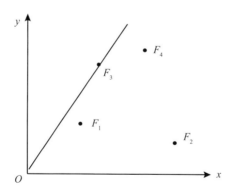

图 1–1　规模报酬不变情形

（2）规模报酬可变情形：

$$T_{VRS} = \Big\{(X, Y): Y \leqslant \sum_{j=1}^{n} y_{rj}\lambda_j, \ X \geqslant \sum_{j=1}^{n} x_{ij}\lambda_j, \ \sum_{j=1}^{n} \lambda_j = 1,$$

$$\lambda_j \geqslant 0, \ i = 1, \cdots, m, \ r = 1, \cdots, s\Big\} \tag{1.2}$$

图 1 - 2 描述了规模报酬可变情形的生产可能集。

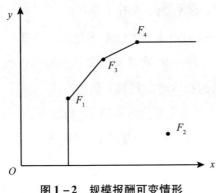

图 1 - 2　规模报酬可变情形

（3）规模报酬非增情形：

$$T_{VRS} = \left\{ (X, Y) : Y \leqslant \sum_{j=1}^{n} y_{rj} \lambda_j, \ X \geqslant \sum_{j=1}^{n} x_{ij} \lambda_j, \ \sum_{j=1}^{n} \lambda_j \leqslant 1, \right.$$
$$\left. \lambda_j \geqslant 0, \ i = 1, \ \cdots, \ m, \ r = 1, \ \cdots, \ s \right\} \tag{1.3}$$

图 1 - 3 描述了规模报酬非增情形的生产可能集。

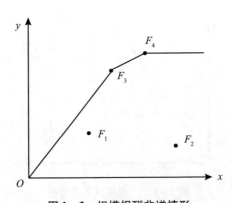

图 1 - 3　规模报酬非增情形

（4）规模报酬非减情形：

$$T_{VRS} = \left\{ (X, Y) : Y \leqslant \sum_{j=1}^{n} y_{rj} \lambda_j, \ X \geqslant \sum_{j=1}^{n} x_{ij} \lambda_j, \ \sum_{j=1}^{n} \lambda_j \geqslant 1, \right.$$
$$\left. \lambda_j \geqslant 0, \ i = 1, \ \cdots, \ m, \ r = 1, \ \cdots, \ s \right\} \tag{1.4}$$

图 1 - 4 描述了规模报酬非减情形的生产可能集。

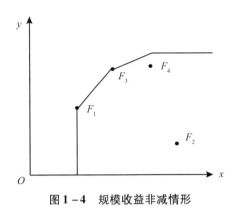

图 1 - 4 规模收益非减情形

1. 2. 1. 3 可支配性

在介绍可支配性之前,我们先简要介绍生产可能集的两个衍生集。即投入可能集和产出可能集(Fuss et al.,1978)。

定义 1 - 2

投入可能集: $L(Y) = \{X \mid (X,Y) \in T\}$

产出可能集: $P(X) = \{Y \mid (X,Y) \in T\}$

一般地,生产活动中,如果投入的增加不会引起产出的减少,则称之为"强可支配"(Yang and Pollitt,2010)。但是,现实中,投入和产出之间的关系并不是一直如此。如在某些生产活动中,产出并不一定随着投入的增加而增加,有时投入的增加可能会带来产出的减少。如适量的降雨有利于农作物产量的提高,而过量的雨水会使农作物减产甚至颗粒无收。这就说明投入或产出并不一定是"强可支配"的,也可能存在弱可支配的情形。通常,弱可支配分为投入弱可支配和产出弱可支配。当且仅当所有的投入按照相同的比例增加时,产出才不会减少的生产活动称为投入弱可支配。投入不增加,部分或全部的产出可以任意减少的生产活动称为产出弱可支配(盛昭翰等,1996)。图 1 - 5 描述了投入强可支配和弱可支配的投入可能集。

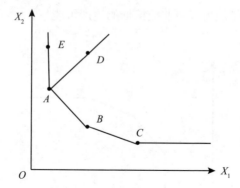

图 1 - 5 投入强可支配和弱可支配的投入可能集

图 1 - 5 中，$EABC$ 表示投入强可支配，$DABC$ 表示投入弱可支配。

以规模报酬不变情形为例，投入弱可支配的投入可能集表示为如下形式：

$$T_{WD} = \{(X, Y): Y \leqslant \sum_{j=1}^{n} y_{rj}\lambda_j, \delta X = \sum_{j=1}^{n} x_{ij}\lambda_j, \delta \in (0, 1),$$
$$\lambda_j \geqslant 0, i = 1, \cdots, m, r = 1, \cdots, s\} \quad (1.5)$$

1.2.1.4 期望和非期望产出

在生产活动中，好的产出被称为期望产出，是决策单元所期望增加的产出（Scheel，2001；Zhou et al.，2008），如净利润、优质产品、科研成果等。

不好的产出被称为非期望产出，是决策单元所期望减少的产出（Seiford and Zhu，2002；Färe and Grosskopf，2004），如二氧化碳、工业废气、工业废水等。

1.2.1.5 效率

基于德布鲁（Debreu，1951）的研究成果，法雷尔（Farrell，1957）首次提出效率评价问题，并定义了决策单元（如经济系统或生产过程）的经济效率。法勒等（Färe et al.，1994）详细分析了生产系统的效率，并将效率分为技术效率与配置效率。在投入保持不变的情形下，技术效率可以表示为，决策单元的实际产出与其理想产出之比。如果比值小于1，则该决策单元是技术无效的。技术效率描述了决策单元的生产潜能。在产出保持不变和技术有效的情形下，配置效率可以表示为，决策单元的理想成本与实际成本之比。配置效率刻画了决策单元的资源配置能力。决策单元的经济效率由技术效率和配置效率构成。

法雷尔（1957）提出"生产前沿面"这一概念，以评价决策单元的经济效率。"生产可能集中所有有效的点形成的曲面即为生产前沿面"（卜亦文，2006）。假定 $(X, Y) \in T$，如不存在 $(X, Y') \in T$，且 $Y' \geqslant Y$，那么 (X, Y) 为有效点，即 (X, Y) 在生产前沿面上，在当前的投入水平，产出不能再增加。生产前沿面可以体现一个部门或行业的当前的生产力水平。通过度量各决策点与前沿面之间的距离就可以获得决策单元的效率；距离越小，被评价的决策单元的效率值越高；当决策点与前沿面之间的距离为0时，则说明该决策点有效。

法雷尔（1957）关于效率评价的理论为 DEA 方法奠定了基本的思路。下面，我们将详细介绍 DEA 基本的思路与模型。

1.2.2　DEA 基本思路

我们通过图 1-6 来演示 DEA 的基本思路。如图 1-6 所示，A，B，C，D 和 E 为 5 个决策单元，在生产活动中，每个决策单元使用 X_1 和 X_2 两种投入，产出为 Y。由图 1-6 可知，D 为无效的决策单元，其他的决策单元均有效，即位于前沿面上。

一般地，可以通过前沿面上有效的决策单元的线性组合来构建新的有效 DMU。以决策单元 D 为例，线段 DO 与前沿面的交点为 E；很明显，E 可以描述为 A 和 B 的线性组合。在产出相同的情况下，E 的投入小于 D 的投入。这意味着，D 的投入过多，较之 E，D 是无效的。这时，E 的效率可以用 EO/DO 表示，当 $EO/DO < 1$ 时，D 为无效的决策单元；当 $EO/DO = 1$ 时，D 为有效的决策单元。从这一思路出发，基于线性规划模型，DEA 可以评价决策单元的相对效率。

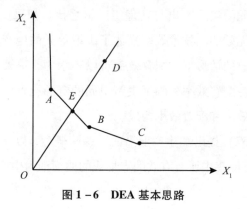

图 1 - 6　DEA 基本思路

1.2.3　DEA 基本模型

一般情况下，投入和产出都是多维的，因此，在评价决策单元的效率时，需要对投入和产出进行"综合"，赋予各种投入和产出合适的权重。DEA 有效地综合了各决策单元的投入和产出数据。一般地，DEA 模型有分式规划和线性规划两种形式。分式规划可以表示为：

$$\max \frac{\sum_{r=1}^{s} u_r y_{ro}}{\sum_{i=1}^{m} v_i x_{io}}$$

$$\text{s. t. } \frac{\sum_{r=1}^{s} u_r y_{rj}}{\sum_{i=1}^{m} v_i x_{ij}} \leqslant 1, \ j = 1, \cdots, n$$

$$u_r, \ v_i \geqslant 0, \ r = 1, \cdots, s, \ i = 1, \cdots, m \qquad (1.6)$$

其中，u_r 和 v_i 分别表示第 r 种产出和第 i 种投入的权重。对模型（1.6）采用查恩斯 - 库铂（Charnes - Cooper）模型转换，可以得到如下线性形式：

$$\max \sum_{r=1}^{s} \mu_r y_{ro}$$

$$\text{s. t. } \sum_{r=1}^{s} \mu_r y_{rj} - \sum_{i=1}^{m} \omega_i x_{ij} \leqslant 0, \ j = 1, \cdots, n$$

$$\sum_{i=1}^{m} \omega_i x_{io} = 1$$

$$\mu_r, \omega_i \geqslant 0, \ r = 1, \cdots, s, \ i = 1, \cdots, m \qquad (1.7)$$

模型（1.7）的对偶规划为：

$$\min \theta$$

$$\text{s. t.} \ \sum_{j=1}^{n} \lambda_j x_{ij} + s_i^- = \theta x_{io}, \ i = 1, \cdots, m$$

$$\sum_{j=1}^{n} \lambda_j y_{rj} - s_r^+ = y_{ro}, \ r = 1, \cdots, s$$

$$\lambda_j, \ s_i^-, \ s_r^+ \geqslant 0, \ \forall j, i, r \qquad (1.8)$$

其中，λ_j 为投入和产出的权系数；θ 是被评价的 DMU 的相对效率；s_i^- 和 s_r^+ 分别为第 i 种投入和第 r 种产出的剩余变量。模型（1.8）是包络形式的查恩斯 – 库铂 – 罗兹（charnes-cooper-rhodes，CCR）模型，且该模型中规模报酬不变。在模型（1.8）中加入约束条件 $\sum_{j=1}^{n} \lambda_j = 1$，则转化为如班克 – 查恩斯 – 库铂（banker-charnes-cooper，BCC）模型：

$$\min \theta$$

$$\text{s. t.} \ \sum_{j=1}^{n} \lambda_j x_{ij} + s_i^- = \theta x_{io}, \ i = 1, \cdots, m$$

$$\sum_{j=1}^{n} \lambda_j y_{rj} - s_r^+ = y_{ro}, \ r = 1, \cdots, s$$

$$\sum_{j=1}^{n} \lambda_j = 1, \ j = 1, \cdots, n$$

$$s_i^-, \ s_r^+ \geqslant 0, \ \forall i, r \qquad (1.9)$$

定义 1 – 3

当模型（1.9）的最优值 $\theta^* = 1$ 时，被评价的决策单元为弱 DEA 有效；当 $\theta^* = 1$，且 s_i^{-*}，$s_r^{+*} = 0$ 时，被评价的决策单元为 DEA 有效；当 $\theta^* < 1$ 时，被评价的决策单元为 DEA 无效。

上述模型均为投入型模型，类似地，如果"投入不变，最大化产出"可采用产出型模型，具体内容见盛昭翰等（1996）和魏权龄（2004）。

在经济含义方面，投入型模型和产出型模型有着不同的意义。投入型模型"保持产出不变，最小化投入"。当 $\theta^* < 1$ 时，则被评价的 DMU_0 无效，生产活动中投入过多，可以按照比例 θ^* 减少各种投入要素；当 $\theta^* = 1$ 且所有的剩余变量均为 0 时，则被评价的决策单元有效，各投入要素均不能减少。产出型模型"保持投入不变，最大化产出"。如果产出可以按照一定的比例增加，则被评价的决策单元无效；如果不能增加，则被评价的决策单元有效。

值得注意的是，CCR 模型同时分析技术效率和规模效率，而 BCC 模型只评价技术效率（Banker et al., 1984），有关技术与规模效率的详细描述，可参阅法勒和格罗斯科夫（Färe and Grosskopf, 1985）、鲁杰罗（Ruggiero, 1998）。

1.3　基于 DEA 的能源经济系统效率研究现状

在经济活动中，能源是重要的投入要素。目前，在国际能源消费结构中矿物燃料仍占主导地位，矿物质燃料的消耗带来大量的污染物排放，如二氧化碳、二氧化硫和粉尘等。这些污染物的排放导致环境问题越来越严重，能源消耗与环境污染已成为可持续发展的主要障碍。

世界石油危机（1973～1974 年）以来，学者们越来越热衷运用分析与建模工具从事能源相关的研究（Loken, 2007）。这进一步加强了世界范围内对能源问题的关注。相关文献提出了大量的建模工具，分析了复杂的能源经济系统。如杰巴拉杰和伊尼扬（Jebaraj and Iniyan, 2006）回顾了能源计划与管理方面的不同模型。周等（Zhou et al., 2008）对 DEA 在能源经济系统方面的应用进行了文献调研。在众多的能源经济系统建模工具中，DEA 方法引起了广泛的关注。目前，在许多国家的能源行业，DEA 已被视为主要的效率分析工具，尤其是工业领域（Jamasb and Pollitt, 2001；Abbott, 2006；Emrouznejad and Yang, 2016）。

在评价决策单元的相对效率时，传统的 DEA 模型一般将资本、劳动力和股东权益等作为投入；将净利润、股价和市场竞争力等作为产出。决策者希望以最少的投入获得最多的产出，这时所有的产出都是期望的。然而，在评价能源经济系统效率时，除了要考虑期望产出之外，还须考虑非期望产出。如，一个造纸厂生产纸品的同时，排放出大量的废水；纸品为期望产出，废水为非期望产出。再如，一个火力发电厂，投入厂房、设备、劳动力、资本和煤炭等；产出电力、二氧化碳、二氧化硫和粉尘等。这时，电力为期望产出，二氧化碳、二氧化硫和粉尘为非期望产出。由此可见，传统的 DEA 模型在分析能源经济系统效率方面具有一定的局限性。为了更准确地描述决策单元的能源经济系统效率，必须根据现实情况，提出合理的评价模型。

在 DEA 框架下，能源经济系统效率的研究工作通常分为应用研究和理论研究两类。下面，我们将从这两个方面对相关研究进行介绍。

1.3.1 DEA 应用相关研究

20 世纪 90 年代，DEA 已被广泛应用于评价电力公司的效率，如法罗等（1990）研究了美国伊利诺伊州电力公司的生产效率；韦曼（Weyman, 1991）研究了英国配电公司的技术效率。此后，出现了大量相关研究，并且研究的视角也从某一单个国家扩展到国际范围，如詹姆斯和波利特（Jamasb and Pollitt, 2003），周等（2007），陈等（Chen et al., 2015），哈希米和阿拉姆（Hashmi and Alam, 2019），伊拉姆等（Iram et al., 2020）。

国际社会对环境问题的关注以及 DEA 在效率评价方面的优势等因素，使 DEA 方法被广泛应用于评价环境效率和评估环境政策的影响。应用研究主要有以下三方面：

（1）运用 DEA 方法评价公司层面的环境效率。如博伊德等（Boyd et al., 2002），曼达尔和马赫斯瓦兰（Mandal and Madheswaran, 2010），苏伊约希等（Sueyoshi et al., 2010），末吉和后藤（Sueyoshi and Goto, 2012a），毕等（Bi et al., 2014），吴等（Wu et al., 2015），费尔南多和霍尔（Fernando and Hor, 2017），魏等（Wei et al., 2022）。

（2）近年来，应用 DEA 方法评价宏观层面的环境效率已成为一种趋势，特别是地区或国家碳排放方面的研究。如扎伊姆和塔斯金（Zaim and Taskin, 2000a, b），索菲奥和普列托（Zofio and Prieto, 2001），拉马纳森（Ramanathan, 2002, 2005），法勒等（Färe et al., 2004），周等（Zhou et al., 2006），王和冯（Wang and Feng, 2015），吴等（Wu et al., 2015），赵等（Zhao et al., 2016），王等（Wang et al., 2019），张等（Zhang et al., 2020）。国际社会对碳排放引起的气候变化问题的持续关注，又进一步推动 DEA 方法在能源经济系统效率研究方面的应用。

（3）能源效率评价是能源经济问题研究的一个重要课题（Ang, 2006）。博伊德和庞（Boyd and Pang, 2000）分析了能源效率与生产力之间的关系。胡和王（Hu and Wang, 2006）运用 DEA 方法提出了一种有效的能源效率指标，即全要素能源效率。随后，张等（Zhang et al., 2011）在基础上运用全要素框架，评价了 23 个发展中国家的能源效率。阿扎德等（Azadeh et al., 2007）结合 DEA 和主成分分析方法（principal component analysis, PCA），研究了能源密集型制造业的能源效率评价问题。石等（Shi et al., 2010）基于固定总和的 DEA 模型，研究了考虑固定总和非能源投入的中国地区工业的能源效率。吴等（Wu et al., 2012）将曼奎斯特指数（malmquist productivity index, MPI）与 DEA 方法结合，分析了中国区域工业的动态能源效率。周等（Zhou et al., 2012）采用参数前沿面的方法评估了经济合作与发展组织成员国经济层面的能源效率。王等（Wang et al., 2013）采非径向的方向距离函数方法，研究了三种发展战略下中国的能源效率和生产效率。林和王（Lin and Wang, 2014）采用随机前沿面方法，讨论了中国钢铁行业的能源效率。查等（Zha et al., 2016）分析了碳排放估算的不确定性问题，提出考虑不确定性碳排放的能源效率评价模型。杨等（Yang et al., 2020）运用零和增益 DEA 模型对中国 2020 年省级碳减排方案进行评估，并计算出 2030 年各省区的优化值。

除了以上三个应用领域，DEA 也被应用于评价一些具体的能源部门的生产效率。如地区供热厂（Agrell and Bogetoft, 2005；Munksgaard et al., 2005；Seifert et al. 2016；Mahmoudi et al., 2019），石油和天然气行业（Hawdon, 2003；Kashani, 2005；Sueyoshi and Goto, 2012b）。此外，在排

放许可证分配问题的研究中，DEA 也是一个有效的分析工具，如洛萨诺（Lozano et al.，2009），吴等（Wu et al.，2013），孙等（Sun et al.，2014），周等（Zhou et al.，2014），冯等（Feng et al.，2015），张等（Zhang et al.，2017），杨等（Yang et al.，2019），崔等（Cui et al.，2021）。

1.3.2 DEA 理论相关研究

可支配性、投入和产出变量的特征、生产可能集的规模报酬、模型的类型、MPI 的使用以及 DMU 的内部结构等因素进一步推进了理论研究的发展。

相关 DEA 文献已提出许多方法处理非期望产出问题（Scheel，2001）。一般地，这些方法可以分为两类：一类是采用数据转换的方式，如塞福德和朱（Seiford and Zhu，2002）。另一类是按照投入处理，如海鲁和韦姆南（Haiul and Veemnan，2001），在这种方式中，通常假定非期望产出是弱可支配的（Färe et al.，1989）。这两种方式各有优劣，下面，我们将重点介绍第二种处理方式的生产可能集。

假定有 n 个决策单元，每个决策单元可以表示为 $DMU_j(j=1,\cdots,n)$。每个决策单元使用 m 种投入 $x_{ij}(i=1,\cdots,m)$，生产出 s 种期望产出 $y_{rj}(r=1,\cdots,s)$ 和 t 种非期望产出 $b_{fj}(f=1,\cdots,t)$。假定 $X_j=(x_{1j},\cdots,x_{ij})^T$，$Y_j=(y_{1j},\cdots,y_{sj})^T$，$B_j=(b_{1j},\cdots,b_{tj})^T$，且 $X_j>0$，$Y_j>0$，$B_j>0$。相应的生产可能集为：

$$T = \left\{(X,Y,B):Y\leqslant\sum_{j=1}^{n}Y_j\lambda_j,B\geqslant\sum_{j=1}^{n}B_j\lambda_j,X\geqslant\sum_{j=1}^{n}X_j\lambda_j,\lambda_j\geqslant0\right\}$$

$$(1.10)$$

若非期望产出 $b_{fj}(f=1,\cdots,t)$ 是弱可支配的，相应的生产可能集为：

$$T^{WD} = \left\{(X,Y,B):Y\leqslant\sum_{j=1}^{n}Y_j\lambda_j,B=\sum_{j=1}^{n}B_j\lambda_j,X\geqslant\sum_{j=1}^{n}X_j\lambda_j,\lambda_j\geqslant0\right\}$$

$$(1.11)$$

非期望产出弱可支配性意味着，决策单元不能单独减少非期望产出，非期望产出的减少必然带来期望产出的减少。此外，非期望产出还满足零结合性质，即如果 $(X, Y, B) \in T$ 且 $B = 0$，那么 $Y = 0$（Färe et al., 2005），这意味着，消除非期望产出的唯一途径是终止生产活动。因此，当期望产出和非期望产出同时出现时，T^{WD} 可以更好地描述真实的生产过程。在评价能源经济系统效率时广泛运用弱可支配性。如扎伊姆（Zaim, 2004），周等（2007），陈等（Chen et al., 2015），赵等（2016），张等（Zhang et al., 2021）等。

关于生产可能集的规模报酬问题，规模报酬可变（variable returns to scale，VRS）是一种更为合理的假设（Ramanathan, 2003），但是大多数研究通常假定规模报酬不变（constant returns to scale，CRS）（Zhou et al., 2008a）。原因可能是，在规模报酬不变的情形下，产出型的径向效率是投入型径向效率的倒数。结果导致选择投入型还是产出型 DEA 模型对评价结果并没有影响。这也可以部分地解释为什么基于规模报酬不变假设的 MPI 可以定义为总的生产力指标（Førsund and Kittelsen, 1998）。

在各种效率评价模型中，径向的模型是运用最为广泛的。然而，在某些情况下，非径向的模型可能更具实践意义。例如，当同时考虑期望和非期望产出的调整时，方向距离函数模型可以提供更为合理的效率分析指标，因为它可以同时减少非期望产出和增加期望产出（Färe et al., 2001；Picazo-Tadeo et al., 2005）。与径向的模型相比，非径向的模型，如基于剩余变量的模型（slack-based model，SBM），在评价能源效率和描述环境效率方面具有更好的识别能力（Hu and Wang, 2006；Hu and Kao, 2007；Zhou et al., 2008a）。

此外，近年来，MPI 在能源经济问题研究中越来越受到关注。MPI 主要用于分析跨期的生产效率，如末吉和后藤等（2001），周等（Zhou et al., 2010），吴等（Zhou et al., 2012），张和崔（Zhang and Choi, 2013），赵等（Zhao et al., 2019）。

相关 DEA 文献中有大量关于能源经济问题的研究成果，详情见宋等（Song et al., 2012）和艾莫仁杰德和杨（Emrouznejad and Yang, 2018），这里不再详述。

1.4　问题的提出

由相关 DEA 文献可以看出，已有的研究主要分析了一般情形下的效率。随着能源与环境问题的加剧，相关的效率评价也更加复杂化，这对现有研究方法提出了新的要求。因此，我们必须深入地探讨实践中特殊的能源经济系统效率评价问题。

1.4.1　决策者应对环境规制的策略对决策单元效率评价的影响

随着能源与环境问题的加大，地区或者国家政府制定了一些节能减排政策，且这些政策越来越严格。面对这些严格的能源与环境规制，决策单元必须根据自身的情况采取相应的策略，才能保证生产活动的顺利进行。例如，面对政府分配的排污指标，一个造纸厂可能会减少纸品产量以减少污水排放量；它也可能通过增加资本投入改进生产技术，减少污水排放，同时又不影响纸品的产量。这两种不同的应对策略会对该造纸厂的期望产出和非期望产出产生显著影响，进而影响其效率。现有的效率评价模型并不适合这种情形，因此，必须根据决策单元面对环境规制时可能采取的应对策略，构建一种合理的效率评价方法，以更好地探究不同策略对决策单元效率的影响。

1.4.2　在效率分解的基础上研究决策单元效率的动态变化

实践中，工业系统的运作流程可以分为两种类型：常规生产活动和污染控制活动。评价两类活动的效率有助于识别工业系统低效率的来源。此外，动态情形下分解各效率指标的曼奎斯特生产力指数（malmquist productivity index，MPI），有助于识别效率变化的驱动因素。

已有研究要么只考虑了工业系统的内部结构（即两阶段或网络结构），要么只考虑动态效率，没有分解技术效率也没有考虑应对策略对效率评价的影响。当一个工业系统被评价为无效时，很难确定无效的来源是常规生产活动还是污染控制活动。因此，需要一种更合适的方法对工业系统的效率进行评价。

1.4.3　不确定性因素对决策单元效率评价的影响

已有的能源效率研究，通常将碳排放作为一个确定性的变量。在现实中，二氧化碳的产生过程在空间和时间都是可变的。在此背景下，我们很难设计恰当的估算模型，也难以获得精确的排放数据（Monni et al.，2004）。因此，中国城市、地区或者省份的碳排放数据不能直接在任何数据库或者统计年鉴中搜集到。由于，二氧化碳主要产生于矿物质能源的消耗，那么，每种矿物质能源投入的碳排放量可以通过其消耗量与其碳排放系数的乘积进行估算（Liu et al. 2010；Li et al. 2012）。这种估算方法的潜在假设是所有地区给定的矿物质能源的碳排放系数都是相同的。然而，这种假设可能不适合地区之间生产差距或清洁技术差距很大的情形。已有大量研究致力于分析碳排放量估算过程中不确定性（Kühlwein and Friedrich，2000；Rypdal and Winiwarter，2001；Monni et al.，2004）。此外，国家温室气体清单的不确定性估计已经成为政府间气候变化委员会（intergovernmental panel on climate change，IPCC）指导意见的一部分。因此，研究碳排放的不确定性对能源与碳排放效率的影响具有重大的现实意义。

1.4.4　子系统博弈关系对决策单元效率评价的影响

通常，可持续发展系统（sustainable development system，SDS）由两个子系统构成，即经济与环境子系统（economic and environmental subsystem，EES）和社会子系统（social subsystem，SS）。在实现可持续发展目标的过程中，EES 与 SS 之间的关系起着重要作用，并且影响两个子系统的发展，继而影响可持续发展系统的效率。然而，相关文献鲜有探讨 EES 与 SS 之间的关系是如何影响子系统的发展，继而影响可持续发展系统的效率。在本书中，我们建立经 EES 与 SS 之间的关联，在交互式环境下研究可持续发展系统的效率，重点关注经济、环境和社会可持续性。

1.4.5 网络系统中结转变量对决策单元效率的动态影响

工业系统运作流程分为两个阶段：生产阶段和减排阶段。工业污染物是生产阶段的产出也是减排阶段的投入，会对两个阶段的效率都有较大的影响。在一定时期内，工业废气处理能力（capacity of industrial waste gas treatment，CIT）是减排阶段的期望产出，也是后续减排阶段的投入。即工业废气处理能力可以被视为期望的结转变量。网络结构和结转变量对两个阶段的效率和系统整体效率均产生显著影响。在探讨工业系统效率时，已有研究均未同时考虑两阶段流程和工业废气处理能力的影响。因此，现有的评估方法可能不适用于动态网络结构下的工业系统效率评估，需要一种更好的方法来测度动态网络结构下的工业系统效率。

1.4.6 在效率评价的基础上考虑节能减排目标的可实现性问题

已有的研究通常假定，一个无效的决策单元通过调整其能源消耗量和碳排放量，可以自由地映射到有效的前沿面上。然而，现实中并非如此。通常在短期内，一个决策单元不能显著地改变其生产结构。快速变化的政策可能在执行过程中遇到阻力（Argyris and Schön，1997；Yu et al.，2013）。目前在中国，能源效率的提高和碳排放的减少，主要通过节能技术进步和能源结构调整实现（Bian et al.，2013）。然而，节能技术的进步是一个渐进的过程，且能源消费结构受到矿物质能源和非矿物质能源供应能力的限制，平衡能源结构也需要长期的过程。因此，一个决策单元很难在短期内实现其节能减排目标（Brissimis and Zervopoulos，2012）。这就要求我们在能源与碳排放效率评价的基础上，提出有效的节能减排路径，帮助决策者制定出符合其自身实际的目标。

1.5　研究方法、研究内容及研究意义

1.5.1　研究方法

本书以 DEA 为基本方法，围绕能源节约与环境保护这一时代背景，针对能源经济系统效率评价工作中的特殊问题，对已有的研究进行拓展。

（1）基于 DEA 理论中的范围调整模型（range-adjusted measure，RAM），研究决策者的不同应对策略（即，面对环境规制时所采取的应对措施）情形下的经济与环境效率，并分析不同策略对经济与环境效率的影响。

（2）基于环境规制应对策略视角，分别构建静态和动态 DEA 模型，并结合 MPI 方法探讨效率分解和动态效率变化，以确定工业生产活动中低效率的来源。

（3）结合机会约束规划与 DEA 方法，研究不确定性的碳排放对能源与碳排放效率评价模型的影响，并根据决策者的风险态度和碳排放的不确定性程度，对效率进行灵敏度分析，以刻画风险态度和不确定性程度对能源与环境效率变化的影响。

（4）基于非合作和合作博弈视角，研究经济和环境子系统与社会子系统之间的交互关系对可持续发展系统效率的影响。

（5）提出一种动态两阶段 DEA 方法，剖析两阶段流程和结转变量对工业系统效率的影响，并运用回归分析方法探讨环境变量对工业系统效率的影响。

（6）从决策单元实际的技术水平和能源结构特征出发，运用基于目标的 DEA 模型，为决策单元提供一种循序渐进的节能减排路径。

1.5.2　研究内容

本书根据 DEA 的相关研究成果，结合理论研究和应用研究，首先讨论能源经济系统中效率评价中存在的现实问题，如环境规制应对策略对经济与环境效率的影响、经济效率和环境效率动态变化的驱动因素、碳排放的不确定性对能源与碳排放效率的影响、生态效率的分解以及不可控变量对生态效率的影响、经济和环境子系统与社会子系统之间的交互关系对可持续发展系统效率的影响、网络结构下结转变量对工业系统效率的动态影响、节能减排目标的可实现性等，并提出相应的处理方法。接着，运用提出的方法评价中国各区域的效率。主要内容有以下几个方面：

第 1 章，首先，对经济、能源和环境之间的协调问题进行介绍，引出本书的研究焦点。其次，简要介绍了 DEA 基本理论，其中包括基本概念、基本思路和基本模型等。最后，根据本书的研究背景和基本理论，分析了基于 DEA 的能源经济系统效率研究现状。

第 2 章，从决策单元面对环境规制时可能采取的应对策略出发，构建不同策略情形下的经济与环境效率评价模型，并分析不同策略之间的转换对效率评价结果的影响。最后，运用提出的方法评价中国区域工业系统的经济与环境效率，并分析区域工业系统效率的特征。

第 3 章，首先，提出基于不同应对策略的动态 DEA 模型以评价工业系统的经济与环境综合效率。其次，将综合效率分解为经济效率和环境效率，并将各效率指标的 MPI 值分解为静态效率变化和技术变化。最后，将所提方法应用于中国区域工业系统效率评价，为中国区域工业系统效率的改进提供有益的信息。

第 4 章，考虑碳排放的不确定性对能源与碳排放效率评价的影响，结合机会约束规划和 DEA 方法，提出一种径向的考虑不确定性因素的能源与碳排放评价模型。接着，将径向的模型扩展为非径向的模型，并运用提出的方法评价中国各个区域的能源与碳排放效率。

第 5 章，首先将可持续发展系统分为两个子系统：经济和环境子系统与社会子系统。运用传统 DEA 方法刻画子系统独立平行运作的情形,并扩展到子系统关联运作情形。接着,刻画经济和环境子系统与社会子系统之间的交互关系,提出非合作和合作博弈 DEA 模型,分析子系统的交互方式对可持续发展系统效率的影响,并运用提出的方法评价中国主要城市的可持续发展效率。

第 6 章,首先,构建动态两阶段 SBM – DEA 模型,探讨结转变量对工业系统效率的动态影响。其次,将中国区域工业系统为东部、中部、西部和东北部四种类型,分析中国区域工业系统的地理特征。最后,运用回归分析法探讨环境变量对工业系统效率的影响,从而确定影响效率的关键因素,为效率改进提供政策建议。

第 7 章,从节能减排目标的可实现性出发,考虑决策单元实际的技术水平和能源消费结构,构建基于目标的 DEA 模型,并提出一种循序渐进的节能减排路径,帮助决策单元制定合理的、可实现的节能减排目标。接着,运用提出的方法分析了中国各个区域的节能减排潜力、地域特征和关键问题,并为各个区域提供给了相应的节能减排路径。

第 8 章,总结本书的研究工作,分析本书的不足之处,并指出未来可能的研究方向。

1.5.3 研究意义

经济、能源和环境的协调决定着可持续发展目标的实现。追求经济增长的同时,要保障能源的供给和安全、保护生态环境以及减少各种污染物的排放。现实中存在的一些特殊问题,要求我们根据具体的情形确定合理的评估方法。对经济、能源与环境效率的描述,可以刻画经济、能源和环境的现状,分析可能存在的问题,并找出关键的影响因素,为相关政策的制定提供依据。

经济、能源和环境效率很好地刻画了经济、能源和环境的现状。目前,相关的研究还不完善,还存在一些实际的问题需要解决。此外,随着能源与环境问题的日益加剧以及相关管理制度的日益系统化,对评价工作提出了更多的、更细致的要求。本书在已有研究的基础上，分析了不同环境规制应对策略对经济和环境效率的影响；研究了经济效率和环境效率的动态变化，识别出驱动效率动态变化的主要因素；研究了不确定性因素对能源与环境效率的影响，并分析了决策者的风险态度和不确定性程度对效率结果的影响；刻画了经济和环境子系统与社会子系统之间的交互关系，构建了非合作和非合作博弈 DEA 模型，分析了子系统的交互方式对可持续发展系统效率的影响；研究了网络结构下结转变量对工业系统效率的动态影响，并探讨了环境变量对工业系统效率的影响；基于节能减排目标的可实现性问题，构建了基于目标的 DEA 模型，提出了一种循序渐进的节能减排路径。这些研究，解决了考虑特殊情形的效率评价问题，提供了效率改进的依据，对能源经济管理工作的开展有着重要的现实意义。

总之，不同的实际情形需要不同的评价方法。从理论和实践来看，本书为能源经济系统的效率研究提供了新的角度，促进了 DEA 理论的发展。

第2章

基于应对策略的经济与环境效率评价

2.1 引　言

自 1978 年以来，中国经济飞速发展，国内生产总值（GDP）由 1978 年 0.37 万亿元上升为 2012 年的 53.86 万亿元[①]。然而，高速发展的中国经济主要是由能源密集型重工业推动的。这也就导致了矿物质能源消耗过量和严重的环境问题（Wang et al. , 2013）。例如，2000 ~ 2010 年，工业废气排放量上升了 3 倍；2012 年工业废水排放量为 221.60（亿吨），占全国废水排放总量的 35.0%[②]。而且，工业污染物对健康、水安全以及食品安全等都构成严重威胁。

为了缓解环境问题和推进可持续发展，中国必须减少矿物质能源的消耗和工业污染物的排放。在减少工业污染物方面，中国政府已经做了大量工作。例如，鼓励各种形式的清洁技术的发展，关闭小型的火力发电厂，强化环境政策和法规等（Wong, 2013）。为了有效地限制或者减少工业污染，决策者们必须全面地理解区域工业的运作过程，并对每个区域的工业部门进行专业的效率评价。

---

① 中华人民共和国国家统计局. 中国统计年鉴（2013）[M]. 北京：中国统计出版社，2013.
② 中华人民共和国国家统计局，中华人民共和国环境保护部. 中国环境统计年鉴（2013）[M]. 北京：中国统计出版社，2013.

工业生产是一种联合的生产过程，即通过消耗劳动力、能源、资本以及其他的资源，污染物和工业产品一同被生产出来（Zhou et al.，2008b）。在相关文献中，研究者们已经聚焦于经济活动与污染物减少之间的平衡问题（Sueyoshi and Goto，2012a）。传统的经济学家和政策的制定者认为环境规制与经济繁荣之间存在某种取舍关系，致力于污染减少的环境规制可能会不利于经济的发展（Palmer et al.，1995）。然而，美国商学院中的当代公司策略学者则认为，通过技术的进步可以同时实现经济繁荣与环境的改善（Porter and Van der Linde，1995）。

上述两种截然不同的学术观点包含两种不同的政策含义和发展策略。因此，从这两种截然不同的学术观点出发，提出一种新的经济与环境效率评价方法具有很好的现实意义。

以往环境 DEA 研究的方法论贡献是，他们发现了将产出分为期望产出和非期望产出的重要性（Sueyoshi and Goto，2012b）。这些研究成果包括贝维拉夸和布拉利亚（Bevilacqua and Braglia，2002），科尔霍和卢普塔西克（Korhonen and Luptacik，2004），特里安蒂斯和奥地斯（Triantis and Otis，2004），皮卡佐·塔迪奥（Picazo – Tadeo et al.，2005）等。

基于以上研究，卞和杨（Bian and Yang，2010）拓展了 Shannon – DEA 方法，提出一种全面的效率评价标准用于估算中国主要省份的资源与环境效率。石等（Shi et al.，2010）将非期望产出视为投入，提出三种扩展的 DEA 模型，评价了中国 28 个省份的工业能源综合效率，纯技术效率以及规模效率。崔等（Cui et al.，2012）使用非参数的 DEA 方法评估中国的能源效率，潜在的排放量的减少，以及与减少碳排放相关的边际成本。吴等（2012）构建了静态和动态的能源效率评价指标，评估了考虑碳排放量的中国工业的能源与环境效率。宋等（Song et al.，2013）使用一种统计预测的模型分析了中国不同区域的环境效率与其影响因素之间的关系。吴等（Wu et al.，2014）提出一种固定总和非期望产出的 DEA 方法，评价了中国工业的环境效率。

以上研究的一个共同特征是，他们在一个生产系统中只评价了能源与环境效率。鲜有文献考虑技术进步方面的资本投入对经济与环境效率的影响。

在本章中，我们提出一种积极的策略，这种策略通过提高技术进步方面的资本投入实现非期望产出的减少。这一策略对减少非期望产出的关注，为后面中经济与环境效率的评价奠定了概念基础。由于，在生产的过程中，非期望产出通常伴随着期望产出的出现而出现，我们以一种综合的方式评估经济效率（期望产出）与环境效率（非期望产出）（Sueyoshi and Goto，2011）。我们将这两种类型的效率统一为"综合效率"。我们提出非径向的 DEA 模型，评估不同策略（如提高资本投入、促进技术进步、实现污染物的减少）情形下的综合效率。此外，我们分析了不同策略之间的转换对综合效率的影响，说明了清洁生产技术方面的资本投入的作用。通过对中国区域工业的综合效率进行详细分析，很好地证明了本章方法的合理性。

2.2　综合效率评价

2.2.1　自然支配和管理支配的概念

一个决策单元在面对环境规制时可能会采取不同的应对策略（Sueyoshi and Goto，2012a）。本章，我们将考虑两个概念，这两个概念与决策单元面对非期望产出时的决策相关，末吉和后藤（2012b）已经对这两个概念做过先关讨论。

自然支配：根据末吉和后藤（2012b，c），自然支配是指一个决策单元减少投入以减少非期望产出和提高期望产出。这时，DEA 中投入变量表示为：

$$\sum_{j=1}^{n} \lambda_j x_{ij} \leqslant x_{io} \ (i=1, \cdots, m)$$

自然支配是一种消极适应环境规制的策略，在这种策略中，一个决策单元缩小它的生产规模直至非期望产出满足环境规制的要求（Sueyoshi and Goto，2012a，c）。这种消极适应的策略起源于帕默等（Palmer et al.，

1995），认为经济繁荣与环境保护之间存在取舍关系。

管理支配：指一个决策单元提高投入以减少非期望产出和提高期望产出。本章中，一个决策单元通过提高技术创新方面的资本投入来减少非期望产出，这一点与现实相一致（Sueyoshi and Goto，2014）。这时，DEA中资本投入表示为：

$$\sum_{j=1}^{n} \lambda_j x_{ij} \geqslant x_{io} \ (i = 1, \ \cdots, \ m)$$

管理支配是一种积极适应环境规制的策略（Sueyoshi and Goto，2012a，c）。这种策略与波特假设（Porter and Van der Linde，1995）相一致，认为通过技术进步一个决策单元可以同时实现经济繁荣与环境改善。

2.2.2　综合效率评价——自然支配

在DEA框架下，为了描述经济与环境效率评价问题，本章，我们假定有 n 个决策单元，即决策单元可以表示为 $DMU_j(j = 1, \ \cdots, \ n)$。每个决策单元使用 h 种资本投入 $k_{ij}(i = 1, \ \cdots, \ h)$ 和 p 种一般性投入 $x_{lj}(l = 1, \ \cdots, \ p)$，生产出 s 种期望产出 $g_{rj}(r = 1, \ \cdots, \ s)$ 和 t 种非期望产出 $b_{fj}(f = 1, \ \cdots, \ t)$。假定 $K_j = (k_{1j}, \ \cdots, \ k_{hj})^T$，$X_j = (x_{1j}, \ \cdots, \ x_{pj})^T$，$G_j = (g_{1j}, \ \cdots, \ g_{sj})^T$，$B_j = (b_{1j}, \ \cdots, \ b_{tj})^T$，且 $K_j > 0$，$X_j > 0$，$G_j > 0$，$B_j > 0$。相应的生产可能集为：

$$T = (K, \ X, \ G, \ B) : (K, \ X) \ 可以生产 \ (G, \ B) \qquad (2.1)$$

根据自然支配的概念，自然支配情形下的生产可能集具体表示为：

$$p^n(x) = \{(G, \ B) : G \leqslant \sum_{j=1}^{n} G_j \lambda_j, \ B \geqslant \sum_{j=1}^{n} B_j \lambda_j, \ X \geqslant \sum_{j=1}^{n} X_j \lambda_j,$$

$$K \geqslant \sum_{j=1}^{n} K_j \lambda_j, \ \lambda_j \geqslant 0\} \qquad (2.2)$$

其中，$K \geqslant \sum_{j=1}^{n} K_j \lambda_j$ 和 $X \geqslant \sum_{j=1}^{n} X_j \lambda_j$ 是指一个决策单元减少生产规模以减少非期望产出。

在相关文献中，普遍认为非径向的效率评价模型优于径向的效率评价模型。原因有以下几个方面，首先，当存在非零的剩余变量时径向的模型可能会高估效率（Fukuyama and Weber，2009）。其次，非径向的模型在技术假设方面的限制较少（Färe and Lovell，1978）。再者，非径向的模型可以更有效地统一期望产出与非期望产出（Sueyoshi and Goto，2012b，c）。非径向模型中的效率水平取决于剩余变量的大小。

在非径向效率评价背景下，一些学者（Fukuyama et al.，2011；Barros et al.，2012；Zhou et al.，2012；Sueyoshi and Goto，2014）研究了如何利用剩余变量获得一个有意义的效率评价指标。基于库珀等（Cooper et al.，1999）和末吉和后藤（2014）的研究成果，本章使用范围调整模型（Range Adjusted Measure，RAM），作为一种非经向的方法研究管理支配与自然支配情形下的综合效率评价问题。

RAM 具有多种优势，如它具有单位一致性，即效率与投入和产出变量的单位无关。而且，RAM 在规模报酬可变情形下可以很好地评价效率（Sueyoshi and Sekitani，2007）。本章的目标是研究工业生产的经济与环境效率。我们基于规模报酬可变假设，选择 RAM 作为我们的效率评价方法。

那么，自然支配（消极策略）情形下，综合效率评价的非径向 DEA 模型可以表示为：

$$\max \sum_{i=1}^{h} R_i^k s_i^{k-} + \sum_{l=1}^{p} R_i^x s_l^{x-} + \sum_{r=1}^{s} R_r^g s_r^{g+} + \sum_{f=1}^{t} R_f^b s_f^{b-}$$

$$\text{s. t.} \sum_{j=1}^{n} \lambda_j k_{ij} + s_i^{k-} = k_{io}(i = 1, \cdots, h)$$

$$\sum_{j=1}^{n} \lambda_j x_{lj} + s_l^{x-} = x_{lo}(l = 1, \cdots, p)$$

$$\sum_{j=1}^{n} \lambda_j g_{rj} - s_r^{g+} = g_{ro}(r = 1, \cdots, s)$$

$$\sum_{j=1}^{n} \lambda_j b_{fj} + s_f^{b-} = b_{fo}(f = 1, \cdots, t)$$

$$\sum_{j=1}^{n} \lambda_j = 1(j = 1, \cdots, n)$$

$$s_i^{k-}, \ s_l^{x-}, \ s_r^{g+}, \ s_f^{b-}, \ \lambda_j \geqslant 0 \qquad (2.3)$$

其中，$s_i^{k-}(i=1, \cdots, h)$，$s_l^{x-}(l=1, \cdots, p)$，$s_r^{g+}(r=1, \cdots, s)$ 和 $s_f^{b-}(f=1, \cdots, t)$ 分别是资本投入、一般性投入、期望产出以及非期望产

出的剩余变量。列向量 $\lambda = (\lambda_1, \cdots, \lambda_n)^T$ 表示通过一个凸组合连接投入和产出向量的强度变量。模型（2.3）假定规模报酬是可变的，因此

$$\sum_{j=1}^{n} \lambda_j = 1 (j = 1, \cdots, n)。$$

模型（2.3）的一个重要特征是目标函数中包含一些赋值范围。这些赋值范围可以通过投入和产出变量的上下界获得：

$$R_i^k = \frac{1}{(h+p+s+t)\left[\max_j(k_{ij}) - \min_j(k_{ij})\right]}$$

$$R_l^x = \frac{1}{(h+p+s+t)\left[\max_j(x_{lj}) - \min_j(x_{lj})\right]}$$

$$R_r^g = \frac{1}{(h+p+s+t)\left[\max_j(g_{rj}) - \min_j(g_{rj})\right]}$$

$$R_f^b = \frac{1}{(h+p+s+t)\left[\max_j(b_{fj}) - \min_j(b_{fj})\right]}$$

其中，R_i^k，R_l^x，R_r^g 和 R_f^b 分别表示资本投入、一般性投入、期望产出以及非期望产出的取值范围。

这些范围的存在意味着模型（2.3）总能产生正的乘子，这样在评价综合效率时所有的生产因素都能得到充分的利用。

假定 $(\lambda_j^*, s_i^{k-*}, s_l^{x-*}, s_r^{g+*}, s_f^{b-*})$ 是模型（2.3）的最优解，那么综合效率 E_1 可以表示为如下形式：

$$E_1 = 1 - \left[\sum_{i=1}^{h} R_i^k s_i^{k-*} + \sum_{l=1}^{p} R_l^x s_l^{x-*} + \sum_{r=1}^{s} R_r^g s_r^{g+*} + \sum_{f=1}^{t} R_f^b s_f^{b-*}\right] \quad (2.4)$$

等式（2.4）中所有的剩余变量都表示无效的水平。综合效率等于1减无效的水平。如果 $E_1 = 1$，即所有的剩余变量均为0，那么被评价决策单元位于综合效率前沿面上。如果 $E_1 < 1$ 或者部分剩余变量不等于0，那么相应的决策单元是无效的，仍有潜力减少投入和非期望产出或者提高期望产出。

值得注意的是，s_i^{k-*}，s_l^{x-*}，s_f^{b-*} 和 s_r^{g+*} 可以为无效决策单元的资本投入的减少、一般性投入的减少、非期望产出的减少以及期望产出的提高提供目标（Guo et al.，2011）。

2.2.3　综合效率评价——管理支配

在管理支配情形下，决策单元采用新的管理方法和生产设备都需要大量的资本投入。因此，基于增加资本在技术进步方面的投入这一策略，我们提出一种改进的非径向 DEA 模型。

根据管理支配的概念，管理支配情形下的生产可能集具体表示为：

$$p^m(x) = \{(G, B): G \leq \sum_{j=1}^{n} G_j\lambda_j, B \geq \sum_{j=1}^{n} B_j\lambda_j, X \geq \sum_{j=1}^{n} X_j\lambda_j,$$

$$K \leq \sum_{j=1}^{n} K_j\lambda_j, \lambda_j \geq 0\} \tag{2.5}$$

其中，$K \leq \sum_{j=1}^{n} K_j\lambda_j$ 表示决策单元提高资本投入以减少非期望产出。

管理支配情形下，综合效率可以通过如下 DEA 模型进行评价：

$$\max \sum_{i=1}^{h} R_i^k s_i^{k+} + \sum_{l=1}^{p} R_l^x s_l^{x-} + \sum_{r=1}^{s} R_r^g s_r^{g+} + \sum_{f=1}^{t} R_f^b s_f^{b-}$$

$$\text{s.t. } \sum_{j=1}^{n} \lambda_j k_{ij} - s_i^{k+} = k_{io}(i = 1, \cdots, h)$$

$$\sum_{j=1}^{n} \lambda_j x_{lj} + s_l^{x-} = x_{lo}(l = 1, \cdots, p)$$

$$\sum_{j=1}^{n} \lambda_j g_{rj} - s_r^{g+} = g_{ro}(r = 1, \cdots, s)$$

$$\sum_{j=1}^{n} \lambda_j b_{fj} + s_f^{b-} = b_{fo}(f = 1, \cdots, t)$$

$$\sum_{j=1}^{n} \lambda_j = 1(j = 1, \cdots, n)$$

$$s_i^{k+}, s_l^{x-}, s_r^{g+}, s_f^{b-}, \lambda_j \geq 0 \tag{2.6}$$

在模型（2.6）中，决策单元通过提高资本投入和减少一般性投入来最大限度地减少非期望产出和提高期望产出。

假定（λ_j^*，s_i^{k+*}，s_l^{x-*}，s_r^{g+*}，s_f^{b-*}）为模型（2.6）的最优解，那么管理支配情形下的综合效率 E_2 可以表示为如下等式：

$$E_2 = 1 - \left[\sum_{i=1}^{h} R_i^k s_i^{k+*} + \sum_{l=1}^{p} R_l^x s_l^{x-*} + \sum_{r=1}^{s} R_r^g s_r^{g+*} + \sum_{f=1}^{t} R_f^b s_f^{b-*} \right] \tag{2.7}$$

这里，综合效率等于 1 减去无效的水平。只有当所有的剩余变量都等于 0 时（$E_2 = 1$），相应的决策单元才有效。如果 $E_2 < 1$ 或者存在部分剩余变量不等于 0，那么相应的决策单元是无效的，仍有潜力减少非期望产出或提高期望产出。

值得注意的是，s_i^{k-*}，s_l^{x-*}，s_f^{b-*} 和 s_r^{g+*} 可以为无效决策单元的资本投入的减少、一般性投入的减少、非期望产出的减少以及期望产出的提高提供目标。

根据鲁志国（2006），研发投入（R&D）以货币资本的形式作用于知识与技术进步。在当代经济中，技术进步主要由研发资本投入驱动（Gerchenkron，1962），并且技术进步作为可持续发展的驱动力对经济与环境效率有着显著的影响（Weitzman，1997）。此外，根据阿罗（Arrow，1962）的"干中学"理论，技术方面的投入具体表现为资本投入。因此，增加技术进步方面的资本投入有利于提高综合效率。经济发展史已表明资本是发展中国家实现经济发展的关键资源（Calvo et al.，1996）。从这个角度来看，对于中国这个世界上最大的发展中国家而言资本投入尤为重要。

2.2.4 策略转换的影响

前面，我们分别描述了自然支配与管理支配情形下的综合效率。这一部分，我们将分析不同策略之间的转换对综合效率的影响。

周等（2006）提出一个指标，即考虑非期望产出时的经济效率与不考虑非期望产出时的经济效率之比，刻画了环境规制对经济效率的影响。基于周等（2006）的方法，毕等（2014）提出一个指标，即考虑污染物排放时的能源效率与不考虑污染物时的能源效率之比，描述了环境规制对能源效率的影响。受上述文献的启发，本书中我们提出一个指标，即管理支配情形下的综合效率与自然支配情形下的综合效率之比，分析策略转换对综合效率的影响。

根据等式（2.4）与等式（2.7）中的最优值，策略转换的影响可以表示为：

$$\alpha = E_2/E_1 \qquad\qquad (2.8)$$

由于，E_2 和 E_1 是两种不同策略的综合效率，那么指标 α 可以用来刻画策略转换的影响。从概念上来说，这个指标类似于周等（2006）和毕等（2014），但是他们文中类似的指标使用来描述环境规制对效率的影响。

如果 α 大于 1，那么从一个消极的策略转换为一个积极的策略会对被评价决策单元的综合效率产生积极的影响。也就是说，综合效率仍有提高的空间，提高资本投入可以提高综合效率。政府已经采取各种旨在提高资本投入，促进技术进步的措施。如果 α 不大于 1，那么从一个消极的策略转换为一个积极的策略对被评价决策单元的综合效率产生没有产生影响或者产生消极的影响。这意味着，提高资本投入没有改善综合效率，决策的制定者也许需要考虑其他的方式。从数量上来说，策略转换影响的程度可以表示为 $\alpha - 1$。这一点与皮卡佐·塔迪奥等（2005）相一致。不同的是，他们的研究中采用的是方向距离函数的方法，而本章我们采用的是 RAM 方法。

2.3 实证研究

在诸多环境问题中，工业污染问题引起广泛关注（Wu et al.，2014）。为限制或者减少工业污染，决策者们需要知道每个区域的工业在不同策略下的效率。本小节，我们运用上文提出的 DEA 方法评价中国区域工业的综合效率。

2.3.1 决策单元、变量及数据来源

从经济发展和地理位置等因素来看，中国 31 个省（自治区、直辖市)[①] 通常分为 3 个地区：东部地区，中部地区和西部地区。

东部地区有 8 个省（河北省、辽宁省、江苏省、浙江省、福建省、山

―――――――――

① 本书研究数据不含港澳台地区，后面不再赘述。

东省、广东省和海南省）和 3 个直辖市（北京市、天津市和上海市）。这一地区拥有较高的劳动力素质，雄厚的技术力量和工业基础。在过去的 30 年中，这一地区的经济发展的速度和水平一直处于领先地位[①]。

中部地区由 10 个内陆省份组成：黑龙江省、吉林省、山西省、内蒙古自治区、安徽省、江西省、湖南省、湖北省、河南省和广西壮族自治区。这一地区的煤炭储量占全国总储量的 80%，并且金属和非金属矿产资源都很丰富。这一地区拥有良好的重工业基础，因此，能源消耗及相关的污染物排放量都很高。

人口密度最低的是西部地区，由 1 个直辖市（重庆市）和 9 个省份（四川省、云南省、贵州省、陕西省、甘肃省、宁夏回族自治区、青海省、新疆维吾尔自治区和西藏自治区）组成。为了便于数据收集，本章暂不考虑西藏自治区。

详细的投入与产出变量定义：

（1）将固定资产投资作为资本投入。在 DEA 文献中，朱（Zhu, 1996）认为固定资产投资对城市或地区的生产活动尤为重要。朱（1998）将国有企业的固定资产投资作为资本投入的指标，分析了 18 个中国城市的效率。类似的应用，见吴和常（Ng and Chang, 2003）。而且，根据中国的环境和经济政策，企业用于预防和控制环境污染物所需的基金纳入固定资产投资项目中（《中国固定资产投资统计年鉴 2011》）。因此，我们将固定资产投资作为资本投入是合理的。地区工业的固定资产投资数据可以从《中国统计年鉴 2011》中获得。

（2）两个一般性投入指标：工业劳动力和工业能源消耗量。期望产出指标为工业产值。非期望产出指标有：工业废水排放量、工业废气排放量。劳动力和工业产值的数据可以从《中国统计年鉴 2011》中获得。由于研究的时期为 2006～2010 年，我们选择 2005 年工业产值的价格作为合适的价格指标。能源消耗量，工业废气和工业废水的数据可以从《中国能源统计年鉴 2011》中获得。投入和产出变量的描述性统计分析结果如表 2－1

[①]　中华人民共和国国家统计局. 中国统计年鉴 2011［M］. 北京：中国统计出版社，2011.

所示。

表 2 – 1　　　　　　　　　　　　　2006 ~ 2010 年描述性统计分析

年份	数值	固定资产投资 （10 亿元）	劳动力 （万人）	能源 （万吨标准煤）	工业产值 （10 亿元）	废气 （亿立方米）	废水 （万吨）
2006	均值	3672.02	245.21	9684.67	10663.57	11032.63	80038.53
	标准差	3024.39	276.59	6272.79	12190.84	8767.05	70312.91
	最大值	11240.37	1203.58	26759	44727.62	39254.00	287181.00
	最小值	491.47	12.20	920.00	631.813	860.00	7168.00
2007	均值	4211.74	262.44	10632.50	13579.52	12938.55	82187.89
	标准差	3421.36	300.77	6880.02	15288.11	10008.62	72683.16
	最大值	12772.82	1307.40	29177.00	55361.95	48036.36	268762.00
	最小值	491.93	12.33	1057.00	870.41	1115.00	5960.00
2008	均值	4923.95	294.53	11256.93	16386.70	13461.77	80519.57
	标准差	3952.18	345.44	7189.58	18165.47	10133.50	71152.85
	最大值	15871.08	1493.38	30570.00	66489.37	40219.00	259999.00
	最小值	472.05	12.61	1135.00	1050.08	1345.00	5991.00
2009	均值	6910.28	318.09	11808.49	22682.76	17305.07	79133.23
	标准差	4890.02	331.78	7562.36	21587.16	10679.18	67539.56
	最大值	19047.34	1436.02	32420.00	78874.56	50779.00	256160.00
	最小值	575.50	11.99	1233.00	1161.09	1353.00	7031.00
2010	均值	6910.28	318.09	11808.49	22682.76	17305.07	79133.23
	标准差	5436.42	359.69	7823.63	23799.94	12169.53	70357.61
	最大值	20905.25	1568.00	35359.00	87974.23	56324.00	263760.00
	最小值	580.45	12.44	1379.00	1275.83	1360.00	5782.00

2.3.2　结果分析

自然支配与管理支配情形下，中国区域工业的综合效率可以通过 MATLAB 7.0 软件求解。表 2 – 2 和表 2 – 3 展示了结算的结果。

表 2 – 2 　　　　　　2006～2010 年区域工业的综合效率——自然支配

区域		2006 年	2007 年	2008 年	2009 年	2010 年	均值
东部地区	北京	1.000	1.000	1.000	1.000	1.000	1.000
	天津	1.000	1.000	1.000	1.000	1.000	1.000
	河北	0.690	0.682	0.712	0.743	0.726	0.690
	辽宁	0.798	0.830	0.765	0.899	0.874	0.798
	上海	1.000	1.000	1.000	1.000	1.000	1.000
	江苏	1.000	1.000	1.000	1.000	1.000	1.000
	浙江	0.924	0.947	0.913	0.895	0.885	0.924
	福建	0.907	0.891	0.881	0.887	1.000	0.907
	山东	1.000	1.000	1.000	1.000	1.000	1.000
	广东	1.000	1.000	1.000	1.000	1.000	1.000
	海南	1.000	1.000	1.000	1.000	1.000	1.000
	均值	0.938	0.941	0.934	0.948	0.953	0.938
中部地区	山西	0.812	0.812	0.802	0.827	0.766	0.812
	内蒙古	0.848	0.858	0.837	1.000	0.815	0.848
	吉林	0.943	0.948	0.946	0.956	0.949	0.943
	黑龙江	0.919	0.916	0.912	0.918	0.902	0.919
	安徽	0.907	0.890	0.881	0.904	0.894	0.907
	江西	0.939	0.946	0.930	0.956	1.000	0.939
	河南	0.816	0.846	0.829	0.857	0.834	0.816
	湖北	0.850	0.853	0.853	0.862	0.882	0.850
	湖南	0.879	0.873	0.879	0.890	0.901	0.879
	广西	0.871	0.822	0.803	0.839	0.845	0.871
	均值	0.878	0.876	0.867	0.901	0.879	0.878
西部地区	重庆	0.907	0.916	0.914	0.907	0.939	0.907
	四川	0.835	0.796	0.837	0.865	0.871	0.835
	贵州	0.927	0.925	0.936	0.938	0.933	0.927
	云南	0.930	0.924	0.923	0.924	0.925	0.930
	陕西	0.927	0.923	0.909	0.921	0.898	0.927
	甘肃	0.956	0.957	0.955	0.958	0.953	0.956

续表

区域		2006 年	2007 年	2008 年	2009 年	2010 年	均值
西部地区	青海	1.000	0.983	0.981	0.982	1.000	0.989
	宁夏	0.971	0.965	0.963	0.965	0.929	0.971
	新疆	0.944	0.941	0.937	0.937	0.913	0.944
	均值	0.933	0.926	0.928	0.933	0.929	0.933
全国	均值	0.916	0.914	0.910	0.927	0.920	0.916

表 2 - 3　　　　　　　2006～2010 年区域工业的综合效率——管理支配

区域		2006 年	2007 年	2008 年	2009 年	2010 年	均值
东部地区	北京	1.000	1.000	1.000	1.000	1.000	1.000
	天津	1.000	1.000	1.000	1.000	0.983	1.000
	河北	0.696	0.700	0.737	0.818	0.857	0.696
	辽宁	0.829	0.861	1.000	0.917	1.000	0.829
	上海	1.000	1.000	1.000	1.000	1.000	1.000
	江苏	1.000	1.000	1.000	1.000	1.000	1.000
	浙江	0.920	0.938	0.910	0.908	0.883	0.920
	福建	0.888	0.872	0.872	0.869	0.883	0.888
	山东	1.000	1.000	1.000	1.000	1.000	1.000
	广东	1.000	1.000	1.000	1.000	1.000	1.000
	海南	1.000	1.000	1.000	1.000	1.000	1.000
	均值	0.939	0.943	0.956	0.956	0.964	0.952
中部地区	山西	0.856	0.861	0.848	0.878	0.808	0.856
	内蒙古	0.882	1.000	1.000	1.000	1.000	0.882
	吉林	0.955	0.954	0.954	0.954	0.944	0.955
	黑龙江	0.935	0.937	0.929	0.935	0.914	0.935
	安徽	0.910	0.900	0.894	0.911	0.896	0.910
	江西	0.932	0.928	0.933	0.934	0.918	0.932
	河南	0.823	0.835	0.843	0.856	0.854	0.823
	湖北	0.891	0.904	1.000	1.000	0.950	0.891

续表

区域		2006 年	2007 年	2008 年	2009 年	2010 年	均值
中部地区	湖南	0.882	0.873	0.876	0.880	0.899	0.882
	广西	0.873	0.831	0.813	0.844	0.844	0.873
	均值	0.894	0.902	0.909	0.919	0.903	0.894
西部地区	重庆	0.905	0.913	0.914	0.901	0.925	0.905
	四川	0.852	0.820	0.857	0.878	0.916	0.852
	贵州	0.939	0.937	0.948	0.950	0.941	0.939
	云南	0.941	0.938	0.937	0.940	0.941	0.941
	陕西	0.953	0.949	0.935	0.933	0.903	0.953
	甘肃	0.962	0.963	0.963	0.967	0.968	0.962
	青海	1.000	1.000	1.000	1.000	1.000	1.000
	宁夏	0.971	0.968	0.967	0.970	0.933	0.971
	新疆	1.000	1.000	1.000	1.000	1.000	1.000
	均值	0.947	0.943	0.947	0.949	0.948	0.947
全国	均值	0.927	0.929	0.937	0.941	0.938	0.927

图 2-1 和图 2-2 给出了自然支配与管理支配情形下，2006~2010 年区域工业的年均综合效率。

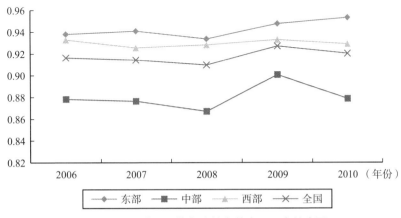

图 2-1 区域工业的年均综合效率——自然支配

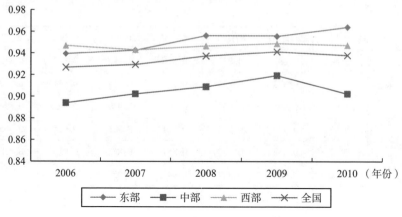

图 2-2　区域工业的年均综合效率——管理支配

根据表 2-2 和图 2-1 可以发现：

（1）在自然支配情形下，综合效率具有明显的地区特征。2006~2010 年，东部地区的综合效率最高。西部地区的综合效率高于中部地区，且中部地区的效率低于全国的平均水平。

（2）在自然支配情形下，全国和中部地区具有相同的变化趋势。这说明，全国的平均效率主要受到无效地区的影响。

（3）在自然支配情形下，7 个省市，即北京市、天津市、上海市、江苏省、山东省、广东省和海南省在综合效率方面是有效的，且均位于东部地区。

（4）在自然支配情形下，河北省、辽宁省、山西省、河南省、重庆市和四川省效率值相对较低。这些省市（除了辽宁省）效率值较低的原因可能是煤炭为主的能源消费结构。这些省份煤炭消耗量占总能耗的比重分别为 89%、96%、90%、79% 和 76%。辽宁省是中国的重工业基地，其工业污染比较严重。

根据表 2-3 和图 2-2 可以发现：

（1）在管理支配情形下，综合效率具有明显的地区特征。2007~2010 年，东部地区的平均效率值最高。西部地区的平均效率值高于中部地区，且中部地区的效率值低于全国的平均水平。值得注意的是，在 2006 年西部地区的平均效率值大于东部地区。

（2）在管理支配情形下，2006～2009年，中部地区的综合效率有明显的上升趋势。

（3）在管理支配情形下，2006～2009年，区域工业综合效率总体上呈上升趋势。

（4）在管理支配情形下，有8个省（区、市），即北京市、上海市、江苏省、山东省、广东省、海南省、青海省和新疆维吾尔自治区，在综合效率方面是有效的。有趣的是，其中6个省份位于东部地区，两个省份位于西部地区。

（5）在管理支配情形下，河北省、辽宁省、山西省、河南省、重庆市和四川省的综合效率值相对较低。这现象与自然支配情形相一致。

比较表2-2和表2-3，可以发现：

（1）自然支配情形下，有7个有效的省市，且均位于东部地区。管理支配的情形下，有8个有效的省市，且其中两个省份位于西部地区。

（2）管理支配时的效率排名与自然支配时的不一致。例如，管理支配的情形下，宁夏回族自治区排名第二位，吉林省排名第三位；而在自然支配情形下，宁夏回族自治区排名第三位，吉林省排名第五位。

（3）自然支配时的平均效率（0.916）小于管理支配时的平均效率（0.927）。自然支配时3个地区的平均效率也小于管理支配时的平均效率。

这些现象说明了，不同的策略对效率评价产生不同的影响；基于不同的策略，选择合适的评价模型对于政策的制定者而言是必不可少的。

表2-4阐述了策略转换对综合效率的影响。

表2-4　　　　　　　　　　2006～2010年的 α 值

区域	2006年	2007年	2008年	2009年	2010年	均值
东部地区	1.001	1.002	1.024	1.008	1.011	1.010
中部地区	1.018	1.030	1.048	1.021	1.027	1.029
西部地区	1.015	1.019	1.020	1.017	1.020	1.018
全国	1.012	1.016	1.030	1.015	1.020	1.019

　　由表2-4可知，面对环境规制时，当应对策略由消极型转化为积极型，指标 α 均大于1，且中部地区和西部地区的 α 值相对较高。这说明，在管理支配情形下，中国的3个地区，尤其是中、西部地区，都有效地提高了综合效率；提高清洁生产技术方面的资本投入有效地促进了可持续发展。根据中国"十二五"规划（2011~2015年）中的国家环保规划，3个地区和全国的经济与环境效率要比"十一五"期间显著提高。这说明，管理支配时的综合效率更有效地反映了实际情形。

　　2009年，中国国务院颁布了《规划环境影响评价条例》，旨在运用评估管理的方法预防和控制环境污染。管理支配情形下的综合效率很好地满足了这一条例的要求。

　　表2-4中指标 α 也有明显的地区特征。西部地区 α 的平均值（1.029）高于中部地区（1.018），且中西部地区的 α 值都高于东部地区的（1.010）。这一现象与地区工业的综合效率的特征相反，说明积极的策略显著影响着效率的改善，特别是在相对无效的地区。这也许可以为中国地区工业效率的改进提供一些重要的信息。此外，提高资本投入以促进技术进步对中西部地区尤为重要。

　　书中的非径向DEA模型可以为效率的改进提供精确的信息。运用模型（2.3）和模型（2.6），我们可以计算出投入和产出的潜在剩余变量。表2-5和表2-6展示了相应的结算结果。

表2-5　　　　2006~2010年投入与产出的剩余变量——自然支配

地区	年份	$s^{capital-}$	s^{labor-}	$s^{energy-}$	$s^{production\ value+}$	$s^{waste\ gas-}$	$s^{waste\ water-}$
东部地区	2006	159.227	43.007	2246.268	0.000	4905.560	29747.170
	2007	169.744	49.718	2399.239	0.000	5625.181	25526.328
	2008	312.430	41.639	2341.795	0.000	5827.721	30469.652
	2009	117.989	42.008	2268.630	0.000	5431.098	23748.503
	2010	335.736	19.831	2665.463	0.000	5347.419	19487.820
	均值	219.025	39.241	2384.279	0.000	5427.396	25795.894

地区	年份	$s^{capital-}$	s^{labor-}	$s^{energy-}$	$s^{production\ value+}$	$s^{waste\ gas-}$	$s^{waste\ water-}$
中部地区	2006	886.076	79.732	6026.061	0.000	5776.467	55233.939
	2007	860.500	62.503	6389.486	0.000	8211.313	57939.014
	2008	1300.521	76.452	6282.370	0.000	7977.919	61606.330
	2009	850.914	63.436	5001.386	0.000	6949.913	50913.130
	2010	820.246	61.960	7544.108	0.000	10645.538	59782.703
	均值	943.651	68.816	6248.682	0.000	7912.230	57095.023
西部地区	2006	550.598	37.617	3705.418	0.000	3091.968	26988.272
	2007	612.164	36.467	4076.799	11.214	5801.566	26176.653
	2008	817.225	41.330	4148.188	0.000	4143.967	25912.526
	2009	765.640	36.268	4125.005	0.000	5123.824	24685.937
	2010	940.049	40.972	4080.018	0.000	7666.206	24184.406
	均值	737.135	38.531	4027.085	2.243	5165.506	25589.559
全国	均值	633.271	48.863	4220.016	0.748	6168.377	36160.159

表2-5中，在自然支配的情形下，潜在的工业废气、废水减少量及能源消耗减少量都比较大。这说明，这些地区的无效主要源于工业废水、废气及能源消耗。因此，为了提高综合效率，应该聚焦于采用清洁生产技术减少工业废气、废水的排放和减少能源消耗。

表2-5中，除了2007年的西部地区数据，3个地区在其他年份的潜在的工业产值的增加值均为0。这说明，在自然支配的情形下（消极的应对策略），工业产值没有上升。

表2-5中，潜在的工业废气、废水的减少量也有明显的地区特征。中部地区平均的工业废气、废水减少量分别为7912.23和57095.023，这明显高于东部地区（5427.396和25795.894），且这两个地区均高于西部地区（5165.506和25589.559）。这一现象与中国地区工业的发展现状相一致，中部地区拥有较好的重工业基础；西部地区工业基础比较薄弱；东部地区拥有雄厚的技术力量和工业基础。

表 2 - 6   2006 ~ 2010 年投入与产出的剩余变量——管理支配

区域	年份	$s^{capital +}$	$s^{labor -}$	$s^{energy -}$	$s^{production\ value +}$	$s^{waste\ gas -}$	$s^{waste\ water -}$
东部地区	2006	252.042	30.408	1738.878	981.271	4730.166	28535.502
	2007	93.129	50.105	2030.805	555.508	5331.157	26510.388
	2008	98.765	40.016	1410.106	350.288	2917.848	25565.403
	2009	98.179	37.711	1457.201	406.690	4395.196	23257.298
	2010	110.524	28.886	655.173	136.309	3755.312	26280.168
	均值	130.528	37.425	1458.433	486.013	4225.936	26029.752
中部地区	2006	984.606	15.193	3086.275	4501.964	4661.350	52753.690
	2007	512.379	37.974	3250.137	2534.676	5301.716	63001.260
	2008	350.539	40.429	2929.881	1545.160	5857.698	56403.561
	2009	402.192	37.323	2828.760	1481.737	6282.669	49558.704
	2010	314.913	33.727	5088.250	2975.927	7597.536	58102.594
	均值	512.926	32.929	3436.661	2607.893	5940.194	55963.962
西部地区	2006	598.662	0.000	1483.675	2607.119	2072.463	25595.508
	2007	442.286	11.047	1803.964	2088.112	4155.312	27745.311
	2008	407.683	13.792	1972.263	1849.462	3251.619	26652.229
	2009	391.334	13.405	2063.649	1919.102	4134.211	25133.384
	2010	273.390	6.097	2699.157	3152.925	5783.391	19733.296
	均值	422.671	8.868	2004.542	2323.344	3879.399	24971.946
全国	均值	355.375	26.408	2299.878	1805.750	4681.843	35655.220

由表 2 - 6 可知，在管理支配的情形下，潜在的工业废气，工业废水减少量，能源消耗减少量以及工业产值增加量都比较大。特别地，$s^{production\ value +}$ 的值很高，而在自然支配情形下大部分 $s^{production\ value +}$ 的值为 0。这说明，提高清洁生产技术方面的资本投入有利于减少污染物、节约能源和促进经济发展。

类似于表 2 - 5，表 2 - 6 中，潜在的工业废气、废水减少量，能源消耗减少量，资本投入增加量以及工业产值增加量也有明显的地区特征。中部地区平均的工业废气、废水以及能源消耗的减少量分别为 5940.194，

55963.962 和 3436.661；平均的资本投入和工业产值的增加量分别为512.926 和 2607.893。这些都明显高于东部和西部地区。

此外，2006～2010 年，全国平均的潜在工业废气、废水的减少量分别为4681.843 亿立方米和35655.220 万吨。这意味着在下一个五年计划中综合效率有很大改善的可能。

2.3.3　关于区域工业综合效率的讨论

如图 2-1 和图 2-2 所示，在综合效率评价中，东部地区一直处于领先地位。这与东部地区的发展现状相一致，即东部地区是中国最发达的地区。一般来说，一个较发达的地区在清洁生产技术方面会拥有充足的资本投入。值得注意的是，2006 年，在管理支配的情形下，东部地区的综合效率小于西部地区。原因可能是，随着应对策略的转变，东部地区的天津成为无效的决策单元，而西部地区的青海和新疆成为有效的决策单元。

如表 2-2 和表 2-3 所示，北京市、上海市、江苏省、山东省、广东省和海南省在自然支配与管理支配情形下均为有效的决策单元。而且，这些省份均位于东部地区。众所周知，东部地区是中国的经济和政治中心。在该地区，无论是中央政府还是地方政府都实施了较严格的环境管制。东部地区的工业组织通常拥有充足的资本开展清洁生产活动。政府的环境规制以及技术的进步使得这些省份获得较高的综合效率。

值得注意的是，在图 2-1 和图 2-2 中，西部地区的效率值高于东部地区。原因可能是：（1）中部地区的金属和非金属矿产资源都很丰富。这一地区的煤炭储量占全国总储量的80%[①]。例如，山西省的煤炭储量在全国排在首位。因此，山西省的能源消耗和相关的污染物的排放都很高。在自然支配的情形下，2006 年，山西省潜在的工业废气、废水以及能源消耗的减少量分别为13085.713，25176.552 和 10528.882，这些均高于西部地区的省份。（2）由于工业基础相对薄弱和能源消耗量较低，西部地区的工

[①]　中华人民共和国国家统计局. 中国统计年鉴（2011）[M]. 北京:中国统计出版社, 2011.

业废气、废水排放量也较低。如表2-5中，西部地区平均的工业废气、废水以及能源消耗量分别为5165.506，25589.559和4027.085，这些均低于中部地区。

表2-4中，中部、西部地区有相对较高的 α 值。原因可能是：（1）"西部大开发"政策为西部地区的发展带来了大量的资本投资，促进了其经济的发展。表2-2和表2-3中的平均效率说明了这一点，表2-3中的平均效率（0.947）大于表2-2中的平均效率（0.933）。（2）"中部崛起"政策为中部地区的发展带来了大量的资本投资，促进了其经济的发展，这一地区的综合效率有明显的上升趋势。表2-2和表2-3中的平均效率说明了这一点，表2-3中的平均效率（0.894）大于表2.2中的平均效率（0.878）。

表2-4中，在管理支配情形下，3个地区的综合效率都比较高。效率的提高主要归因于中国政府实施的一列的环境保护的政策。在2002年，中国政府正式将可持续发展确定为重要国策（Wang et al. 2013）。接着，在"十一五"规划（2006~2010年）的国家环境保护规划中，资本投入又被视为解决中国环境问题的重要因素，环境能保护方面的资本投入被列为重要的公共财政支出项目。在这一时期，中央政府强化了对中部、西部地区经济和环境方面的支持力度（Wang et al.，2013）。

以往的研究采用减少投入的方式减少非期望产出（Guo et al.，2010；Huang et al.，2014），忽略了清洁生产技术方面的资本投入对经济与环境效率的影响。本章在评价效率时，考虑了管理支配（即增加资本在清洁生产技术方面的投入、促进技术进步以减少非期望产出），弥补了这一缺陷；并且提出了综合效率这一概念以识别经济效率和环境效率。通过应用于评价中国区域工业的综合效率，可以看出我们的方法很好地识别了工业废气、废水对的减少量、资本投入以及工业产值的增加量；并且，我们发现管理支配情形下的综合效率值较高。此外，在资本投入短期内不能轻易地增加的背景下，我们的模型中可以增加关于剩余变量的约束以描述这一情形。这也说明，本章提出的方法具有很大的灵活性。

政策意义：上述图表都说明增加资本投入会对经济与环境效率产生积

极的影响。通过一系列的管理努力，如增加清洁生产技术方面的资本投入和加强技术交流与合作，中国的区域工业不仅能获得经济效益的改善，也能实现环境污染物的减少。中国可以通过以下三个方面的努力实现区域工业综合效率的提高：

（1）鼓励产业结构转型，致力于可持续产品设计，开展可持续产品设计效率评价。地区间的技术交流与合作也是必要的，中部、西部地区要加强同东部地区技术上的合作。

（2）加强工业企业的环保意识，使它们自觉肩负起环境保护的责任。只有当企业意识到环境保护对自身的发展和环境改善的重大意义时，它们才能有意识地采取有效的环境保护措施。例如，"绿色证券"政策要求上市公司披露有关其环境保护记录的信息，这就促使工业企业积极地采用清洁生产技术。

（3）提高资本在清洁生产技术方面的投入。诸如银行贷款等金融工具，对工业部门的环境保护工作的开展是有益处的。一方面，中国政府应该鼓励银行为工业企业提供技术创新、清洁生产和节能工具等方面的贷款。另一方面，政府应该鼓励私人资本进入环保领域。这可以为与环保相关的基础设施和公共服务等方面投入提供一个可持续的商业环境。

2.4 本章小结

本章采用非径向的 DEA 方法，分析了 2006～2010 年中国区域工业的综合效率。尽管，有许多文献已经研究了工业污染问题，但是，鲜有文献考虑面对环境规制时不同的应对策略对效率的影响。本章的一个重要特征是，我们讨论了自然支配和管理支配这两种减少非期望产出的策略。在自然支配情形下，一个决策单元通过减少投入方式减少非期望产出。在管理支配情形下，一个决策单元通过提高资本投入，促进技术进步的方式减少非期望产出。此外，基于这两种不同的策略，我们描述了策略转换对效率的影响，并且给出了详细的投入、期望产出以及非期望产出的调整目标。

书中的方法提供了一种积极的策略，即提高清洁生产技术方面的资本投入，以提高期望产出并减少非期望产出。传统的环境 DEA 模型无法做到这一点。

实证研究有以下两个方面的发现，首先，中国区域工业的综合效率具有明显的空间特征。中部地区的综合效率低于东部和西部地区。在自然支配和管理支配的情形下均有 6 个有效的省份都位于东部地区。中部和西部地区可以通过与东部地区的合作，提高自身的清洁生产技术水平。其次，管理支配情形下的中国区域工业的综合效率值较高。从一个消极策略转变为一个积极策略会对综合效率产生积极影响。因此，增加资本投入以促进清洁生产技术进步对可持续发展而言至关重要。为了满足工业污染预防和控制方面的资本需求，政策的制定者们应该采取各种措施支持清洁生产活动。

第3章

经济与环境效率的动态评价

3.1 引　言

工业决定着国民经济现代化的速度、规模和水平，在国民经济中起着主导作用。以中国为例，2013～2017年中国的工业增加值约占国内生产总值的30%[①]。随着全球化和智能化的发展，竞争越来越激烈，行业的利润空间越来越小，对环境保护和节约能源的要求越来越高。要提高工业竞争力，解决环境问题，必须寻找工业发展和环境保护相协调的途径。

提高工业系统的运行效率被认为是提高工业竞争力和解决环境问题最有效的方法之一（Sueyoshi and Goto，2012a；Wu et al.，2012）。实践中，为了指导工业的发展升级，联合国工业发展组织每年都会出版一份竞争性工业绩效报告。为了反映工业生产对环境的影响，已有文献提出了各种评价工业系统效率的指标，如工业环境效率（Chen and Jia，2017）、能源与碳排放效率（Wang and Wei，2014）、工业系统生态效率（Zhang et al.，2008）[②]。因此，评价并比较工业系统效率是有意义的，这可以为决策者评

[①]　中华人民共和国国家统计局. 中国统计年鉴（2018）[M]. 北京：中国统计出版社，2018.

[②]　有关工业系统效率评价的更多细节参见孟等（Meng et al.，2016）和艾莫仁杰德和杨（2016）。

估经济与环境政策的有效性提供有益的信息。

近年来，各国政府一直密切关注工业污染和环境保护问题。例如，2017 年，中国政府出台了有史以来最为严厉的政策来改善空气质量。几乎所有的工业部门都必须努力减少污染排放。当政府加强环境规制时，可能会促使工业系统改变策略，以应对规制变化（Sueyoshi and Goto，2012a）。现实中，有许多应对策略。例如，一个工业系统将规制变化视为一种机遇。加大清洁生产技术的资金投入，调整能源利用结构。在其他情况下，工业系统可能不会采取这样的重大战略行动。而是在政府标准的基础上，减少污染排放。在这种情况下，工业系统没有足够的资金投资于技术创新（Zhao et al.，2016）。显然，工业系统的应对策略不可避免地影响其效率。

为了分析应对策略对效率评价的影响，有必要对工业系统的运行过程有一个全面的了解。在实际生产中，工业系统的运行过程可以分为两种类型的活动：常规生产活动和污染控制活动。因此，工业系统的综合效率（overall efficiency，TE）实际上同时反映两个方面的效率：产生期望产出（如工业增加值）和控制非期望产出（如废气）。前者是常规生产活动的结果，可定义为经济效率（economic efficiency，ECE），而后者代表环境效率（environmental efficiency，ENE）。经济效率表示工业系统通过其常规生产活动提高期望产出的能力，而环境效率则说明工业系统为了可持续发展控制污染物的能力。经济效率和环境效率的界定可以为工业系统提供更多的信息，有助于工业系统可持续运行。

此外，决策者常对两期之间的效率变化感兴趣，因为这些结果可以为效率的改进提供有价值的信息（Kao and Hwang，2014）。已有研究在评价决策单元的动态效率时中广泛使用曼奎斯特指数法。该指数可以分解为静态效率变化和技术变化的影响，从而识别出效率变化的驱动因素（Färe and Grosskopf，1996）。因此，探讨综合效率、经济效率以及环境效率的动态变化是有意义的。

应对环境规制的策略、效率分解和效率的动态变化带来以下重要问题：（1）如何刻画应对环境规制的策略对效率评价的影响？（2）如何根据不同的应对策略分解工业系统的综合效率？（3）如何识别动态环境下效率变化的驱动因素？

周等（Zhou et al.，2018）和艾莫仁杰德和杨（2016）对工业系统效率的相关研究进行了回顾，发现数据包络分析（DEA）是衡量工业系统效率的合适分析工具。DEA 作为一种成熟的非参数方法，在评价具有多投入和多产出的同质决策单元的相对效率方面具有很强的能力（Yang，2014；Zha et al.，2016）。DEA 方法的一个显著优点是系统的总效率可以被分解子系统效率。这可以帮助工业系统识别其无效的来源。近年来，大量研究利用 DEA 对工业系统效率进行测度（Arcos‑Vargas et al.，2017；Makridou et al.，2016）。本章仅对相关研究进行回顾。

为了更好地研究应对策略对效率评价的影响，第一类文献评价工业系统的效率时考虑了应对策略。例如，末吉和后藤（2012a）提出自然支配和管理支配的概念用于描述 DMU 应对环境规制变化的策略。接着，后藤等（Goto et al.，2014）利用 DEA 方法评价日本区域工业系统分别在自然支配和管理支配下的运营效率和环境效率。赵等（2016）讨论了应对环境规制的不同策略，并对不同策略下中国区域工业系统的效率进行评价。更多关于应对策略对效率评价影响，参见末吉和后藤（2012a）和王等（Wang et al.，2014）。

第二类文献将工业系统的运行过程描述为两阶段或网络结构。在此框架下，工业系统的技术效率可以分解为子系统的效率。例如，卞等（Bian et al.，2015）在评价中国区域工业系统的效率时考虑其内部结构。陈等（Chen et al.，2018）采用两阶段网络 DEA 方法度量和分解中国工业用水系统的环境效率。刘和王（Liu and Wang，2015）运用网络 DEA 模型和效率分解方法对中国工业部门的能源效率进行了评价。吴等（Wu et al.，2016）对含有共享资源的两阶段工业生产过程中非期望产出的再利用进行了分析。吴等（Wu et al.，2017）将工业系统划分为能源利用阶段和污染治理阶段，用于度量全要素能源效率和综合效率。工业系统效率评价的更多细节，参见哈尔科斯等（Halkos et al.，2016）和李等（Li et al.，2018）。这些研究可以确定各个子系统无效的具体原因。但是，这些研究主要测算的是每年的效率，没有从多周期的角度考虑效率的动态变化。

第三类文献是考虑工业系统的动态效率评价。费尔南德斯等（Fernandez et al.，2018）运用 DEA 和 Malmquist 指数对工业气体设施的生产效率和能源效率进行评价。末吉等（Sueyoshi et al.，2013）将 DEA 窗口分析应用于美国煤电厂的效率评价。吴等（2012）利用 DEA 方法构建了衡量工业能源效率的静态和动态指标。张等（Zhang et al.，2016）利用 Malmquist 指数研究了中国工业部门的动态碳排放效率。张等（Zhang et al.，2016）运用 SBM 模型对工业水污染的环境效率进行了评价。关于动态效率评价的更多细节，参见陈和戈利（Chen and Golley，2014）和姚等（Yao et al.，2016）。这些研究只提供了一定的效率指标，如能源效率、碳排放效率、环境效率等，没有考虑工业生产活动的内部结构，没有将工业系统的综合效率分解为经济效率和环境效率。

上述研究要么只考虑了工业系统的内部结构（两阶段或网络结构），要么只考虑动态效率，没有分解综合效率也没有考虑环境规制应对策略对效率评价的影响。当一个工业系统被评价为无效时，很难确定无效是来源于常规生产活动还是污染控制活动。因此，需要一种更合适的方法对工业系统的效率进行评价。

为了合理评价工业系统的综合效率，本章提出了基于不同应对策略的静态和动态 DEA 模型，同时考虑了效率分解和动态效率变化。本章的主要贡献如下。首先，提出基于不同应对策略的动态模型以评价工业系统的综合效率。其次，根据所构建的方法，可以得到经济效率和环境效率的评价指标。依据这些效率指标，决策者可以确定工业生产活动中低效率的来源。此外，本章还提供了所有效率指标的 MPI 值。同时，为了分析效率变化的驱动因素，将 MPI 值分解为静态效率变化和技术变化。最后，本章将所提方法应用于中国区域工业系统效率评价，为中国区域工业系统效率的改进提供有益的信息。

3.2 静态评价模型

3.2.1 自然支配和管理支配的生产可能集

为了评价工业系统的综合效率，假设有 n 个决策单元（工业系统）表示为 $DMU_j(j=1, \cdots, n)$。每个决策单元使用 m 个常规投入 $x_{ij}(i=1, \cdots, m)$（如劳动力和能源）和 h 个 $k_{lj}(l=1, \cdots, h)$ 资本投入来产生 s 个期望产出 $g_{rj}(r=1, \cdots, s)$（如工业增加值）和 p 个非期望产出 $b_{fj}(f=1, \cdots, p)$（如废气）。为了便于计算，假设 $X_j = (x_{1j}, \cdots, x_{mj})^T$，$K_j = (k_{1j}, \cdots, k_{hj})^T$，$G_j = (g_{1j}, \cdots, g_{sj})^T$，$B_j = (b_{1j}, \cdots, b_{pj})^T$ 和 $X_j > 0$，$K_j > 0$，$G_j > 0$，$B_j > 0$。则生产技术集可表示为：

$$T = (X, K, G, B): (X, K) \text{ 可以生产 } (G, B) \quad (3.1)$$

自然支配的生产可能集为：

$$P^N(x) = \{(G, B): G \leqslant \sum_{j=1}^n \lambda_j G_j, B \geqslant \sum_{j=1}^n \lambda_j B_j, X \geqslant \sum_{j=1}^n \lambda_j X_j,$$

$$K \geqslant \sum_{j=1}^n \lambda_j K_j, \lambda_j \geqslant 0\} \quad (3.2)$$

其中，$X \geqslant \sum_{j=1}^n \lambda_j X_j$ 和 $K \geqslant \sum_{j=1}^n \lambda_j K_j$ 表示决策单元缩小生产规模，以减少非期望产出。

同理，管理支配的生产可能集为：

$$P^M(x) = \{(G, B): G \leqslant \sum_{j=1}^n \lambda_j G_j, B \geqslant \sum_{j=1}^n \lambda_j B_j, X \geqslant \sum_{j=1}^n \lambda_j X_j,$$

$$K \leqslant \sum_{j=1}^n \lambda_j K_j, \lambda_j \geqslant 0\} \quad (3.3)$$

其中，$K \leqslant \sum_{j=1}^n \lambda_j K_j$ 表示决策单元增加技术创新的资本投入。

3.2.2　自然支配下的效率评价

如上所述，工业系统的运作流程可以为两类：常规生产活动和污染控制活动。前一种活动的任务是获得期望产出，而后一种活动的任务是减少非期望产出。因此，工业系统的综合效率实际上是同时反映了这两种活动的效率，即经济效率和环境效率。运用径向模型时，意味着这两个效率指标是相同的，这不能为决策者提供足够的信息以确定无效的具体来源。此外，为了达到有效的前沿面，径向模型中所有的期望产出和非期望产出都按相同的比例进行调整，因此得到的效率结果难以对决策者产生重大意义。例如，如果一个无效的工业系统是经济利益优先，它可能倾向于保持现有的非期望产出，但无法将期望产出增加到有效的水平。相反，环境保护优先的工业系统可能选择保持现有的期望产出，但无法将其非期望产出减少到有效的目标。此外，当工业系统改变其发展战略时，这种偏好很可能随时间的改变而改变。由于非径向模型可以按照不同的比例调整所有的期望和非期望产出，它比径向模型具有更高的识别力，能够提供经济效率和环境效率指标。因此，可以采用非径向模型对工业系统的效率进行准确评价。自然支配情形下评价综合效率的非径向 DEA 模型可表示为：

$$TE^{SN} = \min \frac{s}{\sum\limits_{r=1}^{s}(1+\phi_{ro})} \times \frac{\sum\limits_{f=1}^{p}(1-\varphi_{fo})}{p}$$

$$\text{s.t.} \sum_{j=1}^{n} \lambda_j x_{ij} \leqslant x_{io}, \ i = 1, \cdots, m$$

$$\sum_{j=1}^{n} \lambda_j k_{lj} \leqslant k_{lo}, \ l = 1, \cdots, h$$

$$\sum_{j=1}^{n} \lambda_j g_{rj} \geqslant (1+\phi_{ro})g_{ro}, \ r = 1, \cdots, s$$

$$\sum_{j=1}^{n} \lambda_j b_{fj} \leqslant (1-\varphi_{fo})b_{fo}, \ f = 1, \cdots, p$$

$$\lambda_j \geqslant 0, \ j = 1, \cdots, n \tag{3.4}$$

其中，TE^{SN} 表示自然支配下的综合效率。变量 $\phi_{ro}(r=1, \cdots, s)$ 表示每个期望产出可能增加的比例，它描述了一个工业系统获得经济利益的能力，并可用于构成经济效率。经济效率的定义如下：

$$ECE^{SN} = \frac{s}{\sum_{r=1}^{s}(1+\phi_{ro}^*)} \tag{3.5}$$

同理，变量 $\varphi_{fo}(f=1, \cdots, p)$ 表示每个非期望产出可能减少的比例，它描述了一个工业系统所面临的污染问题，并可被纳入环境效率的度量中。环境效率的定义如下：

$$ENE^{SN} = \frac{\sum_{f=1}^{p}(1-\varphi_{fo}^*)}{p} \tag{3.6}$$

经济效率和环境效率均由 TE^{SN} 分解而来。

$$TE^{SN} = ECE^{SN} \times ENE^{SN} = \frac{s}{\sum_{r=1}^{s}(1+\phi_{ro}^*)} \times \frac{\sum_{f=1}^{p}(1-\varphi_{fo}^*)}{p} \tag{3.7}$$

模型（3.4）可以界定综合效率无效的来源，可能是经济效率低下或（和）环境效率低下。$\phi_{ro} \in [0, \infty)$ 和 $\varphi_{fo} \in [0, 1)$ 都是无效的指标。因此，ϕ_{ro} 和 φ_{fo} 有助于理解经济无效和环境无效的来源。

模型（3.4）为分式规划，利用"查恩斯－库铂（Charnes－Cooper）变换"可将其转化为线性规划（Charnes and Cooper，1962；Tone，2011）（见附录1）。

3.2.3　管理支配下的效率评价

在管理支配下，工业系统利用清洁生产技术减少污染，需要大量的资金投入。因此，我们提出一种基于增加清洁生产资本投入策略的 DEA 模型。

类似于自然支配情形，管理支配时的综合效率可以通过以下 DEA 模型度量：

$$TE^{SM} = \min \frac{s}{\sum_{r=1}^{s}(1 + \phi_{ro})} \times \frac{\sum_{f=1}^{p}(1 - \varphi_{fo})}{p}$$

$$\text{s.t.} \quad \sum_{j=1}^{n} \lambda_j x_{ij} \leqslant x_{io}, \quad i = 1, \cdots, m$$

$$\sum_{j=1}^{n} \lambda_j k_{lj} \geqslant k_{lo}, \quad l = 1, \cdots, h$$

$$\sum_{j=1}^{n} \lambda_j g_{rj} \geqslant (1 + \phi_{ro}) g_{ro}, \quad r = 1, \cdots, s$$

$$\sum_{j=1}^{n} \lambda_j b_{fj} \leqslant (1 - \varphi_{fo}) b_{fo}, \quad f = 1, \cdots, p$$

$$\lambda_j \geqslant 0, \quad j = 1, \cdots, n \tag{3.8}$$

其中，TE^{SM} 表示管理支配下的综合效率。变量 $\phi_{ro}(r = 1, \cdots, s)$ 表示每个期望产出可能增加的比例，它描述了一个工业系统获得经济利益的能力，并可用于构成经济效率。经济效率的定义如下：

$$ECE^{SM} = \frac{s}{\sum_{r=1}^{s}(1 + \phi_{ro}^{*})} \tag{3.9}$$

同理，变量 $\varphi_{fo}(f = 1, \cdots, p)$ 表示每个非期望产出可能减少的比例，它描述了一个工业系统所面临的污染问题，并可被纳入环境效率的度量中。环境效率的定义如下：

$$ENE^{SM} = \frac{\sum_{f=1}^{p}(1 - \varphi_{fo}^{*})}{p} \tag{3.10}$$

经济效率和环境效率均由 TE^{SM} 分解而来。

$$TE^{SM} = ECE^{SM} \times ENE^{SM} = \frac{s}{\sum_{r=1}^{s}(1 + \phi_{ro}^{*})} \times \frac{\sum_{f=1}^{p}(1 - \varphi_{fo}^{*})}{p} \tag{3.11}$$

$\phi_{ro} \in [0, \infty)$ 和 $\varphi_{fo} \in [0, 1)$ 都是无效的指标，有助于理解经济无效和环境无效的来源。

类似于与模型（3.4），模型（3.8）可以转化为线性规划（见附录1）。

3.3 动态评价模型

3.2 节主要在静态环境下分析综合效率。对于特定的决策单元，了解综合效率随时间的变化可以为效率改进提供方向。如上面所述，MPI 在动态效率分析中得到广泛的应用，因此，本章采用 MPI 方法分析动态环境下综合效率的变化。

文献中有多种 MPI 形式，凯夫斯等（Caves et al.，1982）和法勒（1994）的 MPIs 均采用某一期的技术来度量效率，因此这些 MPIs 可能会遇到无可行解的问题（Kao and Hwang，2014）。为了解决无可行解问题，帕斯特和洛弗尔（Pastor and Lovell，2005）提出了一种全局 MPI，并利用各个时期的全局技术评价效率。两个时期之间的 MPI 是这两个时期的效率之比。

假设评价效率的时间跨度包括 T 个时期。设 x_{ij}^q，k_{lj}^q，g_{rj}^q 和 b_{fj}^q 分别表示第 q 期时决策单元的常规投入、资本投入、期望产出和非期望产出，并令 t 和 h 表示两个相邻的时期。假设 $E_j^{G(t)}$ 和 $E_j^{G(h)}$ 是基于全局技术的两个时期的效率。则全局 MPI 定义为：

$$MPI_j^{G(t,h)} = E_j^{G(t)} / E_j^{G(h)} \qquad (3.12)$$

$MPI_j^{G(t,h)}$ 可以用来评价时期 t 到时期 h 效率的变化。$MPI_j^{G(t,h)} > 1$（或 $MPI_j^{G(t,h)} < 1$）表示效率提高（或降低）。在本小节中，根据帕斯特和洛弗尔（2005）介绍的全局 MPI 的思想，我们提出了度量综合率、经济效率和环境效率随时间变化的动态模型。

3.3.1 自然支配下的效率评价

在自然支配情形下，时期 t 的综合效率可通过以下 DEA 模型计算：

$$TE^{DN(t)} = \min \frac{s}{\sum\limits_{r=1}^{s}(1 + \phi_{ro}^t)} \times \frac{\sum\limits_{f=1}^{p}(1 - \varphi_{fo}^t)}{p}$$

$$\text{s. t.} \quad \sum_{q=1}^{T}\sum_{j=1}^{n} \lambda_j^q x_{ij}^q \leqslant x_{io}^t, \quad i = 1, \cdots, m$$

$$\sum_{q=1}^{T}\sum_{j=1}^{n} \lambda_j^q k_{lj}^q \leqslant k_{lo}^t, \quad l = 1, \cdots, h$$

$$\sum_{q=1}^{T}\sum_{j=1}^{n} \lambda_j^q g_{rj}^q \geqslant (1 + \phi_{ro}^t) g_{ro}^t, \quad r = 1, \cdots, s$$

$$\sum_{q=1}^{T}\sum_{j=1}^{n} \lambda_j^q b_{fj}^q \leqslant (1 - \varphi_{fo}^t) b_{fo}^t, \quad f = 1, \cdots, p$$

$$\lambda_j^q \geqslant 0, \quad j = 1, \cdots, n, \quad q = 1, \cdots, T \qquad (3.13)$$

时期 h 的效率（h 晚于 t）$OE^{DN(h)}$，可以用类似的方法计算。两个时期之间的全局 MPI 可以表示为 $MPI_o^{DN(t,h)} = TE^{DN(h)}/TE^{DN(t)}$。$MPI_o^{DN(t,h)}$ 可用于评价自然支配下时期 t 到时期 h 的综合效率变化。$MPI_o^{DN(t,h)} > 1$（或 $MPI_o^{DN(t,h)} < 1$）表示综合效率提高（或减少）。

由于 $TE^{DN(t)} = ECE^{DN(t)} \times ENE^{DN(t)}$，这导致时期和流程的 $MPIs$ 之间有如下关系：

$$MPI_o^{DN(t,h)} = \frac{TE^{DN(h)}}{TE^{DN(t)}} = \frac{ECE^{DN(h)} \times ENE^{DN(h)}}{ECE^{DN(t)} \times ENE^{DN(t)}} = MPI_o^{DN-ECE(t,h)} \times MPI_o^{DN-ENE(t,h)}$$

$$(3.14)$$

即，两个时期之间的 MPI 是两个流程 MPI 的乘积。

此外，类似于帕斯特和洛弗尔（2005），$MPI_o^{D(t,h)}$ 还可以分解为两个部分：

$$MPI_o^{DN(t,h)} = \frac{TE^{SN(h)}}{TE^{SN(t)}} \times \left(\frac{TE^{DN(h)}/TE^{SN(h)}}{TE^{DN(t)}/TE^{SN(t)}} \right)$$

$$= EC^{DN(t,h)} \times TC^{DN(t,h)} \qquad (3.15)$$

其中，$EC^{DN(t,h)}$ 为静态效率变化，$TC^{DN(t,h)}$ 为技术变化。

同样，$MPI_o^{DN-ECE(t,h)}$ 和 $MPI_o^{DN-ENE(t,h)}$ 可以分解为两个部分：

$$MPI_o^{DN-ECE(t,h)} = \frac{ECE^{SN(h)}}{ECE^{SN(t)}} \times \left(\frac{ECE^{DN(h)}/ECE^{SN(h)}}{ECE^{DN(t)}/ECE^{SN(t)}} \right)$$

$$= EC^{DN-ECE(t,h)} \times TC^{DN-ECE(t,h)} \tag{3.16}$$

$$MPI_o^{DN-ENE(t,h)} = \frac{ENE^{SN(h)}}{ENE^{SN(t)}} \times \left(\frac{ENE^{DN(h)}/ENE^{SN(h)}}{ENE^{DN(t)}/ENE^{SN(t)}} \right)$$

$$= EC^{DN-ENE(t,h)} \times TC^{DN-ENE(t,h)} \tag{3.17}$$

3.3.2 管理支配下的效率评价

类似于自然支配情形，管理支配下 t 时期的综合效率可通过以下 DEA 模型计算：

$$TE^{DM(t)} = \min \frac{s}{\displaystyle\sum_{r=1}^{s}(1+\phi_{ro}^t)} \times \frac{\displaystyle\sum_{f=1}^{p}(1-\varphi_{fo}^t)}{p}$$

$$\text{s. t.} \quad \sum_{q=1}^{T}\sum_{j=1}^{n}\lambda_j^q x_{ij}^q \leqslant x_{io}^t, \quad i=1, \cdots, m$$

$$\sum_{q=1}^{T}\sum_{j=1}^{n}\lambda_j^q k_{lj}^q \geqslant k_{lo}^t, \quad l=1, \cdots, h$$

$$\sum_{q=1}^{T}\sum_{j=1}^{n}\lambda_j^q g_{rj}^q \geqslant (1+\phi_{ro}^t)g_{ro}^t, \quad r=1, \cdots, s$$

$$\sum_{q=1}^{T}\sum_{j=1}^{n}\lambda_j^q b_{fj}^q \leqslant (1-\varphi_{fo}^t)b_{fo}^t, \quad f=1, \cdots, p$$

$$\lambda_j^q \geqslant 0, \quad j=1, \cdots, n, \quad q=1, \cdots, T \tag{3.18}$$

时期 h 的效率 $TE^{DM(h)}$，可以用类似的方法计算。两个时段的全局 MPI 为 $MPI_o^{DM(t,h)} = TE^{DM(h)}/TE^{DM(t)}$。$MPI_o^{DM(t,h)}$ 可用于评价管理支配下时期 t 到时期 h 的综合效率变化。$MPI_o^{DM(t,h)} > 1$（或 $MPI_o^{DM(t,h)} < 1$）表示综合效率提高（或减少）。

由于 $TE^{DM(t)} = ECE^{DM(t)} \times ENE^{DM(t)}$，这导致时期和流程的 $MPIs$ 之间有如下关系：

$$MPI_o^{DM(t,h)} = \frac{TE^{DM(h)}}{TE^{DM(t)}} = \frac{ECE^{DM(h)} \times ENE^{DM(h)}}{ECE^{DM(t)} \times ENE^{DM(t)}} = MPI_o^{DM-ECE(t,h)} \times MPI_o^{DM-ENE(t,h)}$$

$$\tag{3.19}$$

即，两个时期之间的 MPI 是两个流程 MPI 的乘积。

此外，$MPI_o^{DM(t,h)}$ 可以分解为两个部分：

$$MPI_o^{DM(t,h)} = \frac{TE^{SM(h)}}{TE^{SM(t)}} \times \left(\frac{TE^{DM(h)}/TE^{SM(h)}}{TE^{DM(t)}/TE^{SM(t)}} \right)$$

$$= EC^{DM(t,h)} \times TC^{DM(t,h)} \tag{3.20}$$

其中，$EC^{DM(t,h)}$ 为静态效率变化，$TC^{DM(t,h)}$ 为技术变化。

同样，$MPI_o^{DM-ECE(t,h)}$ 和 $MPI_o^{DM-ENE(t,h)}$ 可以分解为两个部分：

$$MPI_o^{DM-ECE(t,h)} = \frac{ECE^{SM(h)}}{ECE^{SM(t)}} \times \left(\frac{ECE^{DM(h)}/ECE^{SM(h)}}{ECE^{DM(t)}/ECE^{SM(t)}} \right)$$

$$= EC^{DM-ECE(t,h)} \times TC^{DM-ECE(t,h)} \tag{3.21}$$

$$MPI_o^{DM-ENE(t,h)} = \frac{ENE^{SM(h)}}{ENE^{SM(t)}} \times \left(\frac{ENE^{DM(h)}/ENE^{SM(h)}}{ENE^{DM(t)}/ENE^{SM(t)}} \right)$$

$$= EC^{DM-ENE(t,h)} \times TC^{DM-ENE(t,h)} \tag{3.22}$$

3.4　实证研究

3.4.1　中国主要区域和数据来源

中国31个省级区域分为东部、中部和西部三大地区。由于没有西藏自治区能源投入的数据，所以将其排除在外。表3-1列出了30个区域的信息。

表 3-1　　　　　　　　　　中国各省级区域

地　区	区　　域
东部地区	北京、天津、河北、辽宁、上海、江苏、浙江、福建、山东、广东和海南
中部地区	山西、吉林和黑龙江、安徽、江西、河南、湖北和湖南
西部地区	内蒙古、广西、重庆、四川、贵州、云南、陕西、甘肃、青海、宁夏和新疆

卞等（2015）认为，固定资产投资通常作为区域效率评价的资本投入。本章以固定资产投资作为资本投入，劳动力和能源消耗作为其他投入，工业增加值为期望产出，工业废气中污染物的排放量为非期望产出。为了消除价格波动的影响，固定资产投资和工业增加值的数据均采用购买力平价方法进行调整。此外，工业废气中污染物包括二氧化硫、氮氧化合物、烟尘和粉尘。我们从 2012 ~ 2016 年的《中国统计年鉴》中收集了 2011 ~ 2015 年各区域工业系统的数据。表 3 - 2 给出了这些数据的描述性统计。

表 3 - 2　　　　　　　　　2011 ~ 2015 年数据描述性统计

变量	单位	数值	2011 年	2012 年	2013 年	2014 年	2015 年
劳动力	1 万人	均值	305.52	318.91	326.32	332.51	325.77
		标准差	326.36	332.38	336.79	340.01	339.28
能源	1 万吨标准煤	均值	9807.00	10186.36	10155.54	10261.09	10241.58
		标准差	6344.06	6484.92	6560.12	6583.54	6660.01
固定资产投资	10 亿元	均值	3620.86	4302.45	5049.17	5649.18	6223.40
		标准差	2678.48	3147.15	3729.40	4352.00	5027.73
工业增加值	10 亿元	均值	6707.18	7348.62	8026.24	8501.30	8920.60
		标准差	5538.65	5958.84	6438.74	6861.69	7415.52
工业废气污染物排放量	10 亿元	均值	161.56	153.31	149.47	153.33	132.28
		标准差	95.07	90.08	87.34	90.77	77.98

3.4.2　静态效率分析

首先运用模型（3.4）和模型（3.8）计算出 30 个区域工业系统的静态综合效率、经济效率和环境效率，计算结果如表 3 - 3 ~ 表 3 - 5 所示。除了有效的区域外，其他区域的 TE^{SN} 和 TE^{SM} 完全不同。例如，对于上海市（2015 年），TE^{SN} 和 TE^{SM} 分别为 1 和 0.3530。从 TE^{SN} 视角上海是有效率的决策单元，而 TE^{SM} 则表明上海效率很低。

从表 3 - 3 和表 3 - 5 可以看出，自然支配时静态综合率和环境效率的平均值均低于管理支配时的平均值。然而，在表 3 - 4 中，自然支配时静态经济效率平均值略高于管理支配时的平均值。这一结果表明，区域工业系统可以通过增加对技术创新的资本投入提高综合效率和环境效率，区域工业系统应保证清洁生产技术的资金投入。

表 3 - 3　　　　　　　　2011 ~ 2015 年中国区域工业系统静态综合效率

区域		自然支配 TE^{SN}					管理支配 TE^{SM}				
		2011 年	2012 年	2013 年	2014 年	2015 年	2011 年	2012 年	2013 年	2014 年	2015 年
东部地区	北京	1.0000	1.0000	1.0000	1.0000	1.0000	1.0000	1.0000	1.0000	1.0000	1.0000
	天津	1.0000	1.0000	1.0000	1.0000	1.0000	1.0000	1.0000	1.0000	1.0000	1.0000
	河北	0.3003	0.2579	0.2199	0.1193	0.0648	0.3692	0.4342	0.4690	0.4694	0.4874
	辽宁	0.3425	0.3063	0.2967	0.2420	0.2540	0.4911	0.5994	0.7085	0.5758	0.2983
	上海	1.0000	1.0000	1.0000	1.0000	1.0000	0.7684	0.6978	0.6235	0.4891	0.3530
	江苏	0.4886	0.5050	0.4688	0.3645	0.2094	1.0000	1.0000	1.0000	1.0000	1.0000
	浙江	0.5313	0.5463	0.4741	0.3945	0.2195	0.6062	0.7209	0.6073	0.6201	0.4645
	福建	0.4691	0.4818	0.4565	0.3620	0.1983	0.6585	0.7973	0.7895	0.7562	0.6412
	山东	0.3593	0.3672	0.3377	0.2467	0.1387	0.5473	0.6185	0.6447	0.6508	0.5255
	广东	1.0000	0.7523	0.6855	0.5712	0.3360	0.7369	0.7843	0.6855	0.6570	0.5612
	海南	1.0000	0.8862	0.3338	1.0000	0.4666	0.8869	0.9465	0.5345	0.8141	0.3516
	均值	0.6810	0.6457	0.5703	0.5728	0.4443	0.7331	0.7817	0.7330	0.7302	0.6075
中部地区	吉林	0.4521	0.5448	0.6395	1.0000	1.0000	1.0000	1.0000	1.0000	1.0000	1.0000
	黑龙江	0.7105	0.3660	0.2861	0.2082	0.0599	0.6583	0.5899	0.5792	0.3916	0.2846
	山西	0.1301	0.0996	0.0783	0.0512	0.0207	0.1737	0.1813	0.1625	0.1419	0.0837
	安徽	0.2798	0.2821	0.2725	0.2013	0.1069	0.6496	0.7881	0.8767	0.8240	0.7135
	江西	0.2611	0.2484	0.2294	0.1816	0.0880	1.0000	1.0000	1.0000	1.0000	1.0000
	河南	0.2809	0.2968	0.2479	0.2071	0.1142	0.5015	0.6461	0.6293	0.6719	0.5673
	湖北	0.5249	0.5683	0.3929	0.2939	0.1695	0.6555	1.0000	1.0000	1.0000	1.0000
	湖南	0.3948	0.4646	0.3722	0.2883	0.1477	0.5430	0.7262	0.9253	0.9961	1.0000
	均值	0.3793	0.3588	0.3148	0.3040	0.2134	0.6477	0.7415	0.7716	0.7532	0.7061

续表

区域		自然支配 TE^{SN}					管理支配 TE^{SM}				
		2011 年	2012 年	2013 年	2014 年	2015 年	2011 年	2012 年	2013 年	2014 年	2015 年
西部地区	内蒙古	1.0000	1.0000	1.0000	1.0000	1.0000	1.0000	1.0000	1.0000	1.0000	1.0000
	广西	0.4231	0.3671	0.3210	0.3021	0.3031	0.4768	0.6091	0.6709	0.7282	0.8109
	重庆	1.0000	1.0000	0.2233	0.1933	0.1204	1.0000	1.0000	0.5652	0.6375	0.7597
	四川	0.3411	0.3729	0.3771	0.2732	0.1397	0.5208	0.6078	0.6241	0.5905	0.4312
	贵州	0.0676	0.0781	0.0821	0.0769	0.0495	0.1166	0.1351	0.1464	0.1669	0.1468
	云南	0.2137	0.2045	0.1985	0.2203	0.2377	0.3135	0.3265	0.3563	0.3618	0.3686
	陕西	1.0000	1.0000	1.0000	1.0000	0.3024	1.0000	1.0000	1.0000	1.0000	0.4627
	甘肃	0.1664	0.1531	0.1345	0.0723	0.0276	0.2949	0.3189	0.4438	0.3350	0.1934
	青海	0.6455	0.4048	0.2659	0.2614	0.1404	0.8601	0.7202	1.0000	0.7272	1.0000
	宁夏	0.0568	0.0497	0.0422	0.0359	0.0192	0.1666	0.1454	0.1717	0.1872	0.2613
	新疆	0.4478	0.2710	0.1252	0.1191	0.0246	0.7133	1.0000	0.5073	0.5126	1.0000
	均值	0.4875	0.4456	0.3427	0.3231	0.2150	0.5875	0.6239	0.5896	0.5679	0.5850
全国	均值	0.5296	0.4958	0.4187	0.4095	0.2986	0.6570	0.7131	0.6907	0.6768	0.6255

表 3 – 4　　　　　　　**2011～2015 年中国区域工业系统静态经济效率**

区域		自然支配 ECE^{SN}					管理支配 ECE^{SM}				
		2011 年	2012 年	2013 年	2014 年	2015 年	2011 年	2012 年	2013 年	2014 年	2015 年
东部地区	北京	1.0000	1.0000	1.0000	1.0000	1.0000	1.0000	1.0000	1.0000	1.0000	1.0000
	天津	1.0000	1.0000	1.0000	1.0000	1.0000	1.0000	1.0000	1.0000	1.0000	1.0000
	河北	1.0000	1.0000	1.0000	0.9943	0.8784	0.9113	0.8625	0.8335	0.7418	0.6932
	辽宁	1.0000	1.0000	1.0000	1.0000	1.0000	0.8330	0.8160	0.9089	0.8759	0.9695
	上海	1.0000	1.0000	1.0000	1.0000	1.0000	0.9966	0.9947	0.9989	0.9803	
	江苏	0.8753	0.9971	0.7454	0.7577	0.8427	1.0000	1.0000	1.0000	1.0000	1.0000
	浙江	0.9283	0.8466	0.9016	0.7203	0.7508	0.8375	0.8674	0.6894	0.7668	0.6983
	福建	0.9402	0.9426	0.9573	0.9512	0.9293	0.8028	0.9453	0.8918	0.8835	0.7374
	山东	0.9798	0.9918	0.8787	0.9339	0.9211	0.7794	0.7199	0.7856	0.7078	0.7115
	广东	1.0000	0.9708	0.8882	0.8341	0.8173	0.9550	0.9184	0.7163	0.7811	0.8489
	海南	1.0000	1.0000	1.0000	1.0000	1.0000	1.0000	1.0000	0.9554	1.0000	1.0000
	均值	0.9749	0.9772	0.9428	0.9265	0.9218	0.9199	0.9206	0.8887	0.8869	0.8763

续表

区域		自然支配 ECE^{SN}					管理支配 ECE^{SM}				
		2011 年	2012 年	2013 年	2014 年	2015 年	2011 年	2012 年	2013 年	2014 年	2015 年
中部地区	吉林	1.0000	1.0000	1.0000	1.0000	1.0000	1.0000	1.0000	1.0000	1.0000	1.0000
	黑龙江	1.0000	1.0000	1.0000	1.0000	0.9824	1.0000	1.0000	0.9163	0.8651	0.8026
	山西	1.0000	0.9662	0.9584	0.8645	0.5619	0.8485	0.6908	0.6516	0.5253	0.4348
	安徽	1.0000	0.9941	0.9810	0.9504	0.9693	0.8267	0.8650	0.9097	0.8407	0.7199
	江西	1.0000	0.9990	0.9768	0.9963	0.9708	1.0000	1.0000	1.0000	1.0000	1.0000
	河南	0.9998	0.9790	0.8208	0.8963	0.6537	0.8215	0.8087	0.7499	0.7226	0.6673
	湖北	1.0000	1.0000	1.0000	0.9929	0.9969	0.8549	1.0000	1.0000	1.0000	1.0000
	湖南	1.0000	1.0000	1.0000	1.0000	0.9983	0.8298	0.8204	0.9385	0.9961	1.0000
	均值	1.0000	0.9923	0.9671	0.9626	0.8917	0.8977	0.8981	0.8958	0.8687	0.8281
西部地区	内蒙古	1.0000	1.0000	1.0000	1.0000	1.0000	1.0000	1.0000	1.0000	1.0000	1.0000
	广西	1.0000	1.0000	1.0000	1.0000	1.0000	0.9099	0.8716	0.8302	0.8422	0.9153
	重庆	1.0000	1.0000	0.9814	0.9487	0.9941	1.0000	1.0000	0.8962	0.9259	0.8904
	四川	0.9875	0.9928	1.0000	0.9979	0.9881	0.7844	0.7474	0.7822	0.8099	0.8316
	贵州	0.9503	0.9806	1.0000	0.9895	0.9946	0.6235	0.6790	0.7511	0.7919	0.8777
	云南	1.0000	1.0000	1.0000	1.0000	1.0000	0.9161	0.8910	0.8896	0.9236	0.9823
	陕西	1.0000	1.0000	1.0000	1.0000	1.0000	1.0000	1.0000	1.0000	1.0000	0.9827
	甘肃	1.0000	1.0000	1.0000	0.9979	0.8858	0.9003	0.8551	0.7682	0.7281	0.5951
	青海	1.0000	1.0000	1.0000	1.0000	1.0000	0.9419	0.8749	1.0000	0.7715	1.0000
	宁夏	1.0000	1.0000	0.9790	0.9564	0.8641	0.7683	0.7343	0.6429	0.6147	0.6736
	新疆	1.0000	1.0000	1.0000	1.0000	1.0000	0.7945	1.0000	0.6812	0.7130	1.0000
	均值	0.9944	0.9976	0.9964	0.9900	0.9752	0.8763	0.8776	0.8402	0.8292	0.8862
全国	均值	0.9887	0.9887	0.9690	0.9594	0.9333	0.8980	0.8988	0.8728	0.8609	0.8671

表 3 – 5　　　　2011 ~ 2015 年中国区域工业系统静态环境效率

区域		自然支配 ENE^{SN}					管理支配 ENE^{SM}				
		2011 年	2012 年	2013 年	2014 年	2015 年	2011 年	2012 年	2013 年	2014 年	2015 年
东部地区	北京	1.0000	1.0000	1.0000	1.0000	1.0000	1.0000	1.0000	1.0000	1.0000	1.0000
	天津	1.0000	1.0000	1.0000	1.0000	1.0000	1.0000	1.0000	1.0000	1.0000	1.0000

续表

区域		自然支配 ENE^{SN}					管理支配 ENE^{SM}				
		2011 年	2012 年	2013 年	2014 年	2015 年	2011 年	2012 年	2013 年	2014 年	2015 年
东部地区	河北	0.3003	0.2579	0.2199	0.1200	0.0738	0.4051	0.5035	0.5628	0.6328	0.7031
	辽宁	0.3425	0.3063	0.2967	0.2420	0.2540	0.5896	0.7345	0.7795	0.6573	0.3077
	上海	1.0000	1.0000	1.0000	1.0000	1.0000	0.7684	0.7002	0.6268	0.4897	0.3601
	江苏	0.5583	0.5065	0.6290	0.4811	0.2485	1.0000	1.0000	1.0000	1.0000	1.0000
	浙江	0.5724	0.6452	0.5259	0.5476	0.2924	0.7239	0.8311	0.8809	0.8087	0.6652
	福建	0.4989	0.5112	0.4769	0.3806	0.2134	0.8203	0.8434	0.8853	0.8559	0.8695
	山东	0.3668	0.3702	0.3843	0.2641	0.1505	0.7022	0.8591	0.8206	0.9195	0.7386
	广东	1.0000	0.7749	0.7717	0.6849	0.4111	0.7717	0.8540	0.9570	0.8412	0.6610
	海南	1.0000	0.8862	0.3338	1.0000	0.4666	0.8869	0.9465	0.5595	0.8141	0.3516
	均值	0.6945	0.6599	0.6035	0.6109	0.4646	0.7880	0.8429	0.8248	0.8199	0.6961
中部地区	吉林	0.4521	0.5448	0.6395	1.0000	1.0000	1.0000	1.0000	1.0000	1.0000	1.0000
	黑龙江	0.7105	0.3660	0.2861	0.2082	0.0610	0.6583	0.5899	0.6321	0.4527	0.3546
	山西	0.1301	0.1031	0.0817	0.0592	0.0368	0.2047	0.2625	0.2494	0.2701	0.1924
	安徽	0.2798	0.2838	0.2778	0.2118	0.1103	0.7858	0.9111	0.9637	0.9801	0.9911
	江西	0.2611	0.2487	0.2348	0.1823	0.0906	1.0000	1.0000	1.0000	1.0000	1.0000
	河南	0.2809	0.3032	0.3020	0.2311	0.1747	0.6105	0.7990	0.8392	0.9298	0.8501
	湖北	0.5249	0.5683	0.3929	0.2960	0.1700	0.7668	1.0000	1.0000	1.0000	1.0000
	湖南	0.3948	0.4646	0.3722	0.2883	0.1480	0.6544	0.8852	0.9860	1.0000	1.0000
	均值	0.3793	0.3603	0.3234	0.3096	0.2239	0.7100	0.8060	0.8338	0.8291	0.7985
西部地区	内蒙古	1.0000	1.0000	1.0000	1.0000	1.0000	1.0000	1.0000	1.0000	1.0000	1.0000
	广西	0.4231	0.3671	0.3210	0.3021	0.3031	0.5241	0.6988	0.8081	0.8647	0.8860
	重庆	1.0000	1.0000	0.2275	0.2037	0.1212	1.0000	1.0000	0.6307	0.6886	0.8532
	四川	0.3454	0.3756	0.3771	0.2737	0.1414	0.6640	0.8131	0.7979	0.7291	0.5185
	贵州	0.0711	0.0796	0.0821	0.0778	0.0497	0.1869	0.1989	0.1949	0.2108	0.1672
	云南	0.2137	0.2045	0.1985	0.2203	0.2377	0.3422	0.3665	0.4006	0.3917	0.3753
	陕西	1.0000	1.0000	1.0000	1.0000	0.3024	1.0000	1.0000	1.0000	1.0000	0.4709
	甘肃	0.1664	0.1531	0.1345	0.0724	0.0312	0.3275	0.3729	0.5777	0.4600	0.3250
	青海	0.6455	0.4048	0.2659	0.2614	0.1404	0.9132	0.8232	1.0000	0.9425	1.0000

续表

区域		自然支配 ENE^{SN}					管理支配 ENE^{SM}				
		2011 年	2012 年	2013 年	2014 年	2015 年	2011 年	2012 年	2013 年	2014 年	2015 年
西部地区	宁夏	0.0568	0.0497	0.0431	0.0375	0.0222	0.2168	0.1980	0.2671	0.3046	0.3880
	新疆	0.4478	0.2710	0.1252	0.1191	0.0246	0.8978	1.0000	0.7447	0.7189	1.0000
	均值	0.4882	0.4460	0.3432	0.3244	0.2158	0.6429	0.6792	0.6747	0.6646	0.6349
全国	均值	0.5348	0.5015	0.4333	0.4255	0.3092	0.7140	0.7730	0.7721	0.7654	0.7010

图 3-1 描述了自然支配和管理支配两种情形的效率。可以发现，自然支配时，环境效率相对较小，经济效率与环境效率之间的差距较大。这表明，自然支配时，较低的环境效率是造成综合效率低的主要原因。管理支配时，环境效率相对较高，经济效率与环境效率之间的差距较小。这意味着经济效率和环境效率在管理支配时较为平衡。有趣的是，我们发现综合效率主要受环境效率的影响，在自然支配和管理支配两种情形下，综合效率与环境效率的趋势都相同。这些结果证明了增加技术创新的资本投入可以提高区域工业系统的综合效率。

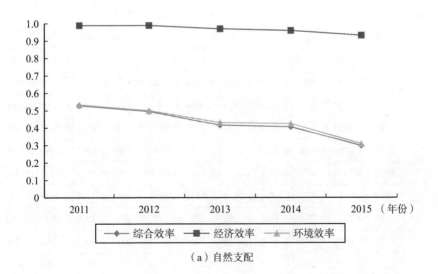

（a）自然支配

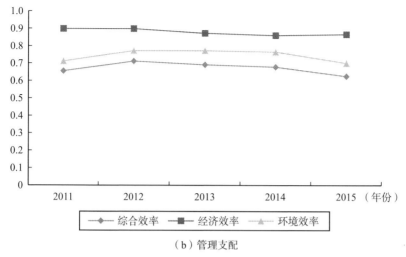

（b）管理支配

图 3 - 1　2011 ~ 2015 年中国工业系统平均效率

虽然无效的主要原因是较低的环境效率，但一些区域，如河北（2015年，管理支配时），环境效率大于经济效率。不同区域的无效存在较大差异。以浙江和辽宁为例进一步说明。2011 ~ 2015 年浙江省的经济效率低于环境效率，建议这类区域在保持污染物控制优势的同时，优先提高常规生产水平。而 2011 ~ 2015 年辽宁省的环境效率低于经济效率，表明辽宁生产情况较好，而污染物控制表现较差。对这类区域来说，提高污染物控制的能力更为紧迫。这些分析结果也说明综合效率分解的必要性和重要性，可以为提高效率提供了更多有用的信息。

图 3 - 2 描述了 3 个地区的效率比较。如图 3 - 2 所示，自然支配时，三个地区的综合效率、经济效率、环境效率均呈下降趋势。相反，这种趋势没有发生在管理支配时。自然支配时，东部地区有最高的综合效率和环境效率。管理支配时，西部地区的综合效率和环境效率最低，中部地区的综合效率和环境效率逐渐赶上东部地区。这意味着增加技术创新的资本投入可以有效地提高中部地区的综合效率和环境效率。西部地区的低综合效率和低环境效率可能是由于技术创新资金投入不足造成的，西部地区应该采

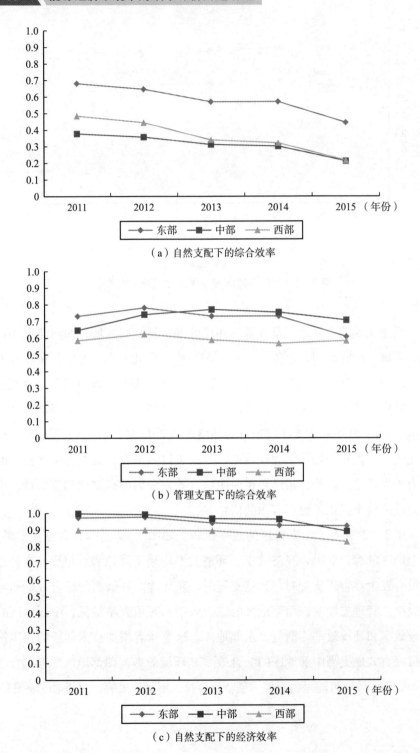

（a）自然支配下的综合效率

（b）管理支配下的综合效率

（c）自然支配下的经济效率

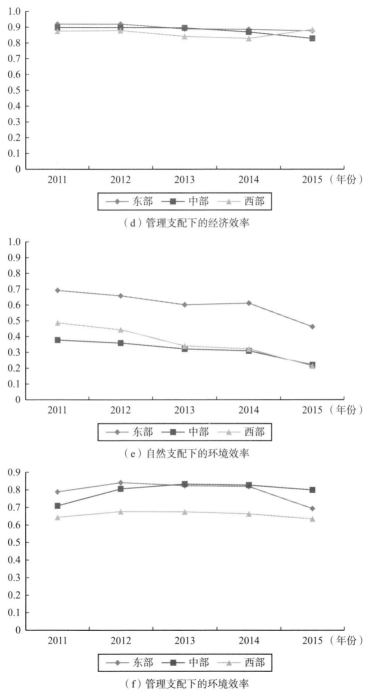

（d）管理支配下的经济效率

（e）自然支配下的环境效率

（f）管理支配下的环境效率

图 3 - 2   2011 ~ 2015 年三个地区的效率比较

取措施支持清洁生产技术创新。三个地区的效率比较结果与我国经济发展状况相吻合。在中国，东部地区是最发达的地区，而西部地区是最不发达的地区。东部地区在清洁生产技术方面有充足的资金投入，西部地区由于缺乏清洁生产技术的资金投入，在综合效率和环境效率方面表现较差。

需要注意的是，管理支配时三个地区的综合效率和环境效率均大于自然支配时相应的值。这一结果表明，积极策略（管理支配）更有利于综合效率和环境效率的改进。三个地区工业系统应以环境规制为契机，采取行动充分利用清洁生产技术。只有这样，区域工业系统才能同时实现经济发展和环境保护。

3.4.3　动态效率分析

本小节计算 MPIs 并分析 30 个区域工业系统的综合效率、经济效率和环境效率随时间的变化。表 3 - 6 ~ 表 3 - 8 给出了 2011 ~ 2015 年中连续两年的计算结果。

由表 3 - 6 ~ 表 3 - 8 可以看出，自然支配时综合效率、经济效率和环境效率的平均 MPI 值均低于管理支配时相应的值。这意味着增加技术创新的资本投入对技术效率、经济效率和环境效率都有积极的影响。在动态环境下，积极策略更有助于提高效率。

表 3 - 6 中，管理支配时中国区域工业系统正向变化，说明中国区域工业系统的综合效率得到了改善。而自然支配时，有一个时期（2014 ~ 2015年）呈负变化。综合效率的平均 MPI 值表明，除黑龙江外，其他区域在管理支配时综合效率均有提高。其中，东部地区的北京和西部地区的陕西的年增长率相对较高。

表 3 - 6　　　　2011 ~ 2015 年中国区域工业系统综合效率的 MPI 值

区域		MPI^{DN}				MPI^{DM}			
		2011 ~ 2012 年	2012 ~ 2013 年	2013 ~ 2014 年	2014 ~ 2015 年	2011 ~ 2012 年	2012 ~ 2013 年	2013 ~ 2014 年	2014 ~ 2015 年
东部地区	北京	1.0966	2.9871	1.0000	1.0000	1.0268	2.9871	0.5059	1.9768
	天津	1.2592	1.2814	1.0000	0.9385	1.2318	1.2773	1.0000	1.0000
	河北	0.7772	1.2912	0.4901	1.0732	1.2791	1.4046	1.1952	1.2774
	辽宁	1.1120	1.1228	1.6288	1.4628	1.2408	1.4225	0.9297	0.7603
	上海	1.0118	1.0266	1.3541	2.0561	1.0790	1.0654	0.9943	1.4267
	江苏	1.1333	1.1070	0.9854	1.1354	1.2908	1.3566	1.1368	1.5515
	浙江	1.1274	1.0349	1.0544	1.1001	1.3097	1.1816	1.2628	1.2201
	福建	1.1264	1.1298	1.0050	1.0826	1.4184	1.4801	1.0833	1.2993
	山东	1.1205	1.0965	0.9258	1.1112	1.2161	1.2605	1.1195	1.2592
	广东	1.1195	1.0864	1.0561	1.1628	1.1195	1.0864	1.3321	1.5396
	海南	1.2890	0.4229	2.4355	0.3612	1.3137	0.5361	1.9328	0.3641
	均值	1.1066	1.2352	1.1759	1.1349	1.2296	1.3689	1.1357	1.2432
中部地区	吉林	1.6622	1.5245	1.4172	0.6478	1.8808	1.2375	1.1613	1.0000
	黑龙江	0.7789	0.8630	0.6762	0.3597	1.0106	1.1218	0.6157	1.0747
	山西	1.0155	0.9376	0.8277	0.8000	1.1870	1.0676	0.9047	0.9057
	安徽	1.1956	1.1518	0.9361	1.0501	1.5674	1.3841	1.0615	1.2060
	江西	1.1197	1.1009	1.0037	0.9577	1.4137	1.7109	1.1208	1.0000
	河南	1.1588	0.9959	1.0587	1.0901	1.4103	1.2227	1.2217	1.2154
	湖北	1.5689	0.8495	0.9949	1.1396	1.4254	1.2573	1.0749	1.5793
	湖南	1.2522	1.0893	1.0053	1.0825	1.4537	1.5003	1.2354	1.4385
	均值	1.2190	1.0641	0.9900	0.8909	1.4186	1.3128	1.0495	1.1775
西部地区	内蒙古	1.0000	1.0000	0.9333	0.9710	1.1645	1.0000	1.0000	0.9118
	广西	0.8776	1.1615	1.3871	1.1918	1.3172	1.3973	1.3256	1.3713
	重庆	1.0904	0.5625	1.0971	1.2318	1.3214	1.0912	1.2849	1.6920
	四川	1.1986	1.1452	0.9667	1.0108	1.3191	1.2801	1.0151	1.0851
	贵州	1.2672	1.2318	1.2089	1.2704	1.2524	1.3276	1.1888	1.3051
	云南	1.1260	1.5481	1.3525	1.0264	1.2638	1.3849	1.1561	1.3531

续表

区域		MPI^DN				MPI^DM			
		2011～2012 年	2012～2013 年	2013～2014 年	2014～2015 年	2011～2012 年	2012～2013 年	2013～2014 年	2014～2015 年
西部地区	陕西	4.2335	1.0000	0.6889	0.3942	3.0772	1.3619	0.7401	0.6252
	甘肃	0.8900	1.5065	0.4775	0.7549	1.7745	1.4604	0.9918	0.6542
	青海	0.6541	0.8418	0.9213	0.5192	0.8031	1.4876	1.1841	1.4138
	宁夏	1.0788	1.0256	1.0771	1.0562	1.5760	1.2663	1.3035	1.5373
	新疆	0.6652	0.5717	0.9346	0.2099	0.9075	1.2310	1.2611	1.9828
	均值	1.2801	1.0541	1.0041	0.8760	1.4342	1.2989	1.1319	1.2665
全国	均值	1.2019	1.1178	1.0567	0.9673	1.3608	1.3269	1.1057	1.2291

从表 3 - 7 和表 3 - 8 可以看出，管理支配时，经济效率的 MPI 值都低于环境效率的 MPI 值。这说明环境效率的变化比经济效率更为显著，中国政府的环境规制政策在工业污染控制方面取得了显著的成效。

表 3 - 7　　2011～2015 年中国区域工业系统经济效率的 MPI 值

区域		MPI^DN-ECE				MPI^DM-ECE			
		2011～2012 年	2012～2013 年	2013～2014 年	2014～2015 年	2011～2012 年	2012～2013 年	2013～2014 年	2014～2015 年
东部地区	北京	1.0127	1.0003	1.0000	1.0000	1.1460	1.0420	0.9999	1.0001
	天津	1.0000	1.0000	1.0000	1.0000	1.0000	1.0000	1.0000	1.0000
	河北	1.0000	1.0000	0.9914	0.8755	0.9386	1.1176	0.8131	0.8525
	辽宁	1.0019	1.0065	1.0064	1.0000	0.9662	1.0910	1.0370	1.0511
	上海	1.0000	1.0000	1.0000	1.0000	0.9331	1.0802	0.9880	1.0118
	江苏	1.0196	1.0009	0.7475	1.2235	1.0145	1.0399	1.0481	1.4205
	浙江	1.1453	1.0039	0.9947	1.0315	1.0068	1.0031	1.0498	1.0082
	福建	0.9947	0.9986	1.0075	1.0228	1.0726	1.0750	1.0546	1.0133
	山东	0.9829	0.9724	1.0442	0.9158	0.9769	0.9945	0.9978	0.9776

续表

区域		MPI^{DN-ECE}				MPI^{DM-ECE}			
		2011~2012年	2012~2013年	2013~2014年	2014~2015年	2011~2012年	2012~2013年	2013~2014年	2014~2015年
东部地区	广东	0.9955	0.9251	1.0608	0.8983	0.9539	0.8849	1.1051	1.1042
	海南	1.0000	1.0000	1.0000	1.0000	1.0000	1.0000	1.0000	1.0000
	均值	1.0139	0.9916	0.9866	0.9970	1.0008	1.0298	1.0085	1.0399
中部地区	吉林	1.0000	1.0000	1.0000	1.0000	1.0000	1.0000	1.0000	1.0000
	黑龙江	1.0000	1.0000	1.0000	0.9381	1.0000	0.9843	0.9961	0.8186
	山西	0.8451	1.1417	0.7380	1.4298	0.8925	0.8760	0.8741	0.7579
	安徽	1.0599	1.0047	1.0091	1.0093	1.0554	1.0578	0.9964	0.8424
	江西	1.0337	0.9778	0.8568	1.1153	0.9563	1.2444	1.0000	1.0000
	河南	0.9896	0.8968	1.1106	1.0170	1.0105	0.9363	0.9759	0.9532
	湖北	1.0054	0.9943	0.9994	1.0063	1.0028	0.9317	0.9969	1.2056
	湖南	1.0140	0.9984	1.0037	1.0016	1.0386	1.0397	1.0672	1.0411
	均值	0.9935	1.0017	0.9647	1.0647	0.9945	1.0088	0.9883	0.9524
西部地区	内蒙古	1.0000	1.0000	1.0000	1.0000	1.0000	1.0000	1.0000	1.0000
	广西	1.0000	1.0000	1.0000	1.0000	0.9458	1.0876	0.9379	0.9915
	重庆	1.0000	0.9788	1.0126	0.9907	1.0227	0.8519	1.0458	1.0007
	四川	1.0263	1.0431	1.0052	0.9941	1.0525	1.0802	1.0303	0.9386
	贵州	1.0737	1.0444	1.0116	0.9908	1.1643	1.1328	1.0308	1.0123
	云南	1.0000	1.0000	1.0000	1.0000	0.9791	1.0844	1.0000	0.9823
	陕西	1.0000	1.0000	1.0000	1.0000	1.0000	1.0000	1.0000	0.9827
	甘肃	1.0000	1.0000	0.9912	1.0077	1.0996	0.8792	0.9114	0.7426
	青海	1.0000	1.0000	1.0000	1.0000	1.0000	0.9146	0.8899	1.2286
	宁夏	0.9415	1.1037	0.8889	1.0837	1.1233	0.8080	0.9695	0.8770
	新疆	1.0000	1.0000	1.0000	0.9823	1.0000	0.8413	0.8805	1.3499
	均值	1.0038	1.0155	0.9918	1.0045	1.0352	0.9709	0.9724	1.0097
全国	均值	1.0037	1.0029	0.9810	1.0221	1.0102	1.0032	0.9897	1.0007

表 3 - 8　　　　　　2011 ~ 2015 年中国区域工业系统环境效率的 MPI 值

区域		MPI^{DN-ENE}				MPI^{DM-ENE}			
		2011 ~ 2012 年	2012 ~ 2013 年	2013 ~ 2014 年	2014 ~ 2015 年	2011 ~ 2012 年	2012 ~ 2013 年	2013 ~ 2014 年	2014 ~ 2015 年
东部地区	北京	1.0828	2.9861	1.0000	1.0000	0.8960	2.8669	0.5059	1.9765
	天津	1.2592	1.2814	1.0000	0.9385	1.2318	1.2773	1.0000	1.0000
	河北	0.7772	1.2912	0.4943	1.2258	1.3628	1.2568	1.4699	1.4985
	辽宁	1.1099	1.1155	1.6185	1.4628	1.2842	1.3038	0.8965	0.7233
	上海	1.0118	1.0266	1.3541	2.0561	1.1563	0.9863	1.0064	1.4100
	江苏	1.1115	1.1059	1.3183	0.9280	1.2724	1.3045	1.0846	1.0922
	浙江	0.9844	1.0309	1.0600	1.0665	1.3008	1.1780	1.2028	1.2102
	福建	1.1324	1.1314	0.9975	1.0585	1.3225	1.3768	1.0272	1.2822
	山东	1.1400	1.1277	0.8867	1.2133	1.2448	1.2675	1.1220	1.2881
	广东	1.1245	1.1744	0.9956	1.2945	1.1736	1.2277	1.2054	1.3943
	海南	1.2890	0.4229	2.4355	0.3612	1.3137	0.5361	1.9328	0.3641
	均值	1.0930	1.2449	1.1964	1.1459	1.2326	1.3256	1.1321	1.2036
中部地区	吉林	1.6622	1.5245	1.4172	0.6478	1.8808	1.2375	1.1613	1.0000
	黑龙江	0.7789	0.8630	0.6762	0.3834	1.0106	1.1397	0.6181	1.3128
	山西	1.2017	0.8213	1.1215	0.5595	1.3299	1.2187	1.0350	1.1950
	安徽	1.1280	1.1465	0.9276	1.0405	1.4851	1.3085	1.0654	1.4316
	江西	1.0832	1.1259	1.1714	0.8587	1.4783	1.3749	1.1208	1.0000
	河南	1.1709	1.1105	0.9533	1.0719	1.3956	1.3059	1.2519	1.2751
	湖北	1.5606	0.8544	0.9954	1.1325	1.4215	1.3494	1.0782	1.3100
	湖南	1.2349	1.0911	1.0016	1.0807	1.3997	1.4430	1.1577	1.3817
	均值	1.2276	1.0671	1.0330	0.8469	1.4252	1.2972	1.0610	1.2383
西部地区	内蒙古	1.0000	1.0000	0.9333	0.9710	1.1645	1.0000	1.0000	0.9118
	广西	0.8776	1.1615	1.3871	1.1918	1.3928	1.2847	1.4133	1.3831
	重庆	1.0904	0.5747	1.0834	1.2433	1.2920	1.2809	1.2287	1.6907
	四川	1.1679	1.0978	0.9617	1.0168	1.2533	1.1851	0.9853	1.1561
	贵州	1.1802	1.1794	1.1950	1.2822	1.0756	1.1719	1.1533	1.2892
	云南	1.1260	1.5481	1.3525	1.0264	1.2909	1.2772	1.1561	1.3774

续表

区域		MPI^{DN-ENE}				MPI^{DM-ENE}			
		2011 ~ 2012 年	2012 ~ 2013 年	2013 ~ 2014 年	2014 ~ 2015 年	2011 ~ 2012 年	2012 ~ 2013 年	2013 ~ 2014 年	2014 ~ 2015 年
西部地区	陕西	4.2335	1.0000	0.6889	0.3942	3.0772	1.3619	0.7401	0.6362
	甘肃	0.8900	1.5065	0.4818	0.7491	1.6137	1.6610	1.0883	0.8809
	青海	0.6541	0.8418	0.9213	0.5192	0.8031	1.6264	1.3306	1.1508
	宁夏	1.1458	0.9292	1.2117	0.9746	1.4030	1.5672	1.3445	1.7531
	新疆	0.6652	0.5717	0.9346	0.2137	0.9075	1.4632	1.4323	1.4688
	均值	1.2755	1.0374	1.0138	0.8711	1.3885	1.3527	1.1702	1.2453
全国	均值	1.1987	1.1165	1.0811	0.9546	1.3488	1.3252	1.1211	1.2291

此外，在表3-7中，从管理支配时经济效率的 MPI 值中，我们发现东部地区江苏的年增长率最高。也就是说，江苏在常规生产活动中表现良好。在表3-8中，从管理支配时环境效率的 MPI 值中，我们发现东部地区的北京和西部地区的宁夏具有最高的年增长率。这两个地区在工业污染控制方面做得较好。

图3-3展示了中国工业系统随时间变化的平均 MPI 值。值得注意的是，在自然支配和管理支配两种情形下，综合效率和环境效率的 MPI 值具有相同的趋势。这一观测结果表明，在动态环境下综合效率主要受环境效率的影响。为了提高综合效率，中国工业系统必须重视环境效率并采取措施改善环境效率。

在图3-3（b）中，管理支配时，综合效率和环境效率的 MPI 值均大于经济效率的 MPI 值。这一结果验证了管理支配时，综合效率和环境效率可以显著提高，决策者应保证技术创新的资本投入。

图3-4进一步证实了自然支配与管理支配的效率差异。在图3-4中，管理支配时综合效率和环境效率的平均 MPI 值均大于自然支配时综合效率和环境效率的 MPI 值。这表明，增加技术创新的资本投入对综合效率和环境效率都有积极的影响。因此，在接下来的讨论中，我们将着重分析管理支配时的效率变化。

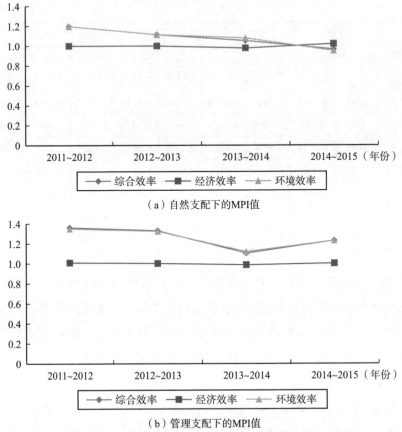

（a）自然支配下的MPI值

（b）管理支配下的MPI值

图 3–3 2011～2015 年中国工业系统的平均 MPI 值

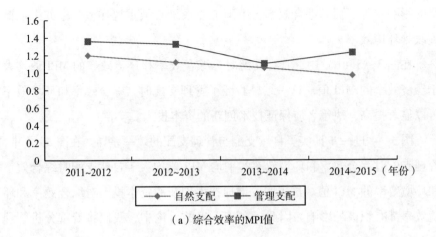

（a）综合效率的MPI值

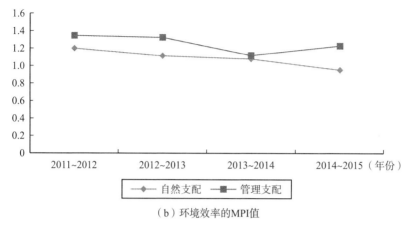

（b）环境效率的MPI值

图 3 - 4 2011～2015 年综合效率和环境效率的平均 MPI 值

利用等式（3 - 20）和等式（3 - 22）将综合效率和环境效率的 MPI 值进一步分解为静态效率变化（EC）和技术变化（TC），以确定综合效率和环境效率变化的驱动因素。表 3 - 9 给出了综合效率的静态效率变化和技术变化值。

在表 3 - 9 中，第 3 ～ 第 6 列描述了综合效率的静态效率变化。第 7 ～ 第 10 列描述了综合效率的技术变化。对表 3 - 9 的分析如下：

（1）关于静态效率变化，我们发现 30 个区域保持一致，其效率变化随着时间的推移而上升。此外，北京市、天津市、江苏省、吉林省、江西省和内蒙古自治区的综合效率一直保持不变（即，$EC^{DM} = 1.000$），这意味着他们总是在生产前沿面上。在 30 个区域中，有 13 个区域的年变化呈下降趋势，这表明这些其余在效率改进方面并不成功。

（2）在技术变化方面，发现 30 个区域在 2011 ～ 2015 年均有技术进步。这意味着这些区域工业系统在促进技术进步方面都表现良好。

（3）技术变化值均高于静态效率改变值。这意味着综合效率的变化归因于技术变化。

表 3 – 9 　　　　　　2011～2015 年中国区域工业系统综合效率的
静态效率变化和技术变化值

区域		EC^{DM}				TC^{DM}			
		2011～2012 年	2012～2013 年	2013～2014 年	2014～2015 年	2011～2012 年	2012～2013 年	2013～2014 年	2014～2015 年
东部地区	北京	1.0000	1.0000	1.0000	1.0000	1.0268	2.9871	0.5059	1.9768
	天津	1.0000	1.0000	1.0000	1.0000	1.2318	1.2773	1.0000	1.0000
	河北	1.1761	1.0801	1.0008	1.0383	1.0875	1.3004	1.1943	1.2302
	辽宁	1.2204	1.1821	0.8126	0.5181	1.0167	1.2034	1.1440	1.4675
	上海	0.9080	0.8935	0.7845	0.7217	1.1883	1.1924	1.2673	1.9768
	江苏	1.0000	1.0000	1.0000	1.0000	1.2908	1.3566	1.1368	1.5515
	浙江	1.1891	0.8424	1.0211	0.7490	1.1014	1.4026	1.2367	1.6290
	福建	1.2107	0.9903	0.9578	0.8480	1.1715	1.4946	1.1311	1.5322
	山东	1.1301	1.0423	1.0095	0.8075	1.0761	1.2093	1.1090	1.5595
	广东	1.0643	0.8740	0.9585	0.8541	1.0518	1.2431	1.3897	1.8027
	海南	1.0672	0.5648	1.5231	0.4319	1.2310	0.9492	1.2690	0.8431
	均值	1.0878	0.9518	1.0062	0.8153	1.1340	1.4196	1.1258	1.5063
中部地区	吉林	1.0000	1.0000	1.0000	1.0000	1.8808	1.2375	1.1613	1.0000
	黑龙江	0.8961	0.9818	0.6761	0.7269	1.1278	1.1426	0.9106	1.4786
	山西	1.0441	0.8961	0.8732	0.5897	1.1369	1.1914	1.0360	1.5358
	安徽	1.2132	1.1124	0.9399	0.8658	1.2919	1.2443	1.1293	1.3929
	江西	1.0000	1.0000	1.0000	1.0000	1.4137	1.7109	1.1208	1.0000
	河南	1.2884	0.9740	1.0676	0.8443	1.0946	1.2554	1.1443	1.4394
	湖北	1.5255	1.0000	1.0000	1.0000	0.9344	1.2573	1.0749	1.5793
	湖南	1.3373	1.2743	1.0765	1.0039	1.0870	1.1774	1.1477	1.4330
	均值	1.1631	1.0298	0.9542	0.8788	1.2459	1.2771	1.0906	1.3574
西部地区	内蒙古	1.0000	1.0000	1.0000	1.0000	1.1645	1.0000	1.0000	0.9118
	广西	1.2774	1.1014	1.0855	1.1136	1.0312	1.2686	1.2211	1.2314
	重庆	1.0000	0.5652	1.1280	1.1916	1.3214	1.9306	1.1391	1.4199
	四川	1.1669	1.0269	0.9462	0.7301	1.1304	1.2466	1.0728	1.4862
	贵州	1.1588	1.0840	1.1402	0.8793	1.0808	1.2248	1.0426	1.4843

续表

区域		EC^{DM}				TC^{DM}			
		2011 ~ 2012 年	2012 ~ 2013 年	2013 ~ 2014 年	2014 ~ 2015 年	2011 ~ 2012 年	2012 ~ 2013 年	2013 ~ 2014 年	2014 ~ 2015 年
西部地区	云南	1.0415	1.0914	1.0152	1.0190	1.2135	1.2690	1.1388	1.3278
	陕西	1.0000	1.0000	1.0000	0.4627	3.0772	1.3619	0.7401	1.3511
	甘肃	1.0814	1.3918	0.7547	0.5773	1.6409	1.0493	1.3141	1.1331
	青海	0.8373	1.3885	0.7272	1.3752	0.9592	1.0714	1.6284	1.0281
	宁夏	0.8731	1.1811	1.0902	1.3957	1.8051	1.0722	1.1957	1.1015
	新疆	1.4020	0.5073	1.0103	1.9509	0.6473	2.4264	1.2482	1.0163
	均值	1.0762	1.0307	0.9907	1.0632	1.3701	1.3564	1.1583	1.2265
全国	均值	1.1090	1.0041	0.9837	0.9191	1.2500	1.3511	1.1249	1.3634

图 3 - 5 展示了综合效率和环境效率的平均静态效率变化值和技术变化值。在图 3 - 5 中，我们发现综合效率的静态效率变化值和技术变化值与环境效率相同。其中，综合效率和环境效率的 MPI 值主要受技术变化的影响。此外，平均的静态效率变化值接近于 1，如图 3 - 5（a）中最小值为 0.9191，最大值为 1.1090；平均的技术变化值均大于 1，如图 3 - 5（b）中最小值为 1.1249，最大值为 1.3634；由此可以看出，中国区域工业系统的技术进步较为显著，技术追赶效应明显。这些都表明，中国工业效率的提高可能主要是由于技术进步，而不是静态的效率变化。

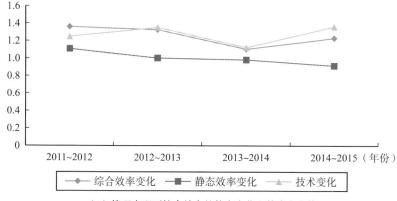

（a）管理支配下综合效率的静态变化和技术变化值

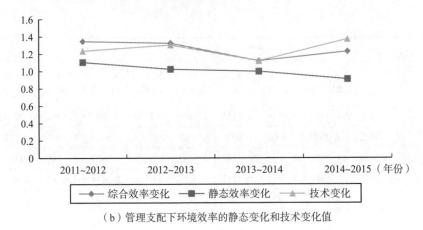

（b）管理支配下环境效率的静态变化和技术变化值

图 3 - 5　2011 ~ 2015 年中国工业系统的平均静态效率变化和技术变化值

上述结果与中国工业的实际情况相吻合。改革开放以来，中国工业一直致力于技术创新，工业技术达到一个新的水平。例如，2004 ~ 2016 年，研发企业、研发人员和研发支出分别增长了 4.1 倍、3.5 倍和 8.9 倍。另外，2004 ~ 2016 年，工业新产品销售收入增长 6.7 倍，年均增长 18.5%。工业企业技术的不断进步已成为推动中国创新的重要力量。世界知识产权组织（world intellectual property organization，WIPO）发布的全球创新指数显示，中国创新能力综合排名从 2012 年的第 34 位上升至 2017 年的第 22 位。

3.5　本章小结

本章分别提出静态和动态 DEA 模型，评价了区域工业系统的综合效率。工业系统运行过程中执行两类活动：常规生产活动和污染控制活动。前一种活动的任务是生产期望的经济产出，后一种活动的任务是减少非期望产出。为刻画这两类活动的效率，我们将综合效率分解为经济效率和环境效率。基于提出的模型，可以得到综合效率、经济效率、环境效率和各效率指标的 MPI 值。同时，动态效率变化 MPI 也分解为两部分（即静态效率变化和技术变化），进而识别出驱动效率动态变化的主要因素。

所建模型被用于评价 2011~2015 年中国区域工业系统的综合效率。主要研究结论如下。首先，较低的环境效率是综合无效的主要原因。其次，自然支配时静态综合效率和环境效率的平均值均低于管理支配时的平均值。这一结果表明，区域工业系统可以通过增加对技术创新的资本投入提高综合效率和环境效率。再次，综合效率和环境效率的 MPI 值变化趋势相同，综合效率的静态效率变化和技术变化与环境效率相同。这一发现进一步证实了综合效率主要受环境效率的影响。最后，静态效率变化的影响不明显，而技术变化对综合效率变化的影响显著。这意味着中国工业系统的效率改进主要是由技术进步推动的，特别是污染控制技术的进步。

上述研究结论，对中国区域工业系统的可持续发展具有以下政策启示。①应采取更多的措施提高环境效率。建议中国政府制定完善的环境保护法律法规、实施绿色信贷政策、推进环境税收政策等，以充分调动工业企业提高环境保护水平的积极性。②加大技术创新的资金投入。中国政府应为工业企业提供适当的财政支持，促进技术创新，如安排专项资金、发展技术金融、给予财政补贴等。③鼓励工业企业提高清洁生产技术水平。建议中国政府建立激励机制以充分调动工业企业技术创新积极性，如鼓励工业企业组建创新团队、与高校合作、承担重大技术创新项目和转化科技成果。

第4章

考虑不确定因素的能源与
碳排放效率评价

4.1 引　言

如第 2 章所言，过去的四十年中，中国经济和社会的发展令人瞩目。然而，中国在经济和社会发展方面的巨大成就主要是由能源密集型的重工业和基础设施建设驱动的。这反过来又造成巨大的能源消耗和严重的生态环境问题。如今，中国已经超过美国成为世界上最大的能源消费国和最大的碳排放国。例如，2012 年中国的碳排放量约占全球总排放量的 20.85%[①]。

为实现经济、能源和环境的可持续发展，就迫切要求中国减少能源消耗和碳排放（Wang et al.，2013）。以 2010 年为基准，中国政府已经宣布了一些新能源和碳排放到 2015 年的目标。例如，非矿物质能源的消耗比重提高为 11.4%，单位 GDP 能源消耗量降低 16%，单位 GDP 碳排放量降低 17%（Choi et al.，2012）。众所周知，中国的能源消耗主要为矿物质能源

① 中华人民共和国国家统计局.世界能源统计年鉴（2013）［M］.北京：中国统计出版社，2013.

（即煤炭、原油和天然气），这是其碳排放量很高的主要原因①。在目前的状态下，这种能源消费结构不能显著改变。因此，提高能源效率已被公认为一种最有效的保障能源安全和减少碳排放的方法（Al – Mansour，2011；Tan et al.，2015）。

现有的基于 DEA 方法的能源效率评估研究主要可以分为两类。一类是在不考虑碳排放的情形下应用 DEA 方法分析不同地区或国家的能源效率（Ramanathan，2000；Hu and Wang，2006；Mukherjee，2008）。然而，这种方法与实际的生产情形并不一致，现实中，任何矿物质能源的消耗都会导致二氧化碳的产生（Choi et al.，2012）。在效率评价过程中忽视碳排放可能会产生扭曲的效率结果（Lozano and Gutiérrez，2011）。在考虑碳排放的情形下，另一类方法试图从以下三个角度评价工业、地区或者国家的效率。第一个角度：在保持非能源投入、期望产出和碳排放不变的前提下，评价能源效率（Zhou and Ang，2008；Bi et al.，2014）。第二个角度：给定的非能源投入和期望产出，评价能源效率和碳排放效率（Guo et al.，2011；Wang et al.，2013）。第三个角度：给定能源投入、非能源投入和期望产出，评价碳排放的效率（Zhou et al.，2006；Zhou et al.，2010；Wang et al.，2012）。基于现有的评价办法，许多研究者进一步探讨了潜在的节能减排目标（Hu and Wang，2006；Guo et al.，2011）、碳减排的成本估算（Choi et al.，2012）和碳减排津贴的分配等问题（Wei et al.，2012；Wang et al.，2013）。

上述评价能源效率的研究的一个突出的特点是，将碳排放作为一个确定性的变量。在现实中，二氧化碳的产生过程在空间和时间是可变的。在此背景下，我们很难制定适当的估算模型，因此，也难以获得精确的排放数据（Monni et al.，2004）。例如，中国城市、地区或者省份的二氧化碳排放数据不能直接在任何数据库或者统计年鉴中搜集到。由于，二氧化碳主要产生于矿物质能源的消耗，那么，每种矿物质能源投入的碳排放量可

---

① 中华人民共和国国家统计局. 世界能源统计年鉴（2013）［M］. 北京：中国统计出版社，2013.

以通过其消耗量与其碳排放系数的乘积进行估算（Liu et al.，2010；Li et al.，2012）。这种估算方法常用于获取中国各个地区的碳排放量。值得注意的是，这种估算方法的潜在假设是所有地区给定的矿物质能源的碳排放系数都是相同的。然而，这种假设可能不适合地区之间生产差距或清洁技术差距很大的情形。如利普达尔和文尼瓦特（Rypdal and Winiwarter，2001）、莫妮等（Monni et al.，2004）所言，由于测量工具的误差、专家判断的偏见或者排放产生过程中的自然变化等因素，现有的估算碳排放量的方法包含一些不确定性。甚至直接测量中所描述的碳排放数据也或多或少具有一定的不确定性（Rypdal and Winiwarter，2001）。在文献中，大量研究致力于分析碳排放量估算过程中不确定性（Kühlwein and Friedrich，2000；Rypdal and Winiwarter，2001；Monni et al.，2004）。而且，国家温室气体清单的不确定性估计已经成为联合国政府间气候变化专门委员会指导意见的一部分。

很显然，不确定性已经成为排放量估算中的一个重要问题。在效率评价的过程，也应该考虑这种不确定性。否则，评价的结果是不全面和不合理的（Saen and Azadi，2011）。碳排放不确定性的存在，为效率评价与改进引出两个重要的问题：①碳排放不确定对地区能源与碳排放效率的影响是什么？②在能源与碳排放效率的评价过程中如何处理碳排放的不确定性？

吴等（Wu et al.，2013）基于机会约束 DEA 模型（Cooper et al.，2002）提出一个随机的 DEA 模型，在考虑非期望产出弱可支配的同时处理了数据集的不确定性问题。金等（Jin et al.，2014）考虑了数据随机性问题，采用机会约束 DEA 方法评价了环境效率。这两项研究主要是处理环境效率问题，没有考虑能源与碳排放效率评价，也没有考虑能源节约与碳排放减少，尤其没有联系中国的现实背景。

为了解决上述问题，本章基于环境 DEA 理论，提出一个随机的 DEA 方法（Färe and Grosskopf，2004）。这种随机的 DEA 方法是在机会约束规划（Charnes and Cooper，1963；Sueyoshi，2000；Cooper et al.，2002）的基础上发展起来的。首先，我们提出一个径向的随机模型来评价地区效率；其次，为了评价纯的能源与碳排放效率，我们将径向随机模型拓展为一个非径向的模型。据我们所知，以往研究没有很好地描述考虑碳排放确定性与碳排放效率评价问题。

4.2 能源与碳排放效率评价

假定有 n 个独立的决策的单元，表示为 $DMU_j(j=1，\cdots，n)$。在生产的过程中，每个决策单元使用 m 种非矿物质能源投入 $x_{ij}(i=1，\cdots，m)$ 和 k 种能源投入 $e_{pj}(p=1，\cdots，k)$，生产了 s 种期望产出 $y_{rj}(r=1，\cdots，s)$ 和 1 种非期望产出（二氧化碳 c_j）。

4.2.1 确定性 DEA 模型

众所周知，在一个地区的生产过程中，通过消耗能源和非能源投入，GDP 和二氧化碳同时被生产出来。二氧化碳是生产过程的一种副产品。因此，我们不能提高 GDP 的同时减少二氧化碳排放，即碳排放量不能随意地减少。为了合理地描述这种问题，最好假定碳排放是弱可支配的（Färe et al.，1994；Färe and Grosskopf，2004）。结合非期望产出的弱可支配性，DEA 参考技术被称为环境 DEA 技术（Färe and Grosskopf，2004；Zhou et al.，2008a）。基于环境 DEA 技术，地区效率可以通过如下规划进行评价：

$$\pi_o^D = \min\theta$$

$$\text{s. t.} \sum_{j=1}^{n} \lambda_j x_{ij} + s_i^{x^-} = \theta x_{io}，i=1，\cdots，m$$

$$\sum_{j=1}^{n} \lambda_j e_{pj} + s_p^{e^-} = \theta e_{po}，p=1，\cdots，k$$

$$\sum_{j=1}^{n} \lambda_j y_{rj} - s_r^{y^+} = y_{ro}，r=1，\cdots，s$$

$$\sum_{j=1}^{n} \lambda_j c_j = \theta c_o$$

$$\lambda_j,\ s_i^{x-},\ s_p^{e-},\ s_r^{y+} \geqslant 0,\ \forall r,\ i,\ p,\ j \qquad (4.1)$$

在模型（4.1）中，π_o^D 是效率指标，上标 D 表示确定性模型。注意，模型（4.1）是规模报酬不变的 DEA 模型。这个模型可以描述每个地区的综合技术效率（纯技术效率和规模效率）。近年来，类似的 CRS – DEA 模型已经广泛用于能源效率评价或环境效率评价（Zhou et al.，2008a；Bian et al.，2013）。模型（4.1）是一个径向的 DEA 模型，允许非能源投入、能源投入以及碳排放按照相同的比例（θ）减少。当且仅当一个地区的效率 $\pi_o^D = 1(\theta = 1)$ 且所有的剩余变量都为 0 时，这个地区才是有效的决策单元。

很明显，在评价地区效率时，模型（4.1）可以处理精确的数据集。类似于传统的 DEA 模型，这个模型不能有效地处理碳排放的随机误差。如兰德等（Land et al.，1993）所言，这种不确定性对效率评价的结果有着重要的影响，"效率"这一概念必须在某种程度上与决策单元处理这些不确定性的方式相关。否则，效率评价结果将被扭曲，不能全面地反映实际情况。因此，在出现碳排放的不确定性问题时，模型（4.1）不能为中国的节能减排工作提供精确的信息。接下来，我们将提出一个扩展的 DEA 模型，分析随机的非期望产出对效率评价的影响。

4.2.2　扩展的机会约束 DEA 模型

碳排放的不确定性主要源于参数的自然变异（时间、空间或者人口方面的数据异质性）和参数与其实际值之间的偏差引起的系统误差（Rypdal and Winiwarter，2001）。在估算碳排放量时，系统误差可能源于专家知识的偏向或者所用模型的误差。

为了描述数据不确定性时的效率评价问题，近年来，研究者们提出了两种重要的方法。一种是西马和威尔逊（Simar and Wilson，1998）的 Bootstrap 方法；另一种是库珀等（Cooper et al.，2002）的基于机会约束规划的随机 DEA 模型。Bootstrap 方法通过所收集数据的重复抽样评价决策单元的效率，而机会约束模型采用概率函数的方式处理数据的不确定性。尽管机会约束 DEA 有一个主要的缺点，即缺乏统计推断和置信区间，机会约束模型在处理数据的不确定性问题（尤其当不确定性源于数据集的随机误差时）时比 Bootstrap 方法要稳健。机会约束 DEA 方法的合理性在于，它可以在模型里设计不同的随机误差水平用于说明不确定性程度对效率评价结果的影响；而 Bootstrap 方法可能会重复数据集中的随机误差，这可能会扭曲效率评价结果。而且，机会约束 DEA 聚焦于真实的决策单元和每个投入、产出的不确定性，而 Bootstrap 方法则不能做到这一点（Dyson and Shale，2010）。因此，通过与 Bootstrap 方法的比较，可以发现机会约束模型可以有效地描述效率评价中不确定性，特别是在已经获取了一些关于随机误差的信息情形（Wu et al.，2013）。更多关于DEA 中处理不确定性问题的细节，可参见（Dyson and Shale，2010）。本章在效率评价过程中，我们采用机会约束 DEA 方法处理碳排放的不确定性问题。

为了更有效地处理效率评价模型中碳排放的不确定性问题，我们首先给出模型（4.1）的对偶形式，即：

$$\pi_o^D = \max \sum_{r=1}^{s} u_r y_{ro}$$

$$\text{s.t.} \quad \frac{\sum_{r=1}^{s} u_r y_{rj}}{\sum_{i=1}^{m} v_i x_{ij} + \sum_{p=1}^{k} f_p e_{pj} + w c_j} \leq 1, \ j = 1, \cdots, n$$

$$\sum_{i=1}^{m} v_i x_{io} + \sum_{p=1}^{k} f_p e_{po} + w c_o = 1$$

$$u_r, v_i, f_p \geq 0 \text{ and } w \text{ is free}, \ \forall r, i, p \qquad (4.2)$$

在模型（4.2）中，v_i，f_p，u_r 和 w 分别表示第 i 种非能源投入的乘子，第 p 种能源投入的乘子，第 r 种期望产出的乘子和二氧化碳的乘子。结合碳排放的不确定性，根据机会约束 DEA 方法（Sueyoshi，2000；Cooper et al.，2002），模型（4.2）可以扩展为如下随机 DEA 模型：

$$\pi_o^S = \max \sum_{r=1}^s u_r y_{ro}$$

$$\text{s. t. } pro\left(\frac{\displaystyle\sum_{r=1}^s u_r y_{rj}}{\displaystyle\sum_{i=1}^m v_i x_{ij} + \sum_{p=1}^k f_p e_{pj} + w\hat{c}_j} \le 1\right) \ge 1 - \beta_j, \, j = 1, \cdots, n$$

$$\sum_{i=1}^m v_i x_{io} + \sum_{p=1}^k f_p e_{po} + E(w\hat{c}_o) = 1$$

$$u_r, v_i, f_p \ge 0 \text{ and } w \text{ is free}, \, \forall r, i, p \tag{4.3}$$

在模型（4.3）中，π_o^S 是效率指标，上标 S 表示随机模型。$\hat{c}_j$ 是一个随机变量，用于表示碳排放。pro 表示相应约束条件成立的"概率"，$\beta_j(j=1, 2, \cdots, n)$ 表示决策单元效率大于 1 的概率。因此，β_j 可以视为风险态度，代表着决策者的效用。另一方面，$1-\beta_j$ 表示决策单元效率不大于 1 的概率。因此，$1-\beta_j$ 可以视为置信水平。注意，风险态度 β_j 是一个已知量，且其值介于 0 和 1 之间。当 $\beta_j=0$ 时，要求决策单元的效率小于等于 1；而当 $\beta_j=1$ 时，模型（4.3）忽略相应的概率约束条件（Sueyoshi，2000）。置信水平可以根据管理实践的要求进行选择。另请注意，E 表示 $\hat{c}_j(j=1, \cdots, n)$ 加权和期望值。

模型（4.3）描述了碳排放的不确定性对效率评价的影响。这个模型允许前沿面附近的随机变化的存在，但是要求绝大多数的决策单元仍处于前面内（Land et al.，1993）。显然，在效率评价的过程中，需要估算模型（4.3）中碳排放量的大小。值得注意的是，模型（4.3）是一个复杂的非线性规划，可以转化为如下模型（具体的转化过程见附录2）：

$$\pi_o^S = \max \sum_{r=1}^s u_r y_{ro}$$

$$\text{s. t. } \sum_{r=1}^s u_r y_{rj} - \sum_{i=1}^m v_i x_{ij} - \sum_{p=1}^k f_p e_{kj} - w(\bar{c}_j + b_j \Phi^-(\beta_j)) \le 0, \, j = 1, \cdots, n$$

$$\sum_{i=1}^m v_i x_{io} + \sum_{p=1}^k f_p e_{ko} + w\bar{c}_o = 1$$

$$u_r, v_i, f_p \ge 0 \text{ and } w \text{ is free}, \, \forall r, i, p \tag{4.4}$$

其中，$\bar{c}_j$ 和 b_j 分别为随机变量 $\hat{c}_j$ 的期望值和标准差；Φ 是正态分布的累积分布函数，Φ^- 表示其逆分布函数。模型（4.4）的对偶形式为：

$$\pi_o^S = \min\theta$$

$$\text{s. t. } \sum_{j=1}^{n} \lambda_j x_{ij} + s_i^{x-} = \theta x_{io}, \quad i = 1, \cdots, m$$

$$\sum_{j=1}^{n} \lambda_j e_{pj} + s_p^{e-} = \theta e_{po}, \quad p = 1, \cdots, k$$

$$\sum_{j=1}^{n} \lambda_j y_{rj} - s_r^{y+} = y_{ro}, \quad r = 1, \cdots, m$$

$$\sum_{j=1}^{n} \lambda_j \left(\bar{c}_j + b_j \Phi^-(\beta_j) \right) = \theta \bar{c}_o$$

$$\lambda_j, \ s_i^{x-}, \ s_p^{e-}, \ s_r^{y+} \geqslant 0, \ \forall \ lr, \ i, \ p, \ j \qquad (4.5)$$

相比模型（4.1），模型（4.5）中碳排放的约束条件已经改变。模型（4.5）左侧的碳排放变量是 $\bar{c}_j + b_j \Phi^-(\beta_j)$，取代了模型（4.1）中的 c_j；而模型（4.1）的右侧原始变量 c_o 在模型（4.5）中被其期望值 $\bar{c}_o$ 取代。这些变化说明，碳排放的变化对效率前沿面形状的影响区取决于碳排放水平偏离它的真实值 $\bar{c}_j$ 的程度。这种偏离可以用 $b_j \Phi^-(\beta_j)$ 度量。值得注意的是，参数 β_j 也影响着效率前沿面的形状。

在随机模型情形下，根据思罗尔（Thrall，1996），我们有以下几个结论：①如果 $\pi_o^S > 1$，那么决策单元是极端有效的；②如果 $\pi_o^S = 1$ 且所有的剩余变量均为 0，那么被评价的地区被视为随机 DEA 有效的决策单元；③如果 $\pi_o^S < 1$ 或者部分剩余变量不为 0，那么这个地区就是随机 DEA 无效的决策单元。

模型（4.5）中描述的随机效率是一种径向的效率，在能源与碳排放效率比较中具有较弱的识别力（Zhou et al.，2007；Zhou and Ang，2008）。为了进一步刻画碳排放的不确定性对地区能源与碳排放效率的影响，将模型（4.5）扩展为一个非径向的模型具有重要的现实意义。在评价能源与碳排放效率过程中，我们保持其他投入和期望产出不变，尽量最小化能源投入和化碳排放量（Guo et al.，2011；Wang et al.，2012；Zhou et al.，2012）。这样，我们扩展模型（4.5），提出如下非径向模型以评价纯的能源与碳排放效率：

$$\pi_o^{NS} = \min \gamma_e \sum_{p=1}^{k} \omega_p \theta_p^e + \gamma_c \theta^c$$

$$\text{s. t.} \quad \sum_{j=1}^{n} \lambda_j x_{ij} + s_i^{x-} = x_{io}, \quad i = 1, \cdots, m$$

$$\sum_{j=1}^{n} \lambda_j e_{pj} + s_p^{e-} = \theta_p^e e_{po}, \quad p = 1, \cdots, k$$

$$\sum_{j=1}^{n} \lambda_j y_{rj} - s_r^{y+} = y_{ro}, \quad r = 1, \cdots, s$$

$$\sum_{j=1}^{n} \lambda_j \left(\bar{c}_j + b_j \Phi^-(\beta_j) \right) = \theta^c \bar{c}_o$$

$$\lambda_j, \ s_i^{x-}, \ s_p^{e-}, \ s_r^{y+} \geqslant 0, \ \forall r, \ i, \ p, \ j \qquad (4.6)$$

在模型（4.6）中，π_o^{NS} 是效率量，上标 NS 表示非径向模型中纯的能源与碳排放效率。值得注意的是，能源效率和碳排放效率是两种不同的效率。前者反映所有矿物质能源的使用效率，后者表示碳排放减少的效率。如王等（2013）所言，能源效率和碳排放效率可以通过不同的调整比例度量，根据决策者指定的权重，综合效率由这两种类型的效率加权求得。注意，能源效率和碳排放效率的权重分别为 γ_e 和 γ_c。这两种权重是使用者赋予的权重，且 $\gamma_e + \gamma_c = 1$。

此外，ω_p 也是使用者赋予第 p 种能源投入的权重，且 $\sum_{p=1}^{k} \omega_p = 1$。能源投入和碳排放按照不同比例进行调整，模型（4.6）评价了纯的随机能源与碳排放效率 π_o^{NS}。

科埃利（Coelli, 1996）指出，DEA 可以识别效率前沿面上最有效的点，其他无效的决策单元将这个点作为效率改进的目标，通过径向和剩余变量调整消除无效。根据 DEA 理论，基于效率评价结果，运用 DEA 目标设定方法，可以获得能源消耗与碳排放的目标。因此，DEA 可以用于分析无效地区潜在的能源节约与碳排放减少。

对于一个无效的决策单元而言，潜在的能源节约与碳排放减少可以通过等式（4.7）和等式（4.8）求得：

$$e_{po}^s = (1 - \theta_p^{e*}) e_{po} + s_p^{e-*} \qquad (4.7)$$

$$\bar{c}_o^r = (1 - \theta^{c*}) \bar{c}_o \qquad (4.8)$$

其中，e_{po}^s 和 $\bar{c}_o^r$ 分别是第 p 种能源投入的节约量和碳排放的减少量；θ_p^{e*} 和 θ^{c*} 分别是能源投入 p 的效率和碳排放的效率；s_p^{e-*} 是能源投入 p 的最优剩余变量。

根据胡和王（2006），能源消耗和碳排放的目标值与实际值之比，可以表示地区能源与碳排放效率。因此，地区能源与碳排放效率可以通过以下等式求得：

$$\pi_o^{pe} = (\theta_p^{e*} e_{po} - s_p^{e-*})/e_{po} \tag{4.9}$$

$$\pi_o^{co_2} = \theta^{c*} \tag{4.10}$$

其中，π_o^{pe} 和 $\pi_o^{co_2}$ 分别是第 p 种能源投入的效率和碳排放的效率。

4.3 实证研究

4.3.1 决策单元、变量及数据来源

这部分，我们准备研究中国 31 个省级区域（不含港澳台地区）的能源与碳排放效率。由于无法获得西藏地区的能源投入数据，因此，我们只考虑评价 30 个省级区域的能源与碳排放效率。

非能源投入指标有劳动力和资本存量；能源投入有煤炭、原油和天然气；期望产出为 GDP；二氧化碳排放为非期望产出。劳动力和 GDP 的数据可以从《中国统计年鉴（2011）》中获得，能源投入的数据可以从《中国能源统计年鉴（2011）》中获得。资本存量可以根据单豪杰（2008）的方法（相关研究中普遍采用这种方法，Guo et al., 2011；Wang et al., 2012），以 1952 年的价格为基础求得。由于碳排放主要源于矿物质能源的消耗，那么碳排放量可以通过如下方法求得（Liu et al., 2010；Guo et al., 2011；Li et al., 2012）：

$$c_j = \sum_{p-1} (e_{pj} \times F_p \times 44/12) \tag{4.11}$$

其中，c_j 表示 DMU_j 的碳排放量；44/12 表示炭与二氧化碳之间的转换系数；p 是能源投入的指标（p = 煤炭、原油和天然气）；e_{pj} 表示能源 p 的消耗量；F_p 是能源 p 的碳排放系数。煤炭、原油和天然气的碳排放系数分别为 0.7329，0.565 和 0.445（戴彦德等，2010；Li et al.，2012）。投入和产出数据的描述性统计分析如表 4 - 1 所示。

表 4 - 1　　　　　　　　　　　　描述性统计分析

指标		单位	最大值	最小值	均值	标准差
非能源投入	劳动力	万人	6041.56	294.10	2555.31	1700.90
	资本	亿元	22907.69	508.05	7277.15	6378.82
能源投入	煤炭	万吨标准煤	26663.31	462.29	9081.45	6544.69
	原油	万吨标准煤	9370.06	0.00	2100.27	2350.55
	天然气	万吨标准煤	2129.76	22.10	467.95	430.44
期望产出	GDP	亿元	46013.06	1350.43	14551.15	11308.92
非期望产出	二氧化碳	万吨	89152.52	3287.92	29519.18	19989.20

基于兰德等（1993），我们假定碳排放的实际值与其数学期望值相一致，即 $E(\hat{c}_j) = \bar{c}_j = c_j (j = 1，\cdots，n)$。因此，这些估计的碳排放被认为是预期的碳排放。每个省份的碳排放的标准差可以通过连续 5 年（2006 ~ 2010 年）的碳排放估计数据获得。表 4 - 2 展示了碳排放的均值和标准差。

表 4 - 2　　　　　　　　　　碳排放的均值和标准差

区域		均值	标准差
东部地区	北京	9984.01	369.85
	天津	14361.58	1736.25
	河北	57492.68	5052.09
	辽宁	52281.10	3310.21
	山东	89226.84	7557.03

续表

区域		均值	标准差
东部地区	上海	18548.74	1132.31
	江苏	54770.11	4128.87
	浙江	35859.31	2730.33
	福建	17497.78	2434.92
	广东	45203.20	6153.47
	海南	4430.12	1005.62
中部地区	吉林	21653.90	2075.46
	黑龙江	30338.52	2679.94
	内蒙古	53234.82	6034.14
	安徽	27359.49	3800.01
	河南	53498.72	3829.78
	湖南	23718.85	1417.51
	湖北	29340.64	2974.66
	江西	13464.18	1242.71
	广西	13123.21	1908.41
	山西	57900.41	24061.15
西部地区	四川	26958.37	2802.36
	重庆	13400.34	5531.95
	云南	18025.77	1564.84
	贵州	21021.53	8657.36
	陕西	29854.02	3926.96
	甘肃	14797.90	1074.75
	宁夏	11922.03	1687.37
	青海	3332.72	271.51
	新疆	24131.96	3647.00

4.3.2 效率分析

为了说明本章提出的随机 DEA 方法的合理性，我们首先比较了确定性模型与随机模型中30个省份的效率评价结果。很显然，在应用随机模型（4.5）时，不可避免要涉及风险态度 $\beta_j(j=1，\cdots，30)$。在相关文献中，β_j 通常设定为 0.05（Land et al.，1993）。为了分析 β_j 对地区效率的影响，我们又设置了两个值，即 $\beta_j=0.01$ 和 $\beta_j=0.10$。表4－3展示了综合的效率评价结果。

表4－3   效率结果

区域		模型（4.1）	模型（4.5）			
			$\beta=0.01$	$\beta=0.05$	$\beta=0.1$	$\beta=0.5$
东部地区	北京	1.0000	1.0103	1.0140	1.0149	1.0000
	天津	1.0000	1.0739	1.2470	1.0683	1.0000
	河北	1.0000	0.8013	0.8032	0.7946	1.0000
	辽宁	1.0000	0.8505	0.8520	0.8451	1.0000
	山东	1.0000	0.8444	0.8436	0.7553	1.0000
	上海	1.0000	0.8493	0.8513	0.8469	1.0000
	江苏	1.0000	0.9094	0.9115	0.9088	1.0000
	浙江	1.0000	1.0390	1.0383	1.0381	1.0000
	福建	1.0000	1.1868	1.1885	1.1862	1.0000
	广东	1.0000	1.1433	1.1417	1.1485	1.0000
	海南	1.0000	0.5672	0.4949	0.5085	1.0000
中部地区	吉林	0.7953	0.7803	0.7821	0.7769	0.7953
	黑龙江	0.7923	0.9607	0.8224	0.9606	0.7923
	内蒙古	1.0000	0.2612	0.2761	0.2648	1.0000
	安徽	0.9459	0.9082	0.9098	0.9061	0.9459
	河南	0.8522	0.6716	0.7070	0.6684	0.8522
	湖南	1.0000	0.9282	0.9292	0.9256	1.0000
	湖北	0.9886	0.9564	0.9579	0.9518	0.9886
	江西	1.0000	0.7781	0.7856	0.7761	1.0000
	广西	1.0000	0.8693	0.8482	0.8702	1.0000
	山西	1.0000	0.1179	0.1254	0.1160	1.0000

续表

区域		模型（4.1）	模型（4.5）			
			$\beta = 0.01$	$\beta = 0.05$	$\beta = 0.1$	$\beta = 0.5$
西部地区	四川	1.0000	0.9298	1.0000	0.9668	1.0000
	重庆	1.0000	1.1044	1.1072	1.0959	1.0000
	云南	1.0000	0.8901	0.8922	0.8885	1.0000
	贵州	1.0000	0.5840	0.5526	0.5833	1.0000
	陕西	0.5752	0.6739	0.6740	0.6155	0.5752
	甘肃	0.3966	0.3884	0.3892	0.3887	0.3966
	宁夏	1.0000	0.0906	0.0955	0.0824	1.0000
	青海	1.0000	0.8734	0.8767	0.8702	1.0000
	新疆	1.0000	0.5840	0.5855	0.5820	1.0000

在表4-3中，我们可以发现，在确定性的模型中，有23个省份是DEA有效的；而只有7个省是无效的，即吉林省、黑龙江省、安徽省、河南省、湖北省、陕西省和甘肃省。当 $\beta_j = 0.05$ 时，只有7个省市是随机DEA有效的，即北京市、天津市、浙江省、福建省、广东省、四川省和重庆市，其他省份都是无效的。注意，在这7个省份中，只有四川省是随机DEA有效的，其他的6个省份是极端有效的。这些省份出现极端有效的现象可能归因于风险态度 β[①]。这些都说明，本章提出的模型可能比确定性DEA模型更具效率识别力。而且，随机DEA模型还可以识别极端有效的决策单元，这是传统的确定性方法所不能做到的（Cooper et al.，1996）。这些极端有效的省份可以为无效省份的效率改进提供很好的标杆。模型（4.5）中，当 $\beta_j = 0.01$ 和 $\beta_j = 0.10$ 时，也有类似的现象出现。这些结果意味着，如果在效率评价的过程中忽视碳排放的不确定性，那么效率值可能会扭曲；我们的方法可以为地方政府提供更多的信息，以改善它们的效

---

① 众所周知，在确定性DEA模型中，效率通常严格限定为一个不大于1的数值。然而，在随机DEA模型中，通过使用风险态度 β 和"期望效率"，这种随机效率得到释放（Jin et al.，2014），或者可以通过使用"期望效率"将其限定为一个小于1的值（Cooper et al.，1996）。相应的随机DEA模型见附录3。

率。表 4 – 3 中也列出了 $\beta_j = 0.5$ 时随机模型的效率评价结果。可以很容易发现，$\beta_j = 0.5$ 时随机模型的效率评价结果与确定性模型的效率评价结果相同。这说明，确定性模型是随机模型的一个特例。

为了进一步研究纯的能源效率和碳排放效率，我们将模型（4.6）用于中国 30 个省份的效率评价中。基于这个目的，我们首先应该确定三种矿物质能源（煤炭、原油和天然气）的权重。根据卞等（2013）的方法，我们们通过三种能源的碳排放系数计算它们的权重：

$$\omega_{oil} = 0.7329/(0.7329 + 0.565 + 0.445) = 0.4205$$

$$\omega_{oil} = 0.565/(0.7329 + 0.565 + 0.445) = 0.3242$$

$$\omega_{gas} = 1 - \omega_{coal} - \omega_{oil} = 0.2553$$

而且，模型（4.6）中的效率的权重（γ_e 和 γ_c）也需要确定。众所周知，碳排放源于矿物质燃料的消耗，因此，在评价能源和碳排放效率的过程中，这两个权重可以都设置为 0.5，即 $\gamma_e = \gamma_c = 0.5$（Wang et al.，2013）。

本章将风险态度设置为 $\beta_j = 0.05$。根据这一假设，模型（4.6）中的随机能源效率与碳排放效率如表 4 – 4 所示。

表 4 – 4　　　　　　　　　　随机效率结果

区域		π_o^{NS}	π^{coal}	π^{oil}	π^{gas}	π^{co2}
东部地区	北京	0.9691	1.0000	1.0000	1.0000	0.9382
	天津	0.9003	1.0000	1.0000	1.0000	0.8006
	河北	0.5362	0.3320	1.1460	0.9976	0.3066
	辽宁	0.9479	1.0000	1.0000	1.0000	0.8958
	山东	0.5605	0.3971	0.6380	1.5462	0.3525
	上海	0.9496	1.0000	1.0000	1.0000	0.8991
	江苏	0.8210	0.6215	1.3967	1.2439	0.6103
	浙江	0.8355	0.7956	0.8621	1.6326	0.6402
	福建	0.8852	1.0000	1.0000	1.0000	0.7704
	广东	0.8894	1.0000	1.0000	1.0000	0.7788
	海南	0.5768	1.4990	0.1886	0.1376	0.4269

区域		π_o^{NS}	π^{coal}	π^{oil}	π^{gas}	π^{co2}
中部地区	吉林	0.4639	0.3419	0.8409	0.7435	0.3216
	黑龙江	0.3673	0.3807	0.3922	0.5829	0.2986
	内蒙古	0.9066	1.0000	1.0000	1.0000	0.8132
	安徽	0.7607	0.9088	0.5667	0.7277	0.7697
	河南	0.6017	0.5557	1.3487	0.2739	0.4626
	湖南	0.9508	1.0000	1.0000	1.0000	0.9017
	湖北	0.7019	0.6054	1.0672	1.1582	0.5076
	江西	0.8986	0.8219	1.2226	1.5273	0.6652
	广西	0.8804	1.0000	1.0000	1.0000	0.7608
	山西	0.1798	0.1652	—	0.3033	0.1442
西部地区	四川	0.5900	1.2941	0.0001	0.6191	0.4777
	重庆	0.4500	0.5670	—	0.2787	0.4419
	云南	0.9286	1.0000	1.0000	1.0000	0.8571
	贵州	0.2356	0.2778	—	0.2142	0.2147
	陕西	0.3163	0.3022	0.4658	0.3558	0.2636
	甘肃	0.2764	0.4959	0.1218	0.0543	0.2909
	宁夏	0.2098	0.1771	0.2484	0.7139	0.0823
	青海	0.3446	0.7531	0.1325	0.3898	0.2301
	新疆	0.1842	0.1795	0.2073	0.2496	0.1621

在表 4 - 4 中可以发现，3 个省市，即山西省、重庆市和贵州省的原油效率无解，这可能源于其特殊的能源消费结构。这 3 个省市的终端原油消耗量均为 0。注意，四川省的原油使用效率最低，这可能源于它煤炭为主的能源消费结构。2010 年，四川省的原油消耗量只占其能源消耗总量的 4.62%。

表 4 - 4 中，使用随机 DEA 模型评价综合效率时没有一个省份是有效的决策单元。注意，这些省份的无效主要来源于较低的碳排放效率。例如，一些省市比如北京市、天津市、上海市、福建省和广东省在煤炭消耗、原油消

耗以及天然气的消耗方面都是有效的，但是，在碳排放方面是无效的。因此，在随机模型中，这些省份是无效的，它们的综合效率分别为 0.9691，0.9003，0.9496，0.8852 和 0.8894。而且，只有 6 个省市（即安徽省、河南省、重庆市、甘肃省和青海省）的碳排放效率高于其能源效率。例如，安徽省的碳排放效率为 0.7679，高于其天然气的使用效率 0.7277。平均的能源效率和碳排放效率也进一步证实了这些结论。平均的碳排放效率为 0.5362，低于平均的煤炭、原油以及天然气的使用效率（0.7157，0.6949 和 0.7917）。所有这些都说明，无效现象主要源于较低的碳排放效率。

可以发现，表 4 - 4 中的效率具有明显的地区特征，这一点与卞等（2013）的结论相类似。东部地区在能源节约和碳排放减少方面表现得最好，西部地区表现得最差，三个地区的效率均值可以证明了这一点。在三个地区中，东部地区的效率值最高（0.8065），中部地区的效率值（0.6712）高于西部地区的效率值（0.3928）。

在表 4 - 4 中，可以明显地看出，不同省份之间能源和碳排放的效率值存在巨大的差异。例如，浙江省（0.8355）是无效的决策单元，它的无效主要源于碳排放。因此，要提高浙江省的效率，主要应注意采用新的生产技术提高碳排放的效率。甘肃省在能源使用和碳排放方面都是无效的。这说明，要提高它的效率，制定政策时应该考虑其所有的能源投入和碳排放。特别地，它的天然气使用效率为 0.0543。这时，甘肃省要更加注重天然气的使用效率。至于青海省，为了提高综合效率，它要付出更多的努力提高原油的使用效率。这些结论为效率低下的省份提高能源效率和减少碳排放提供了一些重要的实用信息。

为提高区域效率，基于社会责任和区域合作的考虑，能源与碳排放效率较高的地区要帮助效率较低的地区提高其效率。并且，效率较低的区域要加强同效率较高的区域的交流与合作，以引进先进的技术、改进生产流程和调整能源消费结构。

值得注意的是，当 $\beta_j = 0.5$ 时，非径向的随机模型中的效率评价结果等于相应的确定性模型中的结果。这一现象与径向模型中观察到的现象相同。

4.3.3　灵敏度分析—风险态度

为了进一步分析碳排放的不确定性对区域效率的影响，类似于森古普塔（Sengupta，1987），接下来，对风险态度 β 和碳排放的标准差进行灵敏度分析。为方便起见，只给出了综合效率、潜在的能源节约比例以及碳排放减少比例。

首先假定 $\beta = 0.2$，0.4，0.5 和 0.6，对风险态度进行灵敏度分析。表 4 - 5 展示了模型（4.6）中综合效率值 π_0^{NS}。

表 4 - 5　　　　　　　　不同 β 情形下的随机效率

区域		$\beta = 0.2$	$\beta = 0.4$	$\beta = 0.5$	$\beta = 0.6$
东部地区	北京	0.9842	0.9953	1.0000	1.0047
	天津	0.9491	0.9848	1.0000	1.0152
	河北	0.5559	0.5702	0.5763	0.5823
	辽宁	0.9734	0.9921	1.0000	1.0079
	山东	0.5854	0.6036	0.6113	0.6190
	上海	0.9742	0.9923	1.0000	1.0077
	江苏	0.8558	0.8789	0.8886	0.8984
	浙江	0.8811	0.9144	0.9285	0.9427
	福建	0.9414	0.9826	1.0000	1.0174
	广东	0.9435	0.9832	1.0000	1.0168
	海南	0.6078	0.6306	0.6403	0.6499
西部地区	吉林	0.4866	0.5032	0.5102	0.5173
	黑龙江	0.3890	0.4048	0.4115	0.4182
	内蒙古	0.9523	0.9858	1.0000	1.0142
	安徽	0.7900	0.8115	0.8206	0.8297
	河南	0.6320	0.6461	0.6521	0.6581
	湖南	0.9749	0.9925	1.0000	1.0075
	湖北	0.7394	0.7669	0.7779	0.7853

区域		$\beta = 0.2$	$\beta = 0.4$	$\beta = 0.5$	$\beta = 0.6$
西部地区	江西	0.9483	0.9848	1.0000	1.0115
	广西	0.9389	0.9818	1.0000	1.0182
	山西	0.1857	0.1901	0.1919	0.1938
西部地区	四川	0.7558	0.8773	0.9288	0.9803
	重庆	0.4747	0.4928	0.5005	0.5082
	云南	0.9635	0.9891	1.0000	1.0109
	贵州	0.2503	0.2611	0.2657	0.2703
	陕西	0.3292	0.3355	0.3381	0.3408
	甘肃	0.2988	0.3119	0.3166	0.3213
	宁夏	0.2273	0.2301	0.2313	0.2325
	青海	0.4099	0.4241	0.4291	0.4341
	新疆	0.1916	0.1969	0.1992	0.2015

如表 4 - 5 所示，30 个省份的随机效率随着风险态度 β 的上升而上升。造成这一现象的原因是，随机 DEA 模型用一个"软"的前沿面代替了确定性模型中"硬"的前沿面（Land et al.，1993）。

很明显，随机 DEA 模型中，当 $\beta < 0.5$ 时，所有省份的值都小于 1；当 $\beta = 0.5$ 时，11 个省份是有效的决策单元，其他省份都是无效的决策单元，且没有一个省份是极端有效的决策单元。注意，省份效率随着 β 的上升而上升，这些省份效率的变化很大程度上取决于碳排放效率的变化。图 4 - 1 中的潜在的能源节约比例与碳排放减少比例进一步证明了这一结论。

如图 4 - 1 所示，随着 β 的上升，潜在的能源节约比例基本保持不变。以煤炭为例，在四种情境（即 $\beta = 0.2$，0.4，0.5 和 0.6）下，潜在的煤炭节约比例分别为 37.33%，37.71%，37.26% 和 37.26%。然而，随着 β 的上升，潜在的碳排放的减少比例大幅下降。当 $\beta = 0.2$ 时，潜在的碳排放的减少比例为 40.18%；而 $\beta = 0.6$ 时，则下降为 32.99%。

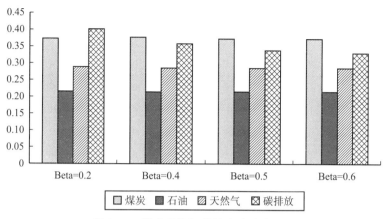

图 4 - 1　潜在的能源节约和碳排放减少

值得注意的是，在第一种情境下（$\beta = 0.2$），潜在的煤炭节约比例低于潜在的碳排放减少比例。这说明，政府要采取更多的措施减少碳排放量。然而，在其他三种情境下，潜在煤炭节约比例都大于潜在的碳排放减少比例。这意味着，政府要更关注煤炭的节约问题。这些结果也许说明，作为风险态度 β 会直接地影响省份的效率改善政策的制定。因此，各个省份的决策者要选择合适 β 评价其能源与碳排放效率。

4.3.4　灵敏度分析 - 标准差

为了进行灵敏度分析，分别考虑碳排放标准差上升 1% 和 5%，下降 1% 和 5% 这四种情境。表 4 - 6 展示了 $\beta = 0.05$ 时，模型（4.6）中的地区综合效率 π_o^{NS}。

表 4 - 6　　　　　　　　　　　不同标准差情形下的随机效率

区域		-5%	-1%	原始值	1%	5%
东部地区	北京	0.9706	0.9694	0.9691	0.9688	0.9675
	天津	0.9053	0.9013	0.9003	0.8993	0.8953
	河北	0.5384	0.5366	0.5362	0.5357	0.5339

续表

区域		−5%	−1%	原始值	1%	5%
东部地区	辽宁	0.9505	0.9484	0.9479	0.9474	0.9453
	山东	0.5631	0.5611	0.5605	0.5600	0.5580
	上海	0.9521	0.9501	0.9496	0.9491	0.9470
	江苏	0.8248	0.8218	0.8210	0.8202	0.8172
	浙江	0.8402	0.8365	0.8355	0.8346	0.8309
	福建	0.8909	0.8863	0.8852	0.8840	0.8794
	广东	0.8949	0.8905	0.8894	0.8883	0.8839
	海南	0.5799	0.5774	0.5768	0.5761	0.5736
中部地区	吉林	0.4662	0.4644	0.4639	0.4634	0.4616
	黑龙江	0.3695	0.3678	0.3673	0.3669	0.3651
	内蒙古	0.9113	0.9076	0.9066	0.9057	0.9020
	安徽	0.7637	0.7613	0.7607	0.7601	0.7577
	河南	0.6048	0.6023	0.6017	0.6011	0.5986
	湖南	0.9533	0.9513	0.9508	0.9503	0.9484
	湖北	0.7058	0.7027	0.7019	0.7012	0.6981
	江西	0.9036	0.8996	0.8986	0.8975	0.8935
	广西	0.8864	0.8816	0.8804	0.8792	0.8744
	山西	0.1804	0.1799	0.1798	0.1797	0.1792
西部地区	四川	0.6069	0.5934	0.5900	0.5866	0.5730
	重庆	0.4525	0.4505	0.4500	0.4495	0.4475
	云南	0.9321	0.9293	0.9286	0.9279	0.9250
	贵州	0.5161	0.5026	0.4992	0.4958	0.4822
	陕西	0.3181	0.3166	0.3163	0.3159	0.3144
	甘肃	0.2787	0.2769	0.2764	0.2760	0.2741
	宁夏	0.2126	0.2103	0.2098	0.2092	0.2070
	青海	0.2547	0.2537	0.2534	0.2532	0.2522
	新疆	0.1850	0.1844	0.1842	0.1841	0.1835

注：−5%，−1%，原始值，1%和5%分别表示碳排放的标准差上升−5%，−1%，0，1%和5%这五种情境。

在表 4-6 中，可以明显地发现，综合效率随着碳排放标准差的下降而上升。也就是说，碳排放变化越大，效率值越低。以北京为例，当碳排放的标准差下降 5% 时，北京的效率值为 0.9706；接着随着标准差的上升，效率值下降；当标准差上升 5% 时，它的效率为 0.9675。这说明，碳排放的不确定性程度显著影响随机的能源与碳排放效率。

效率评价结果的变化也说明了，如果我们能控制碳排放的不确定性，在效率评价中就可以提高区域综合效率。这意味着，不仅要采取措施节约能源和减少碳排放，也要控制碳排放的不确定性。图 4-2 中，潜在的能源节约比例与碳排放减少比例进一步证明了这一结论。

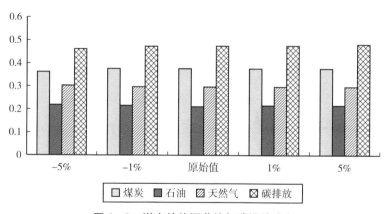

图 4-2　潜在的能源节约与碳排放减少

图 4-2 中，随着碳排放的标准差由降低 5% 变为上升 5%，潜在的能源节约比例没有显著的变化，而潜在的碳排放的减少比例显著上升。如，在五种情境下，潜在的煤炭节约比例分别为 36.24%，37.67%，37.67%，37.67% 和 37.67%；而潜在的碳排放的减少比例分别为 46.20%，47.33%，47.46%，47.61% 和 48.17%。这些现象都说明，碳排放的不确定性对碳排放效率的影响要强于对能源效率的影响。

4.4　相　关　讨　论

如 4.3 节所示，模型（4.6）中能源效率和碳排放效率的权重 γ_e 和 γ_c 都设置为 0.5。为了进一步分析权重对地区效率的影响，本小节，我们使用另一组权重衡量效率。为了实现这一目的，根据周等（2007）的研究，可以根据节能减排的财政投入或者管理成本来确定权重。2010 年中国财政报告显示，2009 年中国中央政府在能源节约和碳排放减少方面的财政支出分别为 7.83 亿元和 6.10 亿元。因此，类似于煤炭，原油以及天然气的权重确定方式，两种效率的权重可以通过如下方式确定：

$$\gamma_e = 0.783/(0.783 + 0.610) = 0.5621$$
$$\gamma_c = 0.610/(0.783 + 0.610) = 0.4379$$

通过在模型（4.6）中运用上述权重和 $\beta_j = 0.05$，可以得到如表 4-7 所示的纯随机能源与环境效率。

表 4-7　　　　　　　　　特定权重的随机效率

区域		E_o^{NS}	E^{coal}	E^{oil}	E^{gas}	E^{co2}
东部地区	北京	0.9729	1.0000	1.0000	1.0000	0.9382
	天津	0.9127	1.0000	1.0000	1.0000	0.8006
	河北	0.5539	0.4391	0.8895	0.8006	0.3954
	辽宁	0.9544	1.0000	1.0000	1.0000	0.8958
	山东	0.6092	0.5201	0.7101	1.0000	0.4872
	上海	0.9558	1.0000	1.0000	1.0000	0.8991
	江苏	0.9456	1.0000	1.0000	1.0000	0.8757
	浙江	0.9451	1.0000	1.0000	1.0000	0.8746
	福建	0.8994	1.0000	1.0000	1.0000	0.7704
	广东	0.9031	1.0000	1.0000	1.0000	0.7788
	海南	0.8344	1.0000	1.0000	1.0000	0.6218

续表

区域		E_o^{NS}	E^{coal}	E^{oil}	E^{gas}	E^{co2}
中部地区	吉林	0.4816	0.3419	0.8409	0.7435	0.3216
	黑龙江	0.3759	0.3807	0.3922	0.5829	0.2986
	内蒙古	0.9182	1.0000	1.0000	1.0000	0.8132
	安徽	0.7596	0.9088	0.5667	0.7277	0.7697
	河南	0.6253	0.6188	1.0000	0.4314	0.5365
	湖南	0.9569	1.0000	1.0000	1.0000	0.9017
	湖北	0.7493	0.6815	1.0000	1.0000	0.5994
	江西	0.9336	1.0000	1.0000	1.0000	0.8484
	广西	0.8952	1.0000	1.0000	1.0000	0.7608
	山西	0.5184	1.0000	infeasible	1.0000	0.3164
西部地区	四川	0.9242	1.0000	1.0000	1.0000	0.8269
	重庆	0.5204	1.0000	infeasible	1.0000	0.3209
	云南	0.9374	1.0000	1.0000	1.0000	0.8571
	贵州	0.5211	1.0000	infeasible	1.0000	0.3225
	陕西	0.3228	0.3022	0.4658	0.3558	0.2636
	甘肃	0.2746	0.4959	0.1218	0.0543	0.2909
	宁夏	0.2255	0.2087	0.2647	0.5554	0.1102
东部地区	青海	0.3589	0.7531	0.1325	0.3898	0.2301
	新疆	0.1870	0.1795	0.2073	0.2496	0.1621

与表 4-4 相比，表 4-7 中的效率值变化很小。显然，权重的变化对效率评价结果的影响不显著。

4.5　本章小结

本章研究了考虑碳排放不确定性的中国区域能源与碳排放效率。为此，基于机会约束规划，我们提出一个径向的随机 DEA 模型；接着，将这个模型扩展为一个非径向的模型以评价纯能源与碳排放效率。根据统计学理论，随机 DEA 模型可以转化为相应的确定性模型。

根据实证研究的结果，得到如下发现和结论：第一，在考虑碳排放不确定性问题时，随机 DEA 方法要比传统的确定性 DEA 方法更具效率识别力。特别地，随机 DEA 模型可以发现极端有效的决策单元，这是传统确定性方法所无法做到。第二，碳排放的不确定性显著影响各个省份的能源与碳排放效率，尤其是，碳排放效率。这说明，在效率评价过程中，忽视碳排放的不确定性会导致扭曲的效率值。值得注意是，碳排放的影响主要归因于决策者的风险态度和碳排放的标准差，这为节能减排提供了重要的管理意义。一方面，风险态度直接地影响能源与碳排放效率，进而直接影响效率改善政策的制定。这意味着，在评价能源与碳排放效率时，一个合适的风险态度是必要。另一方面，碳排放的标准差也对能源与碳排放效率产生重大影响。这意味着，要提高效率，就要采取更多的措施同时节约能源、减少碳排放和控制碳排放的不确定程度。第三，中国区域的无效主要源于较低的碳排放效率而不是能源使用效率。

第5章

复杂网络结构下可持续发展效率评价

5.1 引　言

可持续发展越来越被世界各国视为一项重大挑战。近几十年来，随着全球经济的快速增长，人类对自然资源（如水、化石燃料和金属）的需求也持续增加，而这些自然资源的供应能力是有限的。中国对自然资源的需求增长尤为迅速。资源短缺已成为目前世界经济发展的主要障碍。与此同时，人类的经济活动导致大量废弃物和对环境有害的污染物（如废水、废气和固体废弃物）的产生，环境问题已成为人类发展的瓶颈。此外，随着世界人口的快速增长，从 1980 年的 44 亿人增加到 2014 年的 72 亿人①，贫困、健康、教育和失业问题在全球范围内变得非常严重。由于这些突出问题，在 2002 年约翰内斯堡可持续发展问题世界首脑会议上，提出了"人，地球，繁荣"的口号，强调可持续发展不仅要平衡经济与环境保护，还要平衡社会发展，即所谓的"三大支柱"（White and Lee，2009）。当前，可持续发展在政策制定和工业研究中备受关注。社会经济联系日益突出（Grzebyk and Stec，2015；Holden et al.，2017），社会问题越来越受到政

---

① 中华人民共和国国家统计局．中国统计年鉴（2015）［M］．北京：中国统计出版社，2015.

制定者的关注（Bennett et al. ，2017；Cuthill，2010；Murphy，2012）。

　　可持续发展通过保持经济、环境和社会三者之间的平衡，满足人类的需求（Strezov et al. ，2017；Yan et al. ，2018）。由此引出以下问题：首先，三大支柱如何相互作用？其次，如何恰当地评价可持续发展效率？最后，可持续发展对政策制定和工业生产的影响是什么？要回答这些问题，有必要全面了解可持续发展系统（sustainable development system，SDS）的运作流程。通常，可持续发展系统由两个子系统构成，即经济与环境子系统（economic and environmental subsystem，EES）① 和社会子系统（social subsystem，SS）。在经济和环境子系统中，投入资本、劳动力和能源来生产国内生产总值（gross domestic product，GDP），而废水、废气和固体废弃物是在这过程中产生的副产品。在社会子系统中，投入 GDP 和基本公共服务财政支出，实现了医疗保健、基础教育、社会保障和就业的满意度。两个子系统之间的关系如图 5 – 1 所示。

图 5 – 1　可持续发展系统的运作流程

注：投入、产出变量的选择标准将在 5.4.1 节中说明。

　　经济与环境子系统和社会子系统之间的关系在实现可持续发展目标的过程中起着重要作用，并且影响两个子系统的发展，继而影响可持续发展系统的效率。然而，相关文献鲜有关注并探究两个子系统之间的关系是如何影响子系统发展，继而影响可持续发展系统运行的效率。在文献中，两

---

① 将经济维度和环境维度作为一个子系统处理的原因将在 5.2 节中给出。

个子系统的效率通常是单独进行研究。对于经济与环境子系统，DEA 因其突出的优化能力而被视为一种强大的效率分析工具（Cherchye et al.，2016；Cook and Seiford，2009；Zhou et al.，2016）。近年来，为了更好地了解经济发展和环境影响问题，学者们已经开展了广泛的研究（Wu et al.，2016）。例如，通过整合交叉效率和聚类分析，陆和罗（Lu and Lo，2007）构建了中国区域可持续发展（经济发展和环境影响）的基准学习路线图。陈等（2012）运用两阶段网络 DEA 方法评价了可持续性产品设计的效率。切尔奇等（Cherchye et al.，2015）提出一种新颖的多产出效率评价方法，研究了美国电力公司的效率。末吉和后藤（2014）采用 DEA 环境评价方法高效地分配资金，以促进日本制造业的可持续发展。特佩西克和哈斯尼（Tajbakhsh and Hassini，2015）构建一种多阶段 DEA 模型，用于评价一系列业务合作伙伴的可持续性。沃尔赫德（Walheer，2016）提出了一种多部门生产前沿方法，考察了经合组织国家的经济增长状况。吴等（2016）分析了两阶段生产系统中非期望中间产出的循环再利用问题。

在同时期的研究中，社会子系统已经在福利经济学中得到了广泛的关注（Bohm，1987；Clark，2017；Lefeber and Vietorisz，2007）。此类研究侧重于考察一个国家在促进人类发展和减少贫困方面的表现。但是，从运营研究的角度来看，人们对它的了解较少。怀特和李（White and Lee，2009）指出先前的研究倾向于处理环境保护与经济发展之间的关系，很少关注社会层面。唐和周（Tang and Zhou，2012）对最近的运筹学/管理科学（OR/MS）的研究进行了分类和总结，他们发现很少有处理社会责任问题的定量模型。他们还强调，运筹学/管理科学研究领域已经开始构建模型探讨"人"的效率。

本章在经济与环境子系统和社会子系统之间建立起关联，在交互式环境下研究可持续发展系统的效率，重点关注经济、环境和社会可持续性。我们首先假设两个子系统相互独立运作，在此背景下研究两个子系统的效率，提出了两个 DEA 模型来确定子系统的效率，并将其结果作为基准。接着，我们分析了两个子系统之间的相互关联，并将两个子系统之间独立运作扩展为关联运作。在此情形下，经济与环境子系统的一部分产出，会投入社会子系统中。在一些情况下，经济和环境子系统拥有丰富的资源并且具有优于社会子系统的优势。在其他情况下，决策单元平等地对待经济与环境子系统和社会子系统。考虑这些实际情况，我们进一步将子系统之间的交互关系分为非合作博弈与合作博弈，提出两种模型来刻画这两种关系。最后，通过案例研究，探讨了中国主要城市可持续发展系统的效率。本书验证了所提方法的可行性和实用性，为政策制定和实践提供了有益的见解。

5.2　子系统独立运作

在独立平行运作背景下，各子系统没有关联（Kao，2014）。因此，子系统的效率可以分别进行评价。假设有 n 个独立的决策单元，记作 DMU_j（$j=1$，…，n）。图 5-2 描述了一个典型的生产系统，其中每个决策单元由经济与环境子系统和社会子系统组成。在经济与环境子系统中，每个决策单元消耗投入 $x_{ij}(i=1$，…，$I)$ 可以产生期望产出 $y_{rj}(r=1$，…，$R)$ 和非期望产出 $b_{mj}(m=1$，…，$M)$。在社会子系统中，每个决策单元消耗投入 $f_{kj}(k=1$，…，$K)$（如财政支出）可以产出 $g_{dj}(d=1$，…，$D)$（如公共服务满意度）。

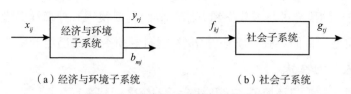

（a）经济与环境子系统　　　　（b）社会子系统

图 5-2　两个子系统独立平行运作

在经济与环境子系统中，用 X，Y 和 B 分别表示投入，期望产出（经济维度）和非期望产出（环境维度），$P(X)$ 表示给定投入向量 X 后的产出集，其中 $X=(x_i)_{I\times1}^T$，$Y=(y_r)_{R\times1}^T$，$B=(b_m)_{M\times1}^T$。具体而言，生产技术可以表示为 $P(X)=\{(X, Y, B):X$ 可以生产出 $(Y, B)\}$。对于每个投入

向量 X，产出集 $P(X)$ 可由该向量产生的期望产出和非期望产出的组合 (Y, B) 组成（Färe et al.，2007）。这种情况下，期望产出和非期望产出（经济和环境维度）是同一生产过程中的两种不同类型的产出。例如，在实证研究（第5.4节）中，决策单元利用三种投入（劳动力、资本和能源）得到四种产出，即一种期望产出（GDP）和三种非期望产出（废水、废气和固体废弃物）。在这种情况下，经济和环境维度可以视为一个子系统即经济和环境子系统。

此外，生产技术描述了基本的污染问题，即非期望产出通常伴随期望产出的产生而产生（Chung et al.，1997；Forsund，2018；Zhou et al.，2016）。可以通过副产品公理刻画期望产出与非期望产出之间的联合生产关系，即如果 $(Y, B) \in P(X)$ 且 $B = 0$，那么 $Y = 0$。这个公理说明污染问题与经济活动是分不开的（Färe and Grosskopf，2004；Färe et al.，2007）。简而言之，"没有烟就没有火"。因此，在这项研究中，我们将经济和环境维度结合在一起。该方案类似于相关 DEA 文献中采用的方案（如 Sueyoshi and Goto，2014；Walheer，2018；Zha et al.，2016）。

5.2.1　经济与环境子系统的效率

根据图 5-2，在规模报酬不变的情形下[①]，运用以下 DEA 模型评价决策单元的经济与环境子系统效率。

$$EEE = \max \left(\sum_{r=1}^{R} u_r y_{ro} - \sum_{m=1}^{M} w_m b_{mo} \right) / \sum_{i=1}^{I} v_i x_{io}$$

$$\text{s. t. } \left(\sum_{r=1}^{R} u_r y_{rj} - \sum_{m=1}^{M} w_m b_{mj} \right) / \sum_{i=1}^{I} v_i x_{ij} \leq 1 , \ j = 1 , \cdots , n$$

$$u_r , \ v_i , \ w_m \geq 0 , \ r = 1 , \cdots , R , \ i = 1 , \cdots , I , \ m = 1 , \cdots , M \qquad (5.1)[②]$$

---

①　一方面，经济与环境子系统和社会子系统的规模相对稳定，短期内变化不大；另一方面，规模报酬不变假设便于在非合作和合作背景中探讨两个子系统和可持续发展系统的效率。此外，沃尔赫德（Wacheer，2019）指出，规模报酬不变可以接受特定的生产要素，如资本、劳动力和能源。因此，我们选择规模报酬不变假设。

②　在这项研究中，我们假设非期望产出强可支配。

模型（5.1）中 EEE 表示经济与环境子系统的效率。模型（5.1）是分式规划[①]，可以转换为以下线性规划模型：

$$EEE = \max\left(\sum_{r=1}^{R} u_r y_{ro} - \sum_{m=1}^{M} w_m b_{mo}\right) / \sum_{i=1}^{I} v_i x_{io}$$

$$\text{s.t. } \left(\sum_{r=1}^{R} u_r y_{rj} - \sum_{m=1}^{M} w_m b_{mj}\right) / \sum_{i=1}^{I} v_i x_{ij} \leq 1, \ j = 1, \cdots, n$$

$$u_r, \ v_i, \ w_m \geq 0, \ r = 1, \cdots, R, \ i = 1, \cdots, I, \ m = 1, \cdots, M \quad (5.2)$$

假设 $u_r'^*$，$v_i'^*$ 与 $w_m'^*$ 是模型（5.2）的最优解，经济与环境子系统的效率定义为 $EEE = \sum_{r=1}^{R} u_r'^* y_{ro} - \sum_{m=1}^{M} w_m'^* b_{mo}$。

5.2.2　社会子系统的效率

类似地，运用如下 DEA 模型评价决策单元的社会子系统效率。

$$SE = \max \sum_{d=1}^{D} z_d g_{do} / \sum_{k=1}^{K} \pi_k f_{ko}$$

$$\text{s.t. } \sum_{d=1}^{D} z_d g_{dj} / \sum_{k=1}^{K} \pi_k f_{kj} \leq 1, \ j = 1, \cdots, n$$

$$z_d, \ \pi_k \geq 0, \ d = 1, \cdots, D, \ k = 1, \cdots, K \quad (5.3)$$

模型（5.3）中 SE 表示社会子系统的效率。模型（5.3）可以转换为如下线性规划模型：

$$SE = \max \sum_{d=1}^{D} z_d' g_{do}$$

$$\text{s.t. } \sum_{k=1}^{K} \pi_k' f_{ko} = 1$$

$$\sum_{t=1}^{T} z_d' g_{tj} - \sum_{k=1}^{K} \pi_k' f_{kj} \leq 0, \ j = 1, \cdots, n$$

$$z_d', \ \pi_k' \geq 0, \ d = 1, \cdots, D, \ k = 1, \cdots, K \quad (5.4)$$

假设 $z_d'^*$ 和 $\pi_k'^*$ 是模型（5.4）的最优解，那么社会子系统的效率可以

---

① 分式规划可以全面地描述子系统之间的交互关系（Kao, 2014；Liang et al. , 2008）。

表示为 $SE = \sum_{d=1}^{D} z_d'^* g_{do}$。

虽然本节介绍的基本 DEA 模型可以在子系统独立平行运作的情形下单独评价两个子系统的效率，但现实中这两个子系统可能不是独立的，而是在实践中相互影响。接下来，我们将探讨子系统关联运作情形下，子系统的相互作用，并通过与本节中的基准模型的比较来确定差异。

5.3　子系统关联运作

本节考虑子系统关联运作情形，分析子系统之间的交互关系。具体而言，即一个子系统的一些产出是另一个子系统的一些投入。例如，一个城市可以被视为一个可持续发展系统，劳动力、资本和能源的投入创造了 GDP，同时，也产生了废水、废气和固体废弃物等副产品。此外，为实现医疗保健、基础教育、社会保障和就业的满意度。消耗了 GDP 和基本公共服务的财政支出。在这样的系统中，GDP 将经济与环境子系统和社会子系统关联起来（见图 5 – 3）。

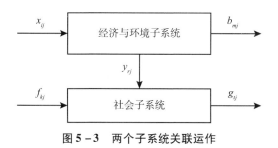

图 5 – 3　两个子系统关联运作

在实践中，经济发展可以为社会发展提供坚实的基础。也就是说，经济与环境子系统对社会子系统有很大的影响。本章将经济与环境子系统的期望产出作为社会子系统的投入。在这种情况下，基于规模报酬不变假设通过以下模型评价决策单元的社会子系统效率。

$$SE^L = \max \sum_{d=1}^{D} z_d g_{do} / \left(\sum_{k=1}^{K} \pi_k f_{ko} + \sum_{r=1}^{R} u_r y_{ro} \right)$$

$$\text{s. t. } \sum_{d=1}^{D} z_d g_{dj} / \left(\sum_{k=1}^{K} \pi_k f_{kj} + \sum_{r=1}^{R} u_r y_{rj} \right) \leqslant 1, j = 1, \cdots, n$$

$$u_r, z_d, \pi_k \geqslant 0, r = 1, \cdots, R, d = 1, \cdots, D, k = 1, \cdots, K$$

$$(5.5)$$

模型（5.5）可以转换为如下线性规划模型：

$$SE^L = \max \sum_{d=1}^{D} z'_d g_{do}$$

$$\text{s. t. } \sum_{k=1}^{K} \pi'_k f_{ko} + \sum_{r=1}^{R} u'_r y_{ro} = 1$$

$$\sum_{d=1}^{D} z'_d g_{dj} - \left(\sum_{k=1}^{K} \pi'_k f_{kj} + \sum_{r=1}^{R} u'_r y_{rj} \right) \leqslant 0, j = 1, \cdots, n$$

$$u'_r, z'_d, \pi'_k \geqslant 0, r = 1, \cdots, R, d = 1, \cdots, D, k = 1, \cdots, K$$

$$(5.6)$$

假设 u'^*_r，z'^*_d 和 π'^*_k 是模型（5.6）的最优解，社会子系统的效率可以被表示为 $SE^L = \sum_{d=1}^{D} z'^*_d g_{do}$。

由于 $y_{rj}(r = 1, \cdots, R)$ 是经济与环境子系统的产出和社会子系统的投入，它们构成了子系统之间的关联，这同时影响两个子系统和整个系统的效率。这就出现了一个问题，即如何刻画两个子系统之间的交互关系。

在一些情况下，经济与环境子系统拥有丰富的资源，并且具有优先于社会子系统的主导优势。从这个角度来看，经济与环境子系统被视为领导者，社会子系统被视为追随者。以 2011 年北京为例，基本公共服务财政支出的比例仅为 33.91%[①]，远远低于中低收入国家（42.7%）。这表明北京对社会子系统的关注较少，意味着经济和环境子系统对社会子系统的支配地位较高。在这种情况下，决策单元将经济和环境子系统的效率作为首要目标，而社会子系统的效率则是次要目标。

---

① 国家统计局国民经济综合统计司，国家统计局农村社会经济调查司. 中国区域经济统计年鉴（2012）[M]. 北京：中国统计出版社，2012.

但是，在其他情况下，决策单元平等对待经济和环境子系统与社会子系统。例如，中等收入国家基本公共服务的财政支出平均比例为54%。在这种情况下，将两个子系统视为以合作方式运行是合理的，决策单元可以同时优化两个子系统的效率。接下来，我们将提出两种模型来评价子系统和总系统在合作和非合作情况下的效率。

5.3.1　非合作博弈情形

在非合作博弈情形下，我们刻画了经济与环境子系统和社会子系统之间的关联。目前，中国各省区市主要关注经济发展，因此将大量的财政支出用于促进发展经济。尽管公共服务也在得到改善，但在教育、医疗和社会保障等公共服务领域的财政支出水平相对较低。中国基本公共服务财政支出的比例31.2%[①]，这一比例低于中等收入国家的平均水平（54%）。

在本节中，我们从非合作博弈的角度考虑经济与环境子系统和社会子系统之间的交互关系。我们将经济和环境子系统视为领导者，其效率是首要目标；社会子系统作为跟随者，其效率是次要目标。我们提出了一种双层规划模型来探讨子系统之间的分散决策（Van Ackere，1993）。

双层规划问题（bilevel programming problem，BLP）是一个分层优化问题，由两个层次组成，其中一个优化问题的约束由另一个优化问题决定（Bard，1983；Wu et al.，2016）。上层通常是领导者，而下层则是追随者。领导者首先做出选择以优化其目标函数，跟随者会根据领导者的选择做出相应的反应，从而影响领导者的目标。

我们结合 BLP 和 DEA 方法，提出一种集成的 BLP – DEA 模型以评价经济与环境子系统和社会子系统的效率。根据两个子系统的投入产出集，我们提出了如下双层 DEA 模型：

---

① 中华人民共和国国家统计局．中国统计年鉴（2012）［M］．北京：中国统计出版社，2012.

第一层：

$$EEE^{Bi} = \max\left(\sum_{r=1}^{R} u_r y_{ro} - \sum_{m=1}^{M} w_m b_{mo}\right) / \sum_{i=1}^{I} v_i x_{io}$$

s. t. $\left(\sum_{r=1}^{R} u_r y_{rj} - \sum_{m=1}^{M} w_m b_{mj}\right) / \sum_{i=1}^{I} v_i x_{ij} \leqslant 1$, $j = 1, \cdots, n$

u_r, v_i, $w_m \geqslant 0$, $r = 1, \cdots, R$, $i = 1, \cdots, I$, $m = 1, \cdots, M$

第二层：

$$SE^{Bi} = \max \sum_{d=1}^{D} z_d g_{to} / \left(\sum_{k=1}^{K} \pi_k f_{ko} + \sum_{r=1}^{R} u_r y_{ro}\right)$$

s. t. $\sum_{d=1}^{D} z_d g_{dj} / \left(\sum_{k=1}^{K} \pi_k f_{kj} + \sum_{r=1}^{R} u_r y_{rj}\right) \leqslant 1$, $j = 1, \cdots, n$

z_d, $\pi_k \geqslant 0$, $d = 1, \cdots, D$, $k = 1, \cdots, K$ (5.7)

在模型（5.7）[①] 中，第一层评价经济与环境子系统的效率，第二层评价社会子系统的效率。我们假定在两个子系统中分别作为产出和投入的变量 $y_{rj}(r = 1, \cdots, R)$ 的权重在每个子系统中是相同的[②]，这类似于梁等（Liang et al.，2008），查和梁（Zha and Liang，2010）和梁等（Liang et al.，2006）。

令 $\alpha_1 = 1 / \sum_{i=1}^{I} v_i x_{io}$，$\alpha_1 v_i = v_i'$，$\alpha_1 w_m = w_m'$，$\alpha_1 u_r = u_r'$，$\alpha_2 = 1 / \left(\sum_{k=1}^{K} \pi_k f_{ko} + \sum_{r=1}^{R} u_r y_{ro}\right)$，$\alpha_2 \pi_k = \pi_k'$，$\alpha_2 u_r = u_r''$，$\alpha_2 z_d = z_d'$，$\delta = \alpha_2 / \alpha_1$ 以及 $u_r'' = \delta u_r'$，模型（5.7）可以转化为如下双层规划模型：

第一层：

$$EEE^{Bi} = \max \sum_{r=1}^{R} u_r' y_{ro} - \sum_{m=1}^{M} w_m' b_{mo}$$

s. t. $\sum_{i=1}^{I} v_i' x_{io} = 1$

---

① 根据双层规划的特征，无须为模型（5.7）中的每个子系统设置主观权重。

② 根据梁等（2006，2008）、查和梁（2010），如果在两个子系统中同时作为产出和投入的变量的权重不相同，则两个子系统之间的关系可能无法很好地反映出来。因此，假设在两个子系统中同时用作产出和投入的变量的权重在每个子系统中是相同的。有关此问题的更多讨论，请参见阿米替莫尔（Amirteimoori，2013）和吴等（2016）。

$$\sum_{r=1}^{R} u'_r y_{rj} - \sum_{m=1}^{M} w'_m b_{mj} - \sum_{i=1}^{I} v'_i x_{ij} \leqslant 0 , \; j = 1 , \cdots , \; n$$

$$u'_r , \; v'_i , \; w'_m \geqslant 0 , \; r = 1 , \cdots , \; R , \; i = 1 , \cdots , \; I , \; m = 1 , \cdots , \; M$$

第二层：

$$SE^{Bi} = \max \sum_{d=1}^{D} z'_d g_{do}$$

$$\sum_{k=1}^{K} \pi'_k f_{ko} + \delta \sum_{r=1}^{R} u'_r y_{ro} = 1$$

$$\sum_{d=1}^{D} z'_d g_{tj} - \delta \sum_{r=1}^{R} u'_r y_{rj} - \sum_{k=1}^{K} \pi'_k f_{kj} \leqslant 0 , \; j = 1 , \cdots , \; n$$

$$z'_d , \; \pi'_k \geqslant 0 , \; d = 1 , \cdots , \; D , \; k = 1 , \cdots , \; K \tag{5.8}$$

对被评价决策单元，应先优化经济与环境子系统的效率。基于经济与环境子系统的最优值 u'_r，w'_m 和 v'_i，社会子系统做出相应的决策以优化 z'_d 和 π'_k。

需要注意的是，模型（5.8）的第二层是非线性的，但可以转换为参数线性规划模型。根据约束 $\sum_{k=1}^{K} \pi'_k f_{ko} + \delta \sum_{r=1}^{R} u'_r y_{ro} = 1$ 可得 $\delta \sum_{r=1}^{R} u'_r y_{ro} \leqslant 1$，因此，$\delta \left(\sum_{r=1}^{R} u'_r y_{ro} - \sum_{m=1}^{M} w'_m b_{mo} \right) \leqslant \delta \sum_{r=1}^{R} u'_r y_{ro} \leqslant 1$。$e_o^L (e_o^U)$ 表示为经济和环境子系统效率的下界（上界），同时有 $e_o^L \leqslant \sum_{r=1}^{R} u'_r y_{ro} - \sum_{m=1}^{M} w'_m b_{mo} \leqslant e_o^U$，$\delta$ 的可行域可以表示为 $0 \leqslant \delta \leqslant \dfrac{1}{e_o^L}$，$e_o^L$ 的解见附录4。

基于 u'_r，w'_m，v'_i，z'_d 和 π'_k 的最优值，两个子系统的效率可以分别表示为 $EEE^{Bi} = \sum_{r=1}^{R} u'^*_r y_{ro} - \sum_{m=1}^{M} w'^*_m b_{mo}$ 和 $SE^{Bi} = \sum_{d=1}^{D} z'^*_d g_{do}$。模型（5.8）的解法见附录5。

5.3.2 合作博弈情形

在上一小节，我们研究了非合作博弈情形下两个子系统的效率，可以很便捷地识别出子系统的低效率。在本小节中，我们在合作博弈情形下同时探究子系统和可持续发展系统的效率。这一目标是在政策制定者希望强化经济与环境子系统和社会子系统之间协调的背景下产生的。例如，在"十二五"规划（2010~2015年）中，中国政府高度重视经济、环境和社会效益的协调与整合。在这样的政策背景下，经济与环境子系统应该和社会子系统协同运行，可持续发展系统的目标是同时最大化两个子系统的效率。在模型（5.1）和模型（5.5）的基础上，我们提出如下模型：

$$SDE^C = \max \theta_1 \frac{\sum_{r=1}^{R} u_r y_{ro} - \sum_{m=1}^{M} w_m b_{mo}}{\sum_{i=1}^{I} v_i x_{io}} + \theta_2 \frac{\sum_{d=1}^{D} z_d g_{do}}{\sum_{k=1}^{K} \pi_k f_{ko} + \sum_{r=1}^{R} u_r y_{ro}}$$

$$\text{s.t. } (\sum_{r=1}^{R} u_r y_{rj} - \sum_{m=1}^{M} w_m b_{mj}) / \sum_{i=1}^{I} v_i x_{ij} \leqslant 1, \, j = 1, \, \cdots, \, n$$

$$\sum_{d=1}^{D} z_d g_{dj} / (\sum_{k=1}^{K} \pi_k f_{kj} + \sum_{r=1}^{R} u_r y_{ro}) \leqslant 1, \, j = 1, \, \cdots, \, n$$

$$u_r, \, v_i, \, w_m, \, z_d, \, \pi_k \geqslant 0, \, r = 1, \, \cdots, \, R, \, i = 1, \, \cdots, \, I, \, m = 1, \, \cdots, \, M,$$

$$d = 1, \, \cdots, \, D, \, k = 1, \, \cdots, \, K \tag{5.9}$$

模型（5.9）中，θ_1 和 θ_2 分别表示经济与环境子系统和社会子系统的权重，并且 $\theta_1 + \theta_2 = 1$。在 DEA 文献中，权重指的是子系统的加权投入与系统的加权投入的比率（Chen et al.，2009；Cook et al.，2010），也可以是决策者的主观判断（Liang et al.，2006；Liang et al.，2008）。在这项研究中，我们参照梁等（2006）的做法主观设置 $\theta_p (p = 1, \, 2)$。我们选择不同的权重组合来分析子系统效率与可持续发展系统效率的变化，给出 DMU 的不同偏好。

与模型（5.7）类似，模型（5.9）可以转化为如下线性规划模型：

$$SDE^C = \max \theta_1 (\sum_{r=1}^{R} u'_r y_{ro} - \sum_{m=1}^{M} w'_m b_{mo}) + \theta_2 \sum_{d=1}^{D} z'_d g_{do}$$

$$\text{s.t. } \sum_{i=1}^{I} v'_i x_{io} = 1$$

$$\sum_{k=1}^{K} \pi'_k f_{ko} + \delta \sum_{r=1}^{R} u'_r y_{ro} = 1$$

$$\sum_{r=1}^{R} u'_r y_{rj} - \sum_{m=1}^{M} w'_m b_{mj} - \sum_{i=1}^{I} v'_i x_{ij} \leqslant 0, \, j = 1, \, \cdots, \, n$$

$$\sum_{d=1}^{D} z'_d g_{dj} - \delta \sum_{r=1}^{R} u'_r y_{rj} - \sum_{k=1}^{K} \pi'_k f_{kj} \le 0, \ j = 1, \cdots, n$$

$$u'_r, \ v'_i, \ w'_m, \ z'_d, \ \pi'_k \ge 0, \ r = 1, \cdots, R, \ i = 1, \cdots, I,$$

$$m = 1, \cdots, M, \ d = 1, \cdots, D, \ k = 1, \cdots, K \tag{5.10}$$

假设 u'^*_r，w'^*_m，v'^*_i，z'^*_d 和 π'^*_k 模型（5.10）的最优解，则经济与环境子系统和社会子系统的效率可以分别表示为 $EEE^C = \sum_{r=1}^{R} u'^*_r y_{ro} - \sum_{m=1}^{M} w'^*_m b_{mo}$ 和

$SE^C = \sum_{d=1}^{D} z'^*_d g_{do}$，当 $EEE^C = 1$（$SE^C = 1$）时，经济与环境子系统（社会子系统）是有效的，这说明可持续发展系统的低效率是社会子系统（经济与环境子系统）导致的。当且仅当两个子系统都有效时，可持续发展系统才有效。值得注意的是，参数 δ 的取值范围与模型（5.8）中的类似，即 $0 \le \delta \le \frac{1}{e_o^L}$（见附录4）。

5.4　中国主要城市的可持续发展效率评价

5.4.1　主要城市、变量和数据来源

中国的31个主要城市（省会城市和直辖市），划分为三个地区：东部、中部和西部（Hu and Wang，2006）。东部地区有8个沿海省会城市（沈阳市、石家庄市、济南市、南京市、杭州市、福州市、广州市和海口市）和3个直辖市（北京市、天津市和上海市）。中部地区有10个内陆省会城市（哈尔滨市、长春市、呼和浩特市、郑州市、太原市、合肥市、武汉市、长沙市、南昌市和南宁市）。西部地区有1个直辖市（重庆市）和9个省会城市（兰州市、贵阳市、银川市、西宁市、西安市、拉萨市、昆明市、乌鲁木齐市和成都市）。由于没有拉萨市的能源投入数据，因此将其排除在外，考察30个主要城市的可持续发展效率。投入和产出变量如下。

表 5 - 1 中提供了数据集的描述性统计数据。

表 5 - 1　　　　　　　　2011 ~ 2013 年数据的描述统计结果

子系统	变量	年份	2011	2012	2013
经济与环境子系统的投入	资本（10 亿元）	平均值	2743. 69	3254. 73	3774. 35
		标准差	1767. 28	2025. 45	2365. 17
	劳动力（万人）	平均值	473. 30	486. 52	503. 42
		标准差	335. 68	341. 02	350. 88
	能源（万吨标准煤）	平均值	3763. 67	3927. 54	4124. 23
		标准差	2375. 73	2432. 87	2554. 53
经济与环境子系统的非期望产出	废水（万吨）	平均值	33. 67	31. 81	26. 28
		标准差	22. 35	21. 46	18. 90
	废气（万吨）	平均值	56335. 43	58889. 93	61203. 27
		标准差	47906. 27	48463. 08	50323. 22
	固体废弃物（万吨）	平均值	2254. 77	1068. 99	1081. 48
		标准差	1859. 79	820. 49	829. 93
中间变量	GDP（10 亿元）	平均值	4995. 38	5541. 71	6104. 26
		标准差	4316. 06	4689. 26	5105. 70
社会子系统的投入	基本公共服务的财政支出比例（%）	平均值	33. 41	34. 49	33. 37
		标准差	4. 05	4. 27	3. 40
社会子系统的产出	对医疗保健的满意度（分）	平均值	62. 91	63. 76	60. 02
		标准差	2. 11	2. 72	2. 97
	对基础教育的满意度（分）	平均值	41. 19	58. 75	59. 80
		标准差	4. 93	3. 29	2. 88
	对就业的满意度（分）	平均值	48. 15	55. 62	57. 96
		标准差	4. 22	3. 09	3. 58

如表 5 - 1 所示，经济与环境子系统的投入是劳动力、资本和能源，产出是 GDP、废水、废气和固体废物。注意，GDP 是期望产出，而废水、废气和固体废弃物是三种非期望产出（Du et al. , 2018；Wu et al. , 2016）。

在社会子系统中，投入是基本公共服务的财政支出比例与 GDP，产出是对医疗保健、基础教育和就业的满意度。投入产出指标的选取标准如下。

（1）基本公共服务的财政支出比例：基本公共服务的资金主要来自政府，作为一个典型的由中央政府主导的国家，中央政府比地方政府更具有影响力，尤其是在公共服务领域。鉴于各主要城市的人口密度有着显著差异，将人均财政支出作为投入指标是显然不合适的，而基本公共服务的财政支出比例则可以客观地确定当地政府对公共服务的关注度和投资力度。

（2）GDP：这是一个城市提供公共服务的经济基础。城市之间经济实力的差异严重影响了财政收入的差异（Peacock，2004；Robinson et al.，2015）。

（3）对医疗保健、基础教育和就业的满意度：这三项指标是公共服务最基本的方面，受到公众的广泛关注。中国改革发展研究院将这些指标确定为基本公共服务。此外，它们也是当地政府提供大量投资和担保政策的关键领域。2012 年，中国财政支出为 12595.97 亿元，其中医疗保健、基础教育、社会保障和就业占 32.6%（约合 41072.73 亿元）[①]。另外，这三个指标的统计数据也较为容易获取。

劳动力、资本[②]、国内生产总值和基本公共服务的财政支出比例的数据来自《中国区域经济统计年鉴 2012—2014》。为了消除价格波动的影响，我们采用购买力平价方法，以 2010 年的价格为标准，对资本和 GDP 数据进行调整。类似 DEA 文献有沃尔赫德（2016）和王等（Wang et al.，2016）。废水、废气和固体废弃物的数据来自《中国统计年鉴 2012—2014》。能源投入数据来自被评价城市 2012～2014 年的统计年鉴。由于某些城市的能源数据无法从统计年鉴中获得，我们采用被评价城市的发展和

[①] 中华人民共和国国家统计局.中国统计年鉴（2013）［M］.北京：中国统计出版社，2013.

[②] 本章使用资本存量作为资本的衡量标准。实际上，《中国统计年鉴》中没有"资本存量"的数据，但可以根据固定资本投资计算。因此，我们遵循现有文献（如 Chang et al. 2013；Chen et al.，2017；Du et al.，2018），直接将固定资产投资作为资本投入。

改革委员会所公布的单位 GDP 能耗来计算能源数据。社会子系统的具体的产出数据来自《中国城市基本公共服务能力评价 2011—2013》。

我们以 2011 年的数据为例做进一步的分析。表 5－2 提供了 2011 年 30 个主要城市的投入和产出数据。

表 5－2　　　　　　2011 年 30 个主要城市的投入和产出数据

城市	资本	劳动力	能源	GDP	废水	废气	固体废弃物	RPFE	SHC	SBE	SSSE
北京	5535.96	1069.70	6995.40	15256.80	35.20	145469	2251.19	33.91	64.82	44.59	54.2
天津	6676.63	763.16	7598.45	10737.27	66.57	67147	3504.43	31.24	62.01	37.93	40.49
石家庄	2869.18	519.66	4734.76	3809.14	59.79	54230	3040.46	38.76	65.44	36.14	49.77
沈阳	970.75	177.30	2638.00	1954.08	37.73	19205	6307.03	38.03	59.24	38.73	35.66
上海	966.21	168.30	2570.56	2076.54	34.16	13754	1784.28	28.87	60.43	34.6	44.77
南京	4278.23	357.80	4874.97	5634.70	30.74	41055	1409.22	37.20	63.6	42.38	46.24
杭州	2234.65	384.60	2325.83	3771.79	36.04	26767	1233.79	33.79	61.16	44.92	51.57
福州	2488.34	315.47	4280.25	4115.63	41.57	41901	1128.93	37.60	60.49	44.91	49.2
济南	4755.17	1104.33	11270.48	18573.59	76.53	214155	4884.4	29.55	61.48	44.01	47.91
广州	3518.02	468.34	3447.80	5746.33	36.98	82769	3518.8	28.68	62.82	41.87	43.24
海口	2883.74	637.77	3812.82	6573.83	26.07	96219	1526.52	34.91	65.41	41.33	50.56
太原	2985.94	476.20	2190.11	3117.66	20.66	40213	2131.93	28.73	62.01	58.05	55.65
呼和浩特	2534.91	425.59	1920.02	3529.45	25.31	36069	1387.36	37.25	60.57	35.19	47.79
长春	1847.17	303.64	1650.97	2494.03	12.18	40492	370.49	37.16	65.03	38.08	51.66
哈尔滨	1811.18	392.70	3935.79	4325.05	35.31	29794	2252.69	35.73	64.4	43.3	46.73
合肥	2702.71	490.85	4009.92	4598.53	38.01	47307	2498.61	31.09	62.57	49.98	50.19
南昌	3951.97	498.00	5116.21	6205.23	31.11	76666	2759.34	32.77	62.3	36.78	46.29
郑州	3202.73	438.99	3332.09	5206.38	9.69	42271	355.19	28.95	62.64	37.9	48.55
武汉	3234.31	743.18	6621.69	11962.84	23.67	141610	1318.7	31.79	61.7	45.52	46.69
长沙	1851.34	409.12	1617.35	2021.69	13.94	36355	697.49	37.62	62.53	40.36	49.5
南宁	371.28	118.15	411.34	692.49	1.38	11911	9.54	37.77	65.1	37.8	49.09
重庆	7157.18	1585.16	7951.12	9225.38	117.05	131450	6598.37	31.17	68.36	43.49	46.91

续表

城市	资本	劳动力	能源	GDP	废水	废气	固体废弃物	RPFE	SHC	SBE	SSSE
成都	4688.83	784.28	4144.05	6395.13	18.80	84467	1036.03	25.35	65.85	38.43	42.68
贵阳	1458.60	217.92	1863.79	1312.53	20.77	14508	2280.1	31.11	64.98	37.7	55.82
昆明	1792.29	400.66	2380.71	2417.14	28.77	45335	7339.84	32.63	64.4	43.3	46.73
西安	2961.26	495.99	2250.32	3689.04	24.39	40770	555.94	34.29	59.96	35.35	45.43
兰州	831.49	179.72	2182.05	1265.45	24.87	16102	1209.1	41.85	63.08	38.01	50.89
西宁	495.78	55.49	1729.72	722.52	19.94	10174	1002.38	36.76	62.64	43.33	50.91
银川	644.20	100.71	1257.02	887.72	21.46	17703	1249.45	26.96	61.83	43.94	50.38
乌鲁木齐	610.57	116.07	3796.55	1543.31	38.27	24195	2001.39	30.76	60.35	37.83	48.89

5.4.2 计算结果

表5-3给出了2011年经济与环境子系统、社会子系统和可持续发展系统在不同情境下的效率。附录6中列出了2012年和2013年的详细结果。

表5-3 2011年中国主要城市的效率

区域	城市	EEE	SE	SE^L	EEE^{Bi}	SE^{Bi}	EEE^C	SE^C	SDE^C
东部地区	北京	1.000	0.847	0.847	1.000	0.029	0.961	0.094	0.527
	天津	1.000	0.777	0.777	0.915	0.022	0.844	0.205	0.524
	石家庄	0.452	0.708	0.708	0.452	0.093	0.026	0.708	0.477
	沈阳	1.000	0.700	0.704	0.960	0.035	0.936	0.183	0.560
	上海	1.000	0.886	0.886	1.000	0.011	0.977	0.068	0.522
	南京	0.824	0.884	0.887	0.824	0.062	0.730	0.248	0.557
	杭州	0.807	0.793	0.793	0.807	0.048	0.709	0.224	0.537
	福州	0.843	0.696	0.696	0.843	0.109	0.843	0.191	0.574
	济南	1.000	0.737	0.751	0.794	0.078	0.659	0.409	0.534

区域	城市	EEE	SE	SE^L	EEE^{Bi}	SE^{Bi}	EEE^C	SE^C	SDE^C
东部地区	广州	1.000	0.814	0.814	1.000	0.017	0.962	0.108	0.535
	海口	1.000	0.720	1.000	0.979	0.291	0.979	1.000	0.989
	平均	0.902	0.778	0.806	0.870	0.072	0.784	0.313	0.576
中部地区	太原	0.714	0.624	0.672	0.694	0.112	0.655	0.387	0.586
	呼和浩特	1.000	0.866	0.892	0.842	0.117	0.734	0.550	0.642
	长春	1.000	0.806	0.806	0.809	0.102	0.744	0.389	0.566
	哈尔滨	0.792	0.701	0.701	0.792	0.053	0.697	0.282	0.553
	合肥	0.653	1.000	1.000	0.653	0.162	0.181	1.000	0.657
	南昌	0.693	0.752	0.752	0.693	0.101	0.543	0.451	0.590
	郑州	0.613	0.872	0.874	0.613	0.059	0.211	0.723	0.556
	武汉	0.741	0.787	0.787	0.741	0.049	0.652	0.226	0.527
	长沙	1.000	0.917	0.917	0.888	0.084	0.787	0.337	0.562
	南宁	0.573	0.713	0.716	0.573	0.099	0.427	0.507	0.566
	平均	0.778	0.804	0.812	0.730	0.094	0.563	0.485	0.580
西部地区	重庆	0.532	0.871	0.871	0.532	0.036	0.082	0.825	0.508
	成都	0.708	1.000	1.000	0.708	0.046	0.095	1.000	0.566
	贵阳	0.383	0.941	0.956	0.383	0.193	0.267	0.813	0.627
	昆明	0.476	0.808	0.840	0.476	0.114	0.021	0.840	0.548
	西安	0.752	0.732	0.732	0.752	0.050	0.606	0.336	0.555
	兰州	0.419	0.654	0.689	0.419	0.164	0.419	0.567	0.554
	西宁	0.774	0.742	1.000	0.774	0.307	0.774	1.000	0.887
	银川	0.524	1.000	1.000	0.524	0.272	0.360	1.000	0.762
	乌鲁木齐	0.791	0.853	0.853	0.791	0.140	0.791	0.447	0.690
	平均	0.595	0.844	0.882	0.595	0.147	0.379	0.759	0.633
全国	平均	0.769	0.807	0.831	0.741	0.102	0.589	0.504	0.595

本章将 0.5 作为两个子系统效率的权重。也可以根据实际情况来确定权重，我们将在后面进行讨论。例如，中低收入国家基本公共服务的财政

支出比率为 42.7%[①]，在这种情况下，两个子系统的权重可以分别设为 0.6 和 0.4。

在表 5 - 3 中，第 3 列和第 4 列表示当两个子系统独立运作时主要城市的子系统效率。第 15 ~ 第 10 列描述了两个子系统关联运作时子系统和可持续发展系统的效率。第 5 列表示当 GDP 被视为社会子系统的投入时，社会子系统的效率。子系统博弈情形下，两个子系统和可持续发展系统的效率分别展示在第 7 ~ 第 8 列（非合作）和第 9 ~ 第 11 列（合作）。

通过对表 5 - 3 的分析，得出以下结论：

（1）如果考虑两个子系统之间的关联，则社会子系统的效率不低于子系统独立平行运作时的效率，因为经济与环境子系统的一个产出变量成为社会子系统的一个投入变量。

（2）在子系统关联运作情形下，无论子系统之间是合作还是非合作，经济与环境子系统的效率都低于子系统独立平行运作时的效率。即使经济与环境子系统在可持续发展系统中占主导地位，社会子系统仍然会对经济与环境子系统产生影响，因此，效率不会高于两个子系统独立平行运作的效率。

（3）图 5 - 4 可以看出中，两个子系统在效率评价中的表现不一致。在图 5 - 4 中，区域Ⅰ表示高社会效率、低经济与环境效率；区域Ⅱ表示高社会效率、高经济与环境效率；区域Ⅲ表示低社会效率、低经济与环境效率；区域Ⅳ表示低社会效率、高经济与环境效率。合作博弈时，效率主要分布于Ⅰ区和Ⅳ区，这表明大多数城市的经济与环境效率与社会效率差异很大。以Ⅳ区的天津和Ⅰ区的合肥为例，经济与环境子系统的效率分别为 0.844 和 0.181，而社会子系统的效率分别为 0.205 和 1.000。较高的经济与环境子系统效率并不意味着较高的社会子系统高效率。这种现象意味着中国主要城市的经济与环境子系统和社会子系统之间存在不协调的问题。非合作博弈时，这种不协调被放大了。值得注意的是，海口同时拥有较高的经济与环境子系统（0.979）和社会子系统（1.000），这意味着可持续发展

---

① 马建堂. 国际统计年鉴（2013）［M］. 北京：中国统计出版社，2012.

系统具有较高的效率。这与《中国城市基本公共服务能力评价（2011—2013)》中基本公共服务的满意度杠杆指标排名相一致。

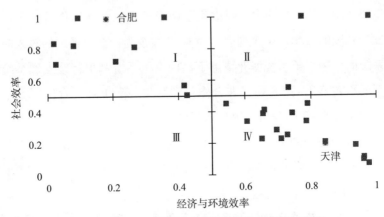

图5-4　经济与环境子系统效率和社会子系统效率

（4）很明显，经济与环境子系统在双层规划模型中的效率高于在合作模型中的效率，而社会子系统的效率则相反。原因很显然，不再详细讨论。

（5）在双层规划模型中，社会子系统的效率相对较低，这意味着当经济与环境子系统处于主导地位时，主要城市的社会子系统效率较低。

（6）在两个子系统关联运作的情形下，子系统效率的高低不仅有助于发现无效的原因，也指明了可持续发展系统效率提高的方向。这表明，子系统关联运作情形的评价方法要比子系统独立平行运作情形的评价方法更具有效率识别力。

为了更好地理解决策者对子系统的偏好，我们计算了合作博弈情形下不同权重集的子系统和可持续发展系统的效率，结果见表5-4。由于实践中政府更关注经济和环境子系统而不是社会子系统，我们假设 θ_1 不小于 θ_2。

表 5 - 4　　　　合作博弈情形下中国主要城市的效率（2011 年）

区域	城市	$\theta_1 = 0.7$, $\theta_2 = 0.3$			$\theta_1 = 0.6$, $\theta_2 = 0.4$			$\theta_1 = 0.5$, $\theta_2 = 0.5$		
		SE^C	EEE^C	SDE^C	SE^C	EEE^C	SDE^C	SE^C	EEE^C	SDE^C
东部地区	北京	0.050	1.000	0.715	0.050	1.000	0.620	0.094	0.961	0.527
	天津	0.116	0.893	0.660	0.205	0.844	0.588	0.205	0.844	0.524
	石家庄	0.184	0.452	0.467	0.349	0.358	0.472	0.708	0.026	0.477
	沈阳	0.183	0.936	0.711	0.183	0.936	0.635	0.183	0.936	0.560
	上海	0.040	1.000	0.712	0.040	1.000	0.616	0.068	0.977	0.522
	南京	0.124	0.824	0.664	0.124	0.824	0.610	0.248	0.730	0.557
	杭州	0.110	0.807	0.645	0.110	0.807	0.591	0.224	0.709	0.537
	福州	0.191	0.843	0.682	0.191	0.843	0.628	0.191	0.843	0.574
	济南	0.169	0.794	0.607	0.314	0.725	0.561	0.409	0.659	0.534
	广州	0.063	1.000	0.719	0.063	1.000	0.625	0.108	0.962	0.535
	海口	1.000	0.979	0.985	1.000	0.979	0.987	1.000	0.979	0.989
	平均	0.203	0.866	0.688	0.239	0.847	0.630	0.313	0.784	0.576
中部地区	太原	0.387	0.655	0.613	0.387	0.655	0.600	0.387	0.655	0.586
	呼和浩特	0.428	0.791	0.682	0.549	0.735	0.660	0.550	0.734	0.642
	长春	0.309	0.779	0.638	0.389	0.744	0.602	0.389	0.744	0.566
	哈尔滨	0.200	0.776	0.642	0.200	0.776	0.598	0.282	0.697	0.553
	合肥	0.311	0.653	0.655	0.481	0.573	0.656	1.000	0.181	0.657
	南昌	0.292	0.693	0.631	0.292	0.693	0.611	0.451	0.543	0.590
	郑州	0.199	0.604	0.575	0.290	0.556	0.566	0.723	0.211	0.556
	武汉	0.108	0.741	0.612	0.108	0.741	0.570	0.226	0.652	0.527
	长沙	0.237	0.844	0.662	0.337	0.787	0.607	0.337	0.787	0.562
	南宁	0.347	0.573	0.569	0.347	0.573	0.567	0.507	0.427	0.566
	平均	0.282	0.711	0.628	0.338	0.683	0.604	0.485	0.563	0.580
西部地区	重庆	0.082	0.532	0.518	0.825	0.082	0.513	0.825	0.082	0.508
	成都	0.110	0.708	0.622	0.239	0.642	0.593	1.000	0.095	0.566
	贵阳	0.604	0.381	0.529	0.813	0.267	0.578	0.813	0.267	0.627
	昆明	0.303	0.476	0.519	0.467	0.385	0.534	0.840	0.021	0.548

区域	城市	$\theta_1 = 0.7$, $\theta_2 = 0.3$			$\theta_1 = 0.6$, $\theta_2 = 0.4$			$\theta_1 = 0.5$, $\theta_2 = 0.5$		
		SE^C	EEE^C	SDE^C	SE^C	EEE^C	SDE^C	SE^C	EEE^C	SDE^C
西部地区	西安	0.174	0.752	0.634	0.174	0.752	0.594	0.336	0.606	0.555
	兰州	0.567	0.419	0.500	0.567	0.419	0.527	0.567	0.419	0.554
	西宁	1.000	0.774	0.842	1.000	0.774	0.865	1.000	0.774	0.887
	银川	0.825	0.524	0.667	0.825	0.524	0.715	1.000	0.360	0.762
	乌鲁木齐	0.447	0.791	0.730	0.447	0.791	0.710	0.447	0.791	0.690
	平均	0.457	0.595	0.618	0.595	0.515	0.625	0.759	0.379	0.633
全国	平均	0.305	0.733	0.647	0.379	0.693	0.620	0.504	0.589	0.595

在表 5 – 4 中可以发现，30 个主要城市的社会效率随着社会子系统的权重（θ_2）的增加而增加。此外，经济与环境效率以及可持续发展效率随着经济与社会子系统（θ_1）的权重的增加而增加。这表明两个子系统的权重显著影响子系统和可持续发展系统的效率。因此我们建议政策制定者为子系统选择合适的权重，以促进经济、环境和社会的协调发展。同时我们注意到，在赋予子系统相同权重的情形下，东部城市的社会子系统的效率相对较低。不同权重集下两个子系统效率的较大差异意味着经济和环境效率与社会效率不一致，即"伊斯特林悖论"（Easterlin，1974），更多的财富并没有带来更大的幸福。

5.4.3　区域分析

在中国，东部、西部和中部地区的经济发展水平和速度有着显著差异，这对子系统和可持续发展系统的效率产生了重大影响。本小节将聚焦区域效率评价。图 5 – 5 描述了非合作博弈和合作博弈两种情形下，经济与环境子系统和社会子系统的效率。

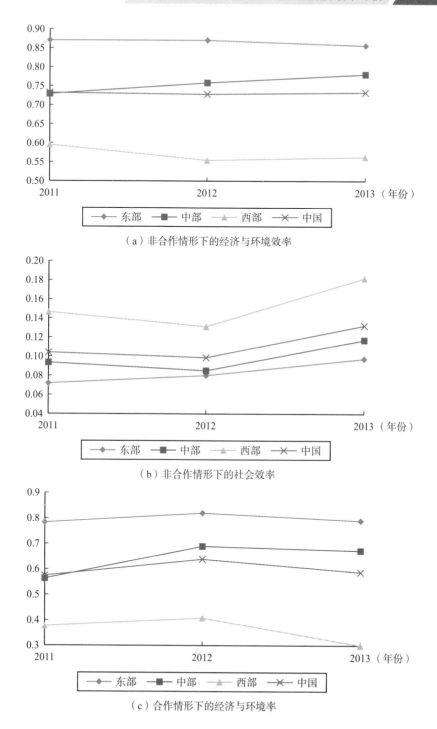

（a）非合作情形下的经济与环境效率

（b）非合作情形下的社会效率

（c）合作情形下的经济与环境率

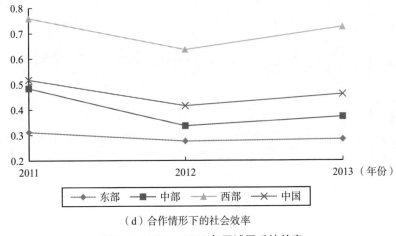

（d）合作情形下的社会效率

图 5 - 5　2011 ~ 2013 年区域子系统效率

从表 5 - 3 和图 5 - 5 可以看出如下问题。

（1）区域城市的经济与环境效率存在着明显的地理分布特征，且不受经济与环境子系统和社会子系统之间合作和非合作博弈的影响。在研究期间，东部地区的平均效率最高，而西部地区的平均效率最低。

（2）区域城市的社会效率也存在着明显的地理分布特征，且不受经济与环境子系统和社会子系统之间合作和非合作博弈的影响。具体而言，在研究期间，西部地区的平均效率最高。中部地区的平均效率高于东部地区，但中部和东部地区的效率均低于国家的平均效率。

（3）在非合作博弈情形下，系统的低效率主要是由于社会子系统的效率较低。这意味着，当经济与社会子系统主导系统时，中国区域城市的效率较低。两个子系统之间存在明显的不协调，这符合当前中国经济社会发展现状。尽管社会公共服务得到加强，但教育、医疗和社会保障的支出水平相对较低。这促使政府提高社会公共服务方面的财政支出。

（4）在合作博弈情形下（见表 5 - 4），经济与环境子系统和社会子系统也表现出明显的不协调。对于一些城市而言，低效率来自经济与环境子系统，而对于其他一些城市而言，低效率来自社会子系统。以北京为例，经济与环境效率为 0.961，社会效率为 0.094。这意味着北京的可持续发展低效率主要是因为社会子系统的低效率，北京应该加大力度提高社会子系统的效率。然而，对于合肥（2011年），经济与环境效率为0.181，社会效率为1.000。这种不平衡意味着可持续发展系统的低效率主要是经济与环境效率相对较低导致的，合肥应该致力于地提高经济与环境子系统的效率。

（5）在合作博弈情形下，东部和中部地区的大多数城市都有较低的社会效率，而西部地区的大多数城市的经济与环境效率相对较低。这意味着东部和中部地区应该更加关注社会发展，而西部地区应该加大力度促进经济发展和环境保护。

值得注意的是，北京市、上海市和广州市是中国最具影响力的城市（国务院，2010）。尽管它们的经济与环境效率相对较高，但它们的社会效率在两种情形下都相对较低。这表明这些城市经济发展的优势并未有效地为社会发展带来优势。

图5-6描述了合作博弈情形下，区域城市的可持续发展效率。观察表5-3和图5-6，可以得出：

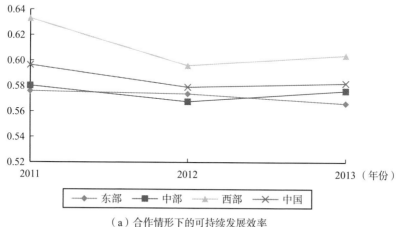

（a）合作情形下的可持续发展效率

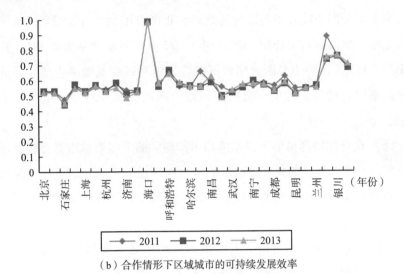

（b）合作情形下区域城市的可持续发展效率

图 5 - 6　2011 ~ 2013 年合作博弈情形下可持续发展效率

（1）区域城市的可持续发展效率呈现出明显的地理分布特征。在研究期间，西部地区的平均效率最高。东部和中部地区低于国家的平均效率。其近似于图 5 - 5（d）中区域的社会效率的分布特征，表明可持续发展效率主要受社会效率的影响。

（2）除西宁市、银川市和海口市三个城市外，三个地区的可持续发展效率均相对较低，这意味着中国的可持续发展效率平均水平较低，政府在制定和实施可持续发展政策时需要特别注意。

5.4.4　进一步讨论

如图 5 - 5 所示，东部地区的经济与环境效率相对较高，可以被视为西部和中部地区的标杆。这与《中国统计年鉴 2014》的报告一致，即东部地区是中国最发达的地区。然而，东部城市的社会效率相对较低，因为公共服务的投入规模相对较高，导致较低的效率[1]。

---

① 钟君，吴正杲，刘须宽 . 中国城市基本公共服务力评价（2012 - 2013）［M］. 北京：社会科学文献出版社，2013.

在图5-4中，经济与环境子系统和社会子系统的效率主要聚集在区域I（高社会效率、低经济与环境效率）和IV（低社会效率、高经济与环境效率）。也就是说，这两个子系统不是协调的。高（低）经济与环境效率并不表示高（低）社会效率（《中国城市基本公共服务能力评价2011—2013》），这导致大多数城市的可持续发展效率相对较低。

此外，社会效率与城市的人口规模或地理位置没有直接关系。人口众多或地理位置偏远的城市的社会效率不一定很低（如西宁市），而东部地区发达城市的社会效率不一定很高（如北京市）。

对于中国主要城市的可持续发展有以下建议。

（1）中国政府已经将其政策目标从"经济与环境"调整为"经济、环境、社会和效率"，社会效率在政府绩效评价中越来越受关注。为提高可持续发展系统的效率，建议中央政府建立激励机制，充分调动地方政府的主动性，提高基础公共服务的效率。本章提出的方法可以很好地对经济、环境和社会效率进行区分，同时能够阐明子系统之间的关系。使用此方法，决策者可以全面地识别低效率的来源，并确定提高可持续发展效率的最佳策略。

（2）通过高度关注经济与环境子系统和社会子系统的协调发展，提高公共服务投资的质量和效率，可以提高可持续发展系统的效率。表5-3显示一些城市具有高经济和环境效率以及低社会效率，而其他城市具有低经济与环境效率和高社会效率，这导致可持续发展系统的效率较低。因此，迫切需要不断加强经济和环境子系统与社会子系统之间的协调发展，有效地削弱"伊斯特林悖论"（更多的财富并没有带来更大的幸福）。东部和中部地区要积极关注公共服务的质量和效率，并减少各种公共服务投资的浪费和低效使用。与此同时，西部地区的城市则应该致力于推广生产技术，更新生产设备，提高管理和分配公共服务资源的能力。

（3）三种方式可以显著提高社会子系统的效率。一是逐步增加财政对公共服务的投入。二是提高财政投资和其他公共服务投入的效率。三是经济与环境子系统和社会子系统不一致，建议降低不一致性并增加子系统的互补性。2013年的数据很好地说明了这种不一致性。公共服务的财政投资比率与社会效率负相关（相关系数为 −0.2132），但这并不意味着提高社会效率不需要财政投资。相反，在一些城市中，公共服务的投资效率较低。

5.5 本章小结

本章探讨经济与环境子系统和社会子系统之间的交互关系对可持续发展系统效率的影响机理。为此，首先提出了基本 DEA 模型来刻画子系统独立平行运作的情形，并将模型扩展到子系统关联运作情形，即其中一个子系统的一些产出变量被视为另一个子系统的投入变量。其次，分别提出了非合作博弈和合作博弈 DEA 模型来分析子系统之间的相互作用。最后，以中国主要城市为例，验证了所提方法的适用性和实用性。

本章的研究发现如下：首先，与传统的 DEA 模型相比，我们提出的方法具有更高的效率识别能力。其次，中国主要城市的经济与环境效率表现出明显的地理特征，即东部城市的效率相对较高，而西部城市的效率最低。这表明西部城市应该加大力度促进经济发展和环境保护。主要城市的社会效率也表现出明显的地理特征，即西部城市的效率相对较高，东部城市的效率最低。这意味着东部城市应该努力提高社会效率。再次，在中国，经济与环境效率和社会效率不一致，导致可持续发展系统的低效率。对于不同的城市，有不同的策略改善其可持续发展效率。最后，在中国，可持续发展系统的低效率主要是来源于社会子系统的低效率而不是经济与环境子系统的低效率。

第6章

动态网络结构下区域工业系统效率评价

6.1 引　言

"十二五"规划（2011～2015年）以来，中国经济保持中高速增长。例如，2013～2016年国内生产总值（gross domestic product，GDP）平均增速为7.2%，经济进入新常态（经济持续稳定增长）。然而，中国的大气污染问题依然严峻，已成为可持续发展的瓶颈。根据《2017年中国环境状况公报》，中国338个主要城市中，只有29.3%的城市空气质量达到中国生态环境部推荐的空气质量标准。在这种背景下，中国政府采取了最严厉的措施来防治大气污染。比如，国务院先后发布了《大气污染防治行动计划(2013年)》和《打赢蓝天保卫战三年行动计划（2017年)》。目前，中国的空气污染问题越来越受到政府部门和相关行业的关注。

为了提高大气污染防治政策的有效性，先要确定中国的空气污染来源。目前，工业排放是中国最大的空气污染源。如2016年工业二氧化硫、氮氧化物、烟尘（粉尘）排放量分别占全国排放总量的90%、70%和85%（国家统计局）。众所周知，二氧化硫、氮氧化合物和PM2.5是雾霾的主要成分，是造成大气严重污染的原因。因此，有效改善全国整体空气质量需要减少工业废气的排放量。近年来，中国政府采取了一系列措施，促进绿色产业发展。这些措施包括优化产业结构、调整能源结构，以及制定完成目标的量化指标和期限。为了评估这些措施的有效性，有必要测度中国区域工业系统的运作效率。

探讨中国区域工业系统的运作效率需要全面了解这些系统的运作流程。一般来说，一个区域工业系统在获得工业附加值的同时也会产生废气。因此，治理投资是减少废气排放、实现绿色发展所必需的。如图 6-1 所示，区域工业系统运作结构可以分为两个阶段。根据卞等（2015），第一阶段通常被描述为生产阶段，它消耗劳动力、能源和资本等各种投入以产生工业增加值，同时也造成工业污染物（如废气）的排放。第二阶段，通常称为减排阶段，利用处理投资将生产阶段产生的工业污染物降低到最终工业污染物的水平。由于工业污染物既是第一阶段的产出又是第二阶段的投入，它们对两阶段的效率都有很大的影响。在一定时期内，工业废气处理能力（capacity of industrial waste gas treatment，CIT）是减排阶段的期望产出，但也是后续减排阶段的投入。其理由如下。

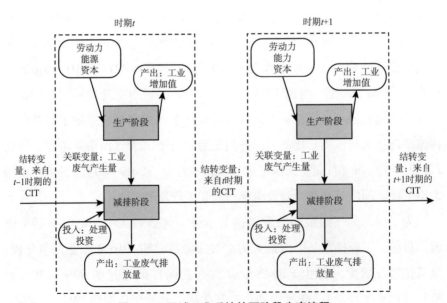

图 6-1　区域工业系统的两阶段生产流程

首先，在实践中，工业废气处理能力是在废气处理的减排阶段产生的。工业废气处理能力代表了废气处理的技术水平，也决定了废气处理的有效性。在这种情况下，更高的工业废气处理能力意味着更高的区域工业系统运作效率。因此，它可以被认为是减排阶段的期望产出①。

其次，正如利根和筒井（Tone and Tsutsui，2014）所指出的，在电力行业，发电能力是一种代表性的结转变量。与利根和筒井（2014）类似，工业废气处理能力可以被视为减排阶段的期望结转变量②。在一个时期产生的工业废气处理能力作为一种期望的投入结转到下一个时期。那么，在接下来的时期，工业废气处理能力将成为减排阶段的技术基础，也可能产生新的工业废气处理能力。

因此，在本章中，工业废气处理能力被视为中国区域工业系统减排阶段的期望结转变量。本研究发现，某一时期区域工业系统废气处理能力的变化可能对其减排阶段和整个系统的当期和后续时期的效率产生显著影响。

中间变量和结转变量对两个阶段的效率以及多个时期整个系统效率的影响，带来以下重要问题：①如何同时评估一个区域工业系统的整体效率以及阶段效率。②在度量一个区域工业系统的整体及其多个时期的阶段效率时，如何处理工业废气处理能力（结转变量）的动态影响。

艾莫仁杰德和杨（2016）回顾了工业系统效率的相关研究，发现 DEA 方法被广泛用于工业系统效率测度。动态网络 DEA 方法为探索工业系统的内部结构和分析结转变量的动态影响提供了思路（Tone and Tsutsui，2014）。一些研究已将这种方法应用于衡量工业系统的效率（Xie et al.，2018），但忽略了工业废气处理能力对整体和阶段效率的动态影响。为了恰当地测度中国区域工业系统的效率，本章提出了一种动态两阶段 DEA 方

---

① 现实中，为全面反映各地区的工业废气处理情况，国家统计局每年都会发布工业废气处理能力数据，对这一指标也越来越重视。如《中国环境统计年报2015》所示，二氧化硫、氮氧化合物和烟尘（粉尘）的去除率由工业废气处理能力确定。这些进一步证实了工业废气处理能力显著影响了减排阶段的绩效。

② 有关类似的结转变量，请参阅阿克瑟等（Akther et al.，2013）、福山和韦伯（Fukuyama and Weber，2010）以及查等（2016）。

法。该方法从多时期的角度同时考虑了两阶段结构和结转变量（即工业废气处理能力）的动态影响。本章的主要贡献如下。首先，首次考虑了结转变量工业废气处理能力对工业系统效率的动态影响。为此，构建了动态两阶段 SBM 模型，并获得了整体、期间、阶段和期间阶段效率，从而确定了工业系统低效率的根源。其次，将中国区域工业系统分为东部、中部、西部和东北部四种类型，揭示了中国区域工业系统的地理特征。最后，运用回归分析法探讨了环境变量对区域工业系统效率的影响，从而确定了影响效率的关键因素，为效率改进提供政策建议。

6.2　相关研究回顾

已有文献提出各种评估工业系统效率的方法。参数方法，例如随机前沿分析（stochastic frontier analysis，SFA），通常用作工业系统的效率测度（Angelakoglou and Gaidajis，2015）。孙等（Sun et al.，2019）采用 SFA 方法对中国 26 个工业部门的温室气体排放效率进行了评估。王等（Wang et al.，2019）运用 SFA 方法度量了 2010～2016 年京津冀地区 39 个工业部门的碳排放效率。此外，博伊德和李（Boyd and Lee，2019）分析了 1987～2012 年美国五个不同的金属耐用制造业的电力和燃料能源效率。然而，SFA 方法利用生产函数来构造生产前沿面，生产函数的准确性会影响评估结果，这是运用 SFA 方法评估工业系统绩效的局限性。

作为一种成熟的非参数方法，DEA 因其强大的优化能力和有效的信息提供而被认为是一种强大的效率分析工具（Emrouznejad and Yang，2016）。DEA 方法没有指定生产函数形式，因此，与 SFA 相比，它是工业系统效率评价中更常用的方法（Xie et al.，2017）。近年来，已有较多研究采用 DEA 对工业系统进行效率评估（Chen and Jia，2017；Zhou et al.，2018）。已有文献涉及工业系统效率和动态效率方面，我们仅回顾与本章相关的研究。

第一类研究使用传统或改进的 DEA 模型来衡量工业系统的效率，主要包括工业系统的多维效率（Wang and Wei，2014）、环境规制对工业效率的影响（Bi et al.，2014；Sueyoshi and Goto，2012）、中国区域工业的能源和环境效率（Guo et al.，2017；Wu et al.，2019）、区域工业的拥堵测量（Sueyoshi and Goto，2016；Wu et al.，2013），以及碳排放配额分配（Zhang and Hao，2017）。更多详细信息，请参阅孟等（2016）及末吉等（2017）的研究。这些研究将被评估的工业系统视为静态情形下的"黑箱"，不考虑中间产出（如工业废气中产生量）和结转变量（如工业废气处理能力）对工业系统效率的影响。

为了确定工业系统低效率的原因，第二类研究在评估其效率时考虑了工业系统的内部结构。卞等（2015）引入两阶段 DEA – SBM 模型来评估中国区域工业系统的效率。刘和王（2015）提出了一种改进的网络 DEA 模型来测度中国工业部门的能源效率。吴等（Wu et al.，2017）提出了一种考虑共享投入的两阶段 DEA 模型来研究中国工业的全要素能源效率。李等（Li et al.，2018）建立了一种网络 SBM 方法来评估中国工业系统的环境效率。这些研究考虑了工业系统的内部结构，但没有考虑多时期背景下的动态评估。

第三类研究侧重于工业系统的动态评估。末吉等（2013）运用 DEA 窗口分析法动态测度美国燃煤电厂的绩效。周等（Zhou et al.，2016）提出了一个非径向的 Malmquist 节能减排效率指数，用于评估工业系统的能源使用和污染物排放效率。解等（Xie et al.，2017）运用基于动态网络 SBM 模型分析中国省级电力系统的效率。这些研究考虑了时间趋势并进行了两阶段的效率分析，但这些研究中提出的动态 DEA 模型排除了结转变量工业废气处理能力，没有考察工业废气处理能力对整体效率的动态影响。

在探讨工业系统效率时，上述研究均未同时考虑两阶段结构和工业废气处理能力的动态影响。因此，现有的工业效率评估方法可能不适用于动态情形下具有两阶段结构的中国区域工业系统的效率评估。当一个工业系统被判定为低效率时，很难确定低效率是由内部阶段引起的还是由结转变量引起的。因此，需要一种更好的方法来评价动态环境下中国区域工业系统的效率。

6.3　工业系统效率评价模型

在特定时期 t，决策单元的运作流程可以看作是包含一个生产阶段和一个减排阶段的两阶段结构，如图 6-1 所示。为便于分析，中国区域工业系统被描绘成一种更常见的形式（见图 6-2）。

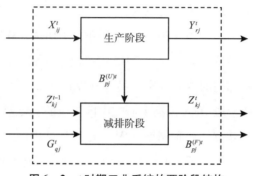

图 6-2　t 时期工业系统的两阶段结构

如图 6-2 所示，对于给定的时期 $t(t=1, \cdots, T)$ 内特定的 $DMU_j(j=1, \cdots, n)$，在生产阶段利用 I 个投入 $X_{ij}^t(i=1, \cdots, I)$（例如，劳动力和固定资产）生产出 R 个期望产出 $Y_{rj}^t(r=1, \cdots, R)$（例如，工业增加值）和 P 个非期望产出 $B_{pj}^{(U)t}(p=1, \cdots, P)$（例如，废气）。在减排阶段，将生产阶段中生成的 P 个非期望产出 $B_{pj}^{(U)t}(p=1, \cdots, P)$ 减少为 P 个最终的非期望产出 $B_{pj}^{(F)t}(p=1, \cdots, P)$。此外，$K$ 个期望产出 $Z_{kj}^t(k=1, \cdots, K)$（例如，工业废气处理能力）是通过运用 Q 个投入 $G_{qj}^t(q=1, \cdots, Q)$（例如，工业废气治理投资）和前一期（$t-1$ 时期）的 K 个期望产出 $Z_{kj}^{t-1}(k=1, \cdots, K)$ 产生的。需要注意的是，$B_{pj}^{(U)t}$ 是中间产出，Z_{kj}^{t-1} 是结转变量。

6.3.1　生产可能集

基于中国区域工业系统的内部结构，为便于讨论，考虑以下假设：
（1）一般来说，实践中大多数生产活动都是联合生产过程，其中期望产出和非期望产出是共同生产的。在这种情况下，期望产出是可自由支配的或强可支配的，而非期望产出是弱可支配的（Chung et al.，1997；Färe and Grosskopf，2004；Färe et al.，2005）。（2）$t-1$ 时期产生的结转变量工业废气处理能力在 t 时期不受决策单元支配。它的值固定在观察到的水平上，基于利根和筒井（2010，2014），生产可能集 $PPS^t = \{ X_i^t,\ Y_r^t,\ B_p^{(U)t},\ G_q^t,\ Z_k^{t-1},\ B_p^{(F)t},\ Z_k^t \}$（$t=1,\ \cdots,\ T$）定义为：

$$
\left.
\begin{aligned}
X_i^t &\geqslant \sum_{j=1}^n \lambda_j^t X_{ij}^t, \quad \forall i,\ \forall t \\[6pt]
Y_r^t &\leqslant \sum_{j=1}^n \lambda_j^t Y_{rj}^t, \quad \forall r,\ \forall t \\[6pt]
B_p^{(U)t} &= \sum_{j=1}^n \lambda_j^t B_{pj}^{(U)t}, \quad \forall p,\ \forall t \\[6pt]
\lambda_j^t &\geqslant 0, \quad \forall j,\ \forall t
\end{aligned}
\right\} \text{生产阶段}
$$

$$
\left.
\begin{aligned}
B_p^{(U)t} &= \sum_{j=1}^n \gamma_j^t B_{pj}^{(U)t}, \quad \forall p,\ \forall t \\[6pt]
Z_k^{t-1} &= \sum_{j=1}^n \gamma_j^t Z_{kj}^t, \quad \forall k,\ \forall t \\[6pt]
G_q^t &\geqslant \sum_{j=1}^n \gamma_j^t G_{qj}^t, \quad \forall q,\ \forall t \\[6pt]
Z_k^t &\leqslant \sum_{j=1}^n \gamma_j^t Z_{kj}^t, \quad \forall k,\ \forall t
\end{aligned}
\right\} \text{减排阶段} \qquad (6.1)
$$

对于生产可能集 PPS^t，λ_j^t 和 γ_j^t（$t=1,\ \cdots,\ T$）分别表示 t 时期生产阶段和减排阶段的强度向量。请注意，本章基于规模报酬不变（constant returns to scale，CRS）假设构建生产可能集。如果考虑以下两个约束条件，则可以分析规模报酬可变（variable returns to scale，VRS）情形：

$$\sum_{j=1}^{n} \lambda_j^t = 1, \ \forall t$$

$$\sum_{j=1}^{n} \gamma_j^t = 1, \ \forall t \tag{6.2}$$

由于生产阶段和减排阶段的生产活动是连续的，两个阶段之间的联系表示为：

$$\sum_{j=1}^{n} \lambda_j^t B_{pj}^{(U)t} = \sum_{j=1}^{n} \gamma_j^t B_{pj}^{(U)t}, \ \forall p, \ \forall t \tag{6.3}$$

上期产生的工业废气处理能力是本期的技术基础。因此，两个连续时期之间的联系被表述为：

$$\sum_{j=1}^{n} \gamma_j^t Z_{kj}^{t-1} = \sum_{j=1}^{n} \gamma_j^{t-1} Z_{kj}^{t-1}, \ \forall j, \ t = 2, \cdots, T \tag{6.4}$$

6.3.2 动态两阶段模型

正如利根（Tone，2001）所讨论的，非径向 SBM 模型可以有效地处理"投入过剩"和"产出不足"，并且可以通过找到最大松弛量将每个决策单元投影到有效边界。因此，SBM 模型可以有效地识别每个工业系统低效率的原因。本小节基于 SBM 方法，提出一种动态两阶段模型来估计中国区域工业系统的效率。

实践中，在生产阶段，工业系统可能同时优化投入（如劳动力、能源和资本）和产出（例如，工业增加值）。在减排阶段，工业系统可能会最大化其工业废气处理能力并最小化工业污染物的产生。因此，在对区域工业系统进行效率评估时，需要兼顾这两个方面。基于生产可能集 PPS'，以及阶段和时期之间的联系，区域工业系统的整体效率可以通过如下模型度量：

$$\theta_o = \min \frac{\sum_{t=1}^{T} \alpha^t \left[\beta_1 \left(1 - \frac{1}{I} \sum_{i=1}^{I} \frac{s_i^{t-}}{X_{io}^t} \right) + \beta_2 \left(1 - \frac{1}{Q+P} \left(\sum_{q=1}^{Q} \frac{s_q^{t-}}{G_{qo}^t} + \sum_{p=1}^{P} \frac{s_p^{t-}}{B_{po}^{(F)t}} \right) \right) \right]}{\sum_{t=1}^{T} \alpha^t \left[\beta_1 \left(1 + \frac{1}{R} \sum_{r=1}^{R} \frac{s_r^{t+}}{Y_{ro}^t} \right) + \beta_2 \left(1 + \frac{1}{K} \sum_{k=1}^{K} \frac{s_k^{t+}}{Z_{ko}^t} \right) \right]}$$

$$X_{io}^t = \sum_{j=1}^n \lambda_j^t X_{ij}^t + s_i^{t-}, \quad \forall i, \quad \forall t \left.\begin{array}{l} \\ \\ \\ \\ \\ \\ \end{array}\right\}$$

$$Y_{ro}^t = \sum_{j=1}^n \lambda_j^t Y_{rj}^t - s_r^{t+}, \quad \forall r, \quad \forall t \ \text{生产阶段}$$

$$B_{po}^{(U)t} = \sum_{j=1}^n \lambda_j^t B_{pj}^{(U)t}, \quad \forall p, \quad \forall t$$

$$\sum_{j=1}^n \lambda_j^t B_{pj}^{(U)t} = \sum_{j=1}^n \gamma_j^t B_{pj}^{(U)t}, \quad \forall p, \quad \forall t \Big\} \ \text{阶段联系}$$

$$B_{po}^{(U)t} = \sum_{j=1}^n \gamma_j^t B_{pj}^{(U)t}, \quad \forall p, \quad \forall t$$

$$Z_{ko}^{t-1} = \sum_{j=1}^n \gamma_j^t Z_{kj}^{t-1}, \quad \forall k, \quad \forall t$$

$$G_{qo}^t = \sum_{j=1}^n \gamma_j^t G_{qj}^t + s_q^{t-}, \quad \forall q, \quad \forall t \ \text{减排阶段}$$

$$Z_k^t = \sum_{j=1}^n \gamma_j^t Z_{kj}^t - s_k^{t+}, \quad \forall k, \quad \forall t$$

$$B_{po}^{(F)t} = \sum_{j=1}^n \gamma_j^t B_{pj}^{(U)t} + s_p^{t-}, \quad \forall p, \quad \forall t$$

$$\sum_{j=1}^n \gamma_j^t Z_{kj}^{t-1} = \sum_{j=1}^n \gamma_j^{t-1} Z_{kj}^{t-1}, \quad \forall j, \ t = 2, \cdots, T \Big\} \ \text{时期联系}$$

$$\lambda_j^t, \ \gamma_j^t, \ s_i^{t-}, \ s_r^{t+}, \ s_q^{t-}, \ s_k^{t+}, \ s_p^{t-} \geqslant 0, \ \forall j, \ t, \ i, \ r, \ q, \ k, \ p \quad (6.5)$$

其中，s_i^{t-}，s_r^{t+}，s_q^{t-}，s_k^{t+} 以及 s_p^{t-} 分别表示投入和产出的松弛变量；α^t 表示时期 t 的权重，β_1 和 β_2 分别表示生产阶段和减排阶段的权重。此外，$\sum_{t=1}^T \alpha^t = 1$ 和 $\beta_1 + \beta_2 = 1$，它们均为外生变量[①]。时期权重说明给定时期的重要性，阶段权重反映给定阶段的重要性，可以根据其对整体效率的贡献来确定。

---

① 在文献中，阶段权重被表述为阶段的加权投入与系统的加权投入的比率（Chen et al.，2009；Cook et al.，2010），或者根据决策者的偏好给出（Liang et al.，2006）。本章基于梁等（2006），$\beta_w (w = 1, 2)$ 被假设为主观偏好。此外，本章还选取不同的阶段权重组合来分析效率结果的变化（见表6-6）。

模型（6.5）是分式规划，可以通过以下步骤转化为线性规划：

令 $\sum\limits_{t=1}^{T} \alpha^t \Big[\beta_1 \Big(1 + \frac{1}{R} \sum\limits_{r=1}^{R} \frac{s_r^{t+}}{Y_{ro}^t} \Big) + \beta_2 \Big(1 + \frac{1}{K} \sum\limits_{k=1}^{K} \frac{s_k^{t+}}{Z_{ko}^t} \Big) \Big] = \frac{1}{\phi}$, $\mu_j^t = \phi \lambda_j^t$, $\pi_j^t =$
$\phi \gamma_j^t$, $\omega_i^{t-} = \phi s_i^{t-}$, $\omega_r^{t+} = \phi s_r^{t+}$, $\omega_k^{t+} = \phi s_k^{t+}$, $\omega_p^{t-} = \phi s_p^{t-}$, 以及 $\omega_q^{t-} = \phi s_q^{t-}$
（$\forall t$, i, r, q, k, p），模型（6.5）转变为：

$$\theta_o = \min \sum_{t=1}^{T} \alpha^t \Big[\beta_1 \Big(\phi - \frac{1}{I} \sum_{i=1}^{I} \frac{\omega_i^{t-}}{X_{io}^t} \Big) + \beta_2 \Big(\phi - \frac{1}{Q+P} \Big(\sum_{q=1}^{Q} \frac{\omega_q^{t-}}{G_{qo}^t} + \sum_{p=1}^{P} \frac{\omega_p^{t-}}{B_{po}^{(F)t}} \Big) \Big) \Big]$$

$$\left.\begin{array}{l} \phi X_{io}^t = \sum\limits_{j=1}^{n} \mu_j^t X_{ij}^t + \omega_i^{t-}, \ \forall i, \ \forall t \\[3mm] \phi Y_{ro}^t = \sum\limits_{j=1}^{n} \mu_j^t Y_{rj}^t - \omega_r^{t+}, \ \forall r, \ \forall t \\[3mm] \phi B_{po}^{(U)t} = \sum\limits_{j=1}^{n} \mu_j^t B_{pj}^{(U)t}, \ \forall p, \ \forall t \end{array}\right\} \text{生产阶段}$$

$$\sum_{j=1}^{n} \mu_j^t B_{pj}^{(U)t} = \sum_{j=1}^{n} \pi_j^t B_{pj}^{(U)t}, \ \forall p, \ \forall t \} \ \text{阶段联系}$$

$$\left.\begin{array}{l} \phi B_{po}^{(U)t} = \sum\limits_{j=1}^{n} \gamma_j^t B_{pj}^{(U)t}, \ \forall p, \ \forall t \\[3mm] \phi Z_{ko}^{t-1} = \sum\limits_{j=1}^{n} \pi_j^t Z_{kj}^{t-1}, \ \forall k, \ \forall t \\[3mm] \phi G_{qo}^t = \sum\limits_{j=1}^{n} \pi_j^t G_{qj}^t + \omega_q^{t-}, \ \forall q, \ \forall t \\[3mm] \phi Z_k^t = \sum\limits_{j=1}^{n} \pi_j^t Z_{kj}^t - \omega_k^{t+}, \ \forall k, \ \forall t \\[3mm] \phi B_{po}^{(F)t} = \sum\limits_{j=1}^{n} \pi_j^t B_{pj}^{(U)t} + s_p^{t-}, \ \forall p, \ \forall t \end{array}\right\} \text{减排阶段}$$

$$\sum_{j=1}^{n} \pi_j^t Z_{kj}^{t-1} = \sum_{j=1}^{n} \pi_j^{t-1} Z_{kj}^{t-1}, \ \forall j, \ t = 2, \cdots, T \} \ \text{时期联系}$$

$$\sum_{t=1}^{T} \alpha^t \Big[\beta_1 \Big(\phi + \frac{1}{R} \sum_{r=1}^{R} \frac{s_r^{t+}}{Y_{ro}^t} \Big) + \beta_2 \Big(\phi + \frac{1}{K} \sum_{k=1}^{K} \frac{s_k^{t+}}{Z_{ko}^t} \Big) \Big] = 1$$

$$\mu_j^t, \ \pi_j^t, \ \omega_i^{t-}, \ \omega_r^{t+}, \ \omega_q^{t-}, \ \omega_k^{t+}, \ \omega_p^{t-} \geqslant 0, \ \forall j, \ t, \ i, \ r, \ q, \ k, \ p$$

$$\text{(6.6)}$$

通过求解模型（6.6），可以得到最优解（μ_j^{t*}，π_j^{t*}，ω_i^{t-*}，ω_r^{t+*}，ω_q^{t-*}，ω_k^{t+*}，ω_p^{t-*}，ϕ^*），最优的整体效率可以表示为：

$$\theta_o = \sum_{t=1}^{T} \alpha^t \left[\beta_1 \left(\phi^* - \frac{1}{I} \sum_{i=1}^{I} \frac{\omega_i^{t-*}}{X_{io}^t} \right) + \beta_2 \left(\phi^* - \frac{1}{Q+P} \left(\sum_{q=1}^{Q} \frac{\omega_q^{t-*}}{G_{qo}^t} + \sum_{p=1}^{P} \frac{\omega_p^{t-*}}{B_{po}^{(F)t}} \right) \right) \right]$$

(6.7)

为了综合评估多周期背景下的工业系统效率，同时可以求得时期效率（θ_o^{t*}）、阶段效率（$\theta_{o_1}^*$ 和 $\theta_{o_2}^*$）以及时期阶段效率（$\theta_{o_1}^{t*}$ 和 $\theta_{o_2}^{t*}$）：

$$\theta_o^{t*} = \frac{\beta_1 \left(\phi^* - \frac{1}{I} \sum_{i=1}^{I} \frac{\omega_i^{t-*}}{X_{io}^t} \right) + \beta_2 \left(\phi^* - \frac{1}{Q+P} \left(\sum_{q=1}^{Q} \frac{\omega_q^{t-*}}{G_{qo}^t} + \sum_{p=1}^{P} \frac{\omega_p^{t-*}}{B_{po}^{(F)t}} \right) \right)}{\beta_1 \left(\phi^* + \frac{1}{R} \sum_{r=1}^{R} \frac{\omega_r^{t+*}}{Y_{ro}^t} \right) + \beta_2 \left(\phi^* + \frac{1}{K} \sum_{k=1}^{K} \frac{\omega_k^{t+*}}{Z_{ko}^t} \right)}$$

(6.8)

$$\theta_{o_1}^* = \frac{\sum_{t=1}^{T} \alpha^t \left(\phi^* - \frac{1}{I} \sum_{i=1}^{I} \frac{\omega_i^{t-*}}{X_{io}^t} \right)}{\sum_{t=1}^{T} \alpha^t \left(\phi^* + \frac{1}{R} \sum_{r=1}^{R} \frac{\omega_r^{t+*}}{Y_{ro}^t} \right)}$$

(6.9)

$$\theta_{o_2}^* = \frac{\sum_{t=1}^{T} \alpha^t \left(\phi^* - \frac{1}{Q+P} \left(\sum_{q=1}^{Q} \frac{\omega_q^{t-*}}{G_{qo}^t} + \sum_{p=1}^{P} \frac{\omega_p^{t-*}}{B_{po}^{(F)t}} \right) \right)}{\sum_{t=1}^{T} \alpha^t \left(\phi^* + \frac{1}{K} \sum_{k=1}^{K} \frac{\omega_k^{t+*}}{Z_{ko}^t} \right)}$$

(6.10)

$$\theta_{o_1}^{t*} = \frac{\phi^* - \frac{1}{I} \sum_{i=1}^{I} \frac{\omega_i^{t-*}}{X_{io}^t}}{\phi^* + \frac{1}{R} \sum_{r=1}^{R} \frac{\omega_r^{t+*}}{Y_{ro}^t}}$$

(6.11)

$$\theta_{o_2}^{t*} = \frac{\phi^* - \frac{1}{Q+P} \left(\sum_{q=1}^{Q} \frac{\omega_q^{t-*}}{G_{qo}^t} + \sum_{p=1}^{P} \frac{\omega_p^{t-*}}{B_{po}^{(F)t}} \right)}{\phi^* + \frac{1}{K} \sum_{k=1}^{K} \frac{\omega_k^{t+*}}{Z_{ko}^t}}$$

(6.12)

在模型（6.6）中，$\theta_o^* \in (0,1]$。如果 $\theta_o^* = 1$（即所有的松弛变量均为0），则被评估的工业系统在该时期内是有效的；否则，是无效的。同理，$\theta_o^{t*} = 1$，$\theta_{o_1}^* = 1$ 以及 $\theta_{o_2}^* = 1$，则工业系统在 t 时期、生产阶段和减排阶

段是有效的。而且，如果 $\theta_{o_1}^{t*} = 1$ 且 $\theta_{o_2}^{t*} = 1$，则在时期 t 生产阶段和减排阶段都是有效的。

根据等式（6.7）~等式（6.12），我们可以直接推导出以下定理。

定理 6.1

一个工业系统是整体有效的，当且仅当它在所有时期和阶段都是有效的。

这个定理很容易验证，所以省略证明。

与定理 6.1 类似，我们可以得到如下命题：

命题 6.1

（a）一个工业系统在 t 时期是有效的，当且仅当它在 t 时期的两个阶段都是有效的。

（b）一个工业系统在第 1 阶段（或第 2 阶段）是有效的当且仅当它在每个时期的第 1 阶段（或第 2 阶段）是有效的。

很容易验证命题 6.1，因此我们省略了证明。

6.4　中国区域工业系统效率分析

6.4.1　区域、变量以及数据

中国 31 个省级区域（省、自治区和直辖市），可以划分为四大地区：东部、中部、西部和东北部（中国国家统计局，2011）。表 6 – 1 列出了 31 个区域的详细信息。由于没有西藏自治区的能源投入数据和部分污染物数据，因此将其排除在外。

表6-1 中国各地区

区域	省（区、市）
东部地区	北京、天津、河北、上海、江苏、浙江、福建、山东、广东、海南
中部地区	山西、安徽、江西、河南、湖北、湖南
西部地区	内蒙古、广西、重庆、四川、贵州、云南、陕西、甘肃、青海、宁夏、新疆
东北部地区	辽宁、吉林、黑龙江

正如卞等（2015）所讨论的，固定资产投资指标（investment of fixed assets，IFA）通常被用作区域效率评估的投入。在本章，固定资产投资用作生产阶段的投入[1]。劳动力（labor）和能源消耗（energy）作为另外两种投入，工业增加值（industrial value added，IVA）作为一种期望产出[2]，工业废气中污染物产生量（volume of pollutants generated in industrial waste gas，VPG）[3] 作为这一阶段的非期望产出。值得注意的是，工业废气中产生的污染物不仅是生产阶段的非期望产出，也是减排阶段的投入，即中间产品。减排阶段以工业废气治理投资（treatment investment of industrial waste gas，TI）为投入，以工业废气污染物排放量（volume of pollutants emission in industrial waste gas，VPE）为非期望产出，以当年产生的废气处理能力作为期望产出。此外，前一年产生的废气处理能力被用作减排阶段的投入。固定资产投资、工业增加值、工业废气治理投资的数据均采用购买力平价方法进行调整，以消除价格波动的影响。请注意，工业废气中的污染物包括二氧化硫、氮氧化合物、烟（粉）尘。

2007～2015年区域工业部门数据取自2008—2016年的《中国统计年

---

[1] 类似文献，参阅常等（Chang et al.，2013）和杜等（Du et al.，2018）。

[2] 实践中，工业增加值是一个工业部门对总体GDP的贡献，增加值是国民经济核算的基本指标。在文献中，工业增加值通常被用作工业系统的产出，如石等（2010）、赵等（Zhao et al.，2014）和郭等（Guo et al.，2017）。因此，本章工业增加值被用作生产阶段的期望产出。

[3] 文献中，在测度工业系统的效率时，通常会考虑工业废气、工业废水和固体废物，如赵等（2019）和吴等（2017）。然而，本章我们关注的是工业废气处理能力的影响，因此只考虑了工业废气。

鉴》，收集 2006 年底工业废气处理能力的初值。值得注意的是，选择 2007 ~ 2015 年这一研究期，是为了探讨我国"十一五"（2006 ~ 2010 年）和"十二五"（2011 ~ 2015 年）期间环境经济政策对工业系统的影响。需要注意的是，"十一五"期间为 2006 ~ 2010 年，但没有 2006 年工业废气中污染物产生量的信息。因此，排除了 2006 年[①]。

表 6-2 总结了本章使用的投入产出指标。表 6-3 给出了数据的描述性统计。

表 6 – 2   2007 ~ 2015 年投入产出变量

阶段	方式	变量	单位
阶段 1	投入	劳动力	万人
		固定资产	十亿元
		能源	万吨标准煤
	产出	工业增加值	十亿元
		工业废气中污染物产生量	万吨
阶段 2	投入	工业废气处理投资	十亿元
		工业废气处理能力	万立方米/小时
		业废气中污染物产生量	万吨
	产出	工业废气处理能力	万立方米/小时
		工业废气中污染物排放量	万吨

表 6 – 3   2006 ~ 2015 年数据描述性统计

变量	数值	2006 年	2007 年	2008 年	2009 年	2010 年	2011 年	2012 年	2013 年	2014 年	2015 年
劳动力	均值	—	262.4	294.5	294.3	318.1	305.5	318.9	326.3	332.5	325.8
	标准差	—	295.7	339.6	326.2	353.6	326.4	332.4	336.8	340	339.3
固定资产	均值	—	1978.3	2281.6	2921.4	3444.7	3620.9	4302.5	5049.2	5649.2	6223.4
	标准差	—	1659	1818.3	2289.4	2622.1	2678.5	3147.2	3729.4	4352	5027.7

---

① 笔者查阅了 2017 ~ 2019 年《中国统计年鉴》，发现一些变量（如工业废气中污染物的产生量）的最新数据更新到了 2015 年。更长的期间（如 2007 ~ 2020 年）将是本书研究的延伸。

续表

变量	数值	2006 年	2007 年	2008 年	2009 年	2010 年	2011 年	2012 年	2013 年	2014 年	2015 年
能源	均值	—	7738.6	8147.4	8541.8	9259.7	9807	10186.4	10155.5	10261.1	10241.6
	标准差	—	5396.8	5623.5	5904.4	6286.2	6344.1	6484.9	6560.1	6583.5	6660
工业增加值	均值	—	4110.4	4610.5	5181	5949.1	6707.2	7348.6	8026.2	8501.3	8920.6
	标准差	—	3807.1	4208.6	4651.6	5095.9	5538.7	5958.8	6438.7	6861.7	7415.5
污染物产生量	均值	—	1325.5	1529	1629.9	1873.3	2988.7	2849.7	2804.3	2917	2740.8
	标准差	—	844.5	1019.1	1110.5	1192.5	1919.4	1878.6	1675.8	1821.2	1786.9
工业废气处理投资	均值	—	27.7	34.6	36.9	41.4	59.7	57	71.3	84	79.6
	标准差	—	21.5	27.6	27.3	30.4	46.3	51.2	49.8	65	60
污染物排放量	均值	—	162.4	149.9	145.7	146.1	161.6	153.3	149.2	153.3	132.3
	标准差	—	95.6	88.9	83.5	82.5	95.1	90.1	87.3	90.8	78
工业废气处理能力	均值	26703	25662	55466	30216	32187	52277	54967	47825	51117	56274
	标准差	35265	20352	117657	20810	21190	40339	42609	37861	38343	41511

6.4.2 效率分析

时期和阶段的权重选择是模型（6.6）应用中的一个关键问题。根据 Tone 和 Tsutsui（2014），最后一个时期 T 对系统的贡献最大，时期 $T-1$，$T-2$，…，1 的贡献依次递减。因此，本章将 2007 年、2008 年、2009 年、2010 年、2011 年、2012 年、2013 年、2014 年、2015 年的权重分别设为 $\alpha^1 = 0.007$，$\alpha^2 = 0.008$，$\alpha^3 = 0.009$，$\alpha^4 = 0.1$，$\alpha^5 = 0.12$，$\alpha^6 = 0.12$，$\alpha^7 = 0.13$，$\alpha^8 = 0.14$ 以及 $\alpha^9 = 0.15$。此外，假设两个阶段对工业系统整体效率的贡献相同，因此赋予两个阶段的权重相同，即 $\beta_1 = \beta_2 = 0.5$[①]。基于这些假设，可以运用模型（6.6）计算出中国区域工业系统的效率。

6.4.2.1 效率对比

在不考虑结转变量工业废气处理能力的情况下，模型（6.6）变为静

———————

① 有关此假设的更多讨论，请参阅库克等（Cook et al.，2010）。

态模型。此时，两个阶段的效率和整体效率，如表6-4所示。考虑结转变量工业废气处理能力时，区域的平均整体效率（0.7741）要比没有考虑工业废气处理能力时（0.4555）高得多。这表明结转变量工业废气处理能力可以提高区域工业系统的效率[①]。此外，这一观察结果归因于减排效率的差异。有结转变量工业废气处理能力的平均减排效率（0.7985）大于没有结转变量工业废气处理能力的平均减排效率（0.3448）。

表6-4 考虑和不考虑工业废气处理能力的效率结果

区域	考虑工业废气处理能力			不考虑工业废气处理能力		
	整体	生产阶段	减排阶段	整体	生产阶段	减排阶段
北京	1.0000	1.0000	1.0000	0.9529	1.0000	0.9094
天津	0.8403	1.0000	0.6857	0.4853	1.0000	0.2841
河北	0.7610	0.6817	0.8576	0.4603	0.6969	0.3638
上海	0.9252	1.0000	0.8511	0.4857	1.0000	0.3043
江苏	0.6259	0.5793	0.6840	0.4209	0.5951	0.3384
浙江	0.7339	0.6942	0.7800	0.4005	0.7335	0.2895
福建	0.6907	0.6302	0.7624	0.3859	0.6631	0.2936
山东	0.6729	0.6022	0.7596	0.4004	0.6309	0.3158
广东	0.8092	0.8820	0.7319	0.3579	0.9055	0.2065
海南	0.9386	0.9634	0.9135	0.7014	0.9653	0.5450
山西	0.6903	0.6227	0.7820	0.3121	0.6933	0.2121
安徽	0.8669	0.8120	0.9289	0.5492	0.8173	0.4227
江西	0.7268	0.6991	0.7566	0.4964	0.7021	0.3965
河南	0.7109	0.6266	0.8121	0.3695	0.6396	0.2770
湖北	0.7104	0.6181	0.8228	0.3054	0.6327	0.2210
湖南	0.6811	0.6466	0.7195	0.3447	0.6697	0.2506
内蒙古	0.9095	1.0000	0.8217	0.4714	1.0000	0.2986

[①] 正如6.1中提到的，废气处理能力代表了废气处理的技术水平，也决定了废气处理的有效性。更高的废气处理能力意味着更高的区域工业系统运行绩效。因此，废气处理能力也被视为减排阶段的期望结转变量，可以提高区域工业系统的绩效。

区域	考虑工业废气处理能力			不考虑工业废气处理能力		
	整体	生产阶段	减排阶段	整体	生产阶段	减排阶段
广西	0.7755	0.7235	0.8300	0.3051	0.7376	0.2031
重庆	0.8128	0.8483	0.7744	0.3764	0.8764	0.2373
四川	0.6592	0.5759	0.7582	0.3294	0.6043	0.2475
贵州	0.8537	0.8303	0.8815	0.4440	0.8388	0.3015
云南	0.8365	0.8401	0.8326	0.4926	0.8603	0.3540
陕西	0.8135	0.9062	0.7254	0.5917	0.9098	0.4361
甘肃	0.6810	0.6296	0.7501	0.2715	0.6832	0.1775
青海	0.6333	0.7150	0.5500	0.3392	0.7265	0.2201
宁夏	0.8662	0.9499	0.7879	0.4083	0.9500	0.2589
新疆	0.6755	0.6040	0.7681	0.4415	0.6102	0.3525
辽宁	0.7128	0.5993	0.8580	0.3941	0.6221	0.3133
吉林	0.8185	0.7547	0.8831	0.7809	0.7545	0.8049
黑龙江	0.7919	0.7182	0.8834	0.5891	0.7233	0.5071
均值	0.7741	0.7584	0.7984	0.4555	0.7747	0.3448

从图 6-3 可知，2007～2015 年，有或没有结转变量工业废气处理能力时减排效率均呈上升趋势。有结转工业废气处理能力的减排效率都大于没有结转工业废气处理能力的减排效率。值得注意的是，两种情形在 2015 年的效率结果相似。这种相似性可能是由于模型（6.6）中 2015 年的工业废气处理能力没有结转到下一期。

通过比较，我们发现：①2007～2015 年区域工业系统结转废气处理能力对其效率提升有显著影响；②减排效率高的区域工业系统更有可能获得较高的整体效率。这些结果表明，在衡量区域工业系统的效率时，通过动态两阶段 DEA 方法将工业废气处理能力刻画为结转变量可以提高对整体效率，尤其是对减排效率的区分。这类似于托恩等（2019）的观点，即在动态两阶段 DEA 模型中包含结转变量会增加整体效率的辨别力。

为提高区域工业系统的整体效率，建议地方政府建立激励机制，充分调动工业企业提高废气处理能力水平的积极性。例如，实施绿色融资政策和税收优惠措施，促使工业企业投资清洁生产技术。

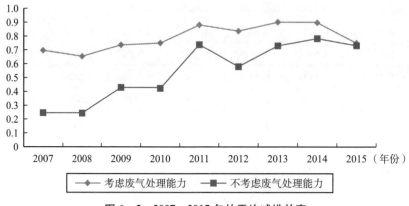

图 6 – 3　2007～2015 年的平均减排效率

6.4.2.2　区域工业系统效率

本小节详细分析从模型（6.6）中获得的效率结果。整体效率、阶段效率、时期效率和时期阶段效率见表 6.4 和附录 7。

从表 6 – 4 中可以看出，2007～2015 年，只有一个区域（即北京市）在所有整体效率中被评为有效。这一结果由其阶段效率验证：北京市在两个阶段都被估计为有效。江苏省整体效率最低，为 0.6259。从阶段效率结果来看，只有北京市一个区域在减排阶段被认为是有效的，北京市、天津市、上海市和内蒙古自治区四个区域在生产阶段被认为是有效的。江苏省、四川省和辽宁省的生产阶段效率得分最低，分别为 0.5793、0.5993 和 0.5759。这是因为与其他区域相比，它们生产阶段的期望产出不理想，而非期望产出更多。例如，与内蒙古自治区相比，山西省 2015 年生产阶段消耗能源 15446.44 万吨标准煤，劳动力 190.72 万人；这两个数字都远大于内蒙古（13728.80 万吨标准煤和 120.71 万人）。但山西省工业增加值远低于内蒙古（即 47889.3 亿元对 69936.9 亿元），污染物产量略高于内蒙古自治区（即 262.18 万吨对 258.23 万吨）。

如表 6 – 4 所示，中国工业系统在整体效率和阶段效率方面的平均效率结果相似，分别为 0.7741、0.7584 和 0.7984。这个结果意味着整体效率低下可能是由两个阶段造成的。但是，区域工业系统之间存在很大差异。例如，天津市、上海市和内蒙古自治区被发现在生产阶段效率高，但在减排阶段效率低。这意味着这些区域工业系统的主要低效率是由减排阶段引起的。一些区域工业系统（如四川省、青海省）在两个阶段都被评估为低效率。这一观察结果表明，应该努力同时提高两个阶段的效率。

关于时期效率和时期阶段效率，从附录 7 中可以看出，如果一个区域工业系统在一个时期内在两个阶段都被估计为有效，那么它在该时期将被评为有效。这一结果验证了命题 6.1（a）的合理性。显然，只要存在一个区域工业系统被评价为低效率的阶段，整个系统就会在该时期被评价为低效率。例如，天津市、上海市、宁夏回族自治区在 2008 年的生产阶段都被估算为有效，但在减排阶段效率不高。因此，它们在整体上都是低效的。此外，区域工业系统之间的阶段性效率存在较大差异。以广东省、宁夏回族自治区为例。广东省在 2007～2013 年的生产阶段是有效的，除了 2009 年，宁夏回族自治区在该阶段都是有效的。因此，广东省的生产低效率主要来源于 2014 年和 2015 年，而宁夏回族自治区生产低效率主要来源于 2009 年。这些结果意味着所提出的方法可以准确地识别低效率的原因。

此外，从表 6-4 和附录 7 还可以看出，如果一个区域工业系统在其时期生产（减排）阶段的效率被评估为有效，则认为它在整个研究期间阶段效率上是有效的。例如，上海市在 2007～2015 年生产阶段的效率是有效的，其生产阶段在整个期间（9 年）均被评估为有效。这一观察结果验证了命题 6.1（b）的合理性。

从图 6-4 可以看出，2007～2010 年（"十一五"期间）减排阶段的平均时期效率低于生产阶段。但在 2011～2015 年（"十二五"期间），情况正好相反。

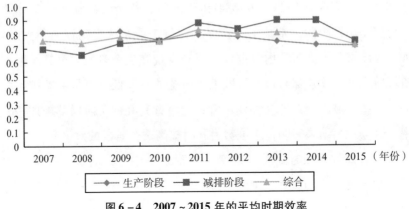

图 6 - 4　2007～2015 年的平均时期效率

此外，图 6 - 4 显示，2007～2010 年（"十一五"期间）中国工业系统的平均平均时期效率低于生产阶段，高于减排阶段。但在 2011～2015 年（"十二五"期间），情况正好相反。

平均时期效率与减排阶段平均时期效率呈现相同的变化趋势。这一结果表明，减排阶段的效率显著影响了中国工业系统的运行效率。"十二五"期间，中国政府着力转变经济增长方式，推广清洁生产，促进循环经济发展。在此期间，减排阶段的时期效率大于生产阶段的时期效率。这一改进验证了中国政府这一环境经济政策的有效性。为不断改善空气质量，中国应坚持走生态优先、绿色发展的道路。

6.4.2.3　四个地区的效率对比

本小节探讨中国四个地区之间的效率差异。平均整体效率和阶段效率如图 6 - 5 所示。

区域工业系统效率存在明显的地域特征[①]。从图 6.5 中可以看出，东部地区的平均整体效率最高（0.7998），而中部地区的平均整体效率最低（0.7311）。这一观察结构表明东部地区的平均表现相对优于中国其他地区。

---

① 这与已有的一些研究一致，如卞等（2015）、赵等（2014）和李等（2018）。但是，由于关注点不同，四个地区的具体特点与以往的研究不同。此外，以往的研究在衡量中国区域工业系统的效率时没有考虑结转变量 CIT 的动态影响。

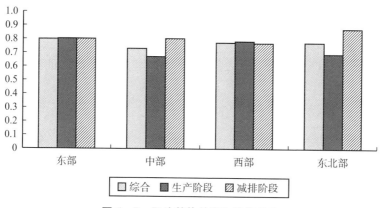

图6-5　平均整体效率和阶段效率

东部地区在整体效率和阶段效率方面的平均得分相似，分别为0.7998、0.8033和0.8026。此外，东部地区平均生产阶段效率最高，减排阶段效率第三。这些发现意味着东部地区在这两个阶段都表现良好。东部地区是中国最发达的地区。它具有基础设施完善、资金雄厚、人力资源丰富、中国政府支持等优势。近年来，该地区高度重视可持续发展，转变工业经济增长方式。因此，东部地区可以轻松创造更多的工业增加值和更少的污染物，从而在两个阶段获得更高的效率。为带动其他地区的改善，建议东部地区加强可持续发展，与其他地区开展清洁生产技术合作。

西部地区获得了第二高的生产阶段效率（0.7839）和最低的减排阶段效率（0.7709）。请注意，西部地区在整体效率和阶段效率方面的平均得分也相似，分别为0.7743、0.7839和0.7709。这些发现验证了中国西部大开发战略的有效性。西部大开发战略实施以来，西部地区经济社会发展取得明显成效，经济增长较快，基础设施完善，产业结构升级。因此，为提高西部地区工业系统的效率，中国政府应持续实施西部大开发战略，为西部地区的可持续发展提供更多的政策支持。

中部和东北地区的减排阶段效率第二高和最高（分别为0.8036和0.8748），但生产阶段效率最低和第二低（分别为0.6709和0.6907）。这一发现表明中部和东北地区在减排阶段的表现优于其他地区。然而，它们在生产阶段的表现比其他地区差。这也意味着中部和东北地区的低效率主要来自生产阶段。这与中部和东北地区的实际情况是一致的。中部和东北地区的工业化严重依赖资源、劳动力和投资，导致这些地区生产阶段的效率相对较低。这意味着应努力提高生产效率，加强对先进生产技术的投资。

6.4.3　进一步讨论

本小节一方面考察时期权重和阶段权重如何影响效率评价结果，另一方面，运用回归分析方法探讨环境变量对工业系统效率的影响。

6.4.3.1　时期权重的影响

考虑以下两个案例来计算中国区域工业系统的效率。案例 1：$\alpha^1 = 0.1$，$\alpha^2 = 0.1$，$\alpha^3 = 0.1$，$\alpha^4 = 0.1$，$\alpha^5 = 0.1$，$\alpha^6 = 0.125$，$\alpha^7 = 0.125$，$\alpha^8 = 0.125$ 以及 $\alpha^9 = 0.125$。案例 2：$\alpha^1 = 0.1$，$\alpha^2 = 0.1$，$\alpha^3 = 0.1$，$\alpha^4 = 0.1$，$\alpha^5 = 0.12$，$\alpha^6 = 0.12$，$\alpha^7 = 0.12$，$\alpha^8 = 0.12$ 以及 $\alpha^9 = 0.12$。这两组权重是根据利根和筒井（2014）的规则确定的。表 6 - 5 给出了整体效率。

从表 6 - 5 中可以看出，三种情况下任一区域工业系统的整体效率相似，这表明时期权重对 2007 ~ 2015 年区域工业系统的效率没有显著影响。因此，在本研究中，时期权重对效率结果的影响可以忽略不计。

表 6 - 5　　　　　　　　　　不同时期权重的整体效率

区域	案例1	案例2	本案例
北京	1.0000	1.0000	1.0000
天津	0.8455	0.8447	0.8403
河北	0.7590	0.7601	0.7610
上海	0.7021	0.9152	0.9252
江苏	0.9145	0.6296	0.6259
浙江	0.6282	0.7440	0.7339

区域	案例1	案例2	本案例
福建	0.7430	0.6903	0.6907
山东	0.6903	0.6761	0.6729
广东	0.6734	0.8080	0.8092
海南	0.8046	0.9403	0.9386
山西	0.9379	0.6906	0.6903
安徽	0.6909	0.8541	0.8669
江西	0.9028	0.7503	0.7268
河南	0.8226	0.7227	0.7109
湖北	0.8035	0.7037	0.7104
湖南	0.8529	0.6824	0.6811
内蒙古	0.7479	0.9045	0.9095
广西	0.7198	0.7809	0.7755
重庆	0.7019	0.7832	0.8128
四川	0.6821	0.6599	0.6592
贵州	0.7791	0.8471	0.8537
云南	0.7823	0.8325	0.8365
陕西	0.6584	0.8190	0.8135
甘肃	0.8531	0.6733	0.6810
青海	0.8337	0.6300	0.6333
宁夏	0.8177	0.8707	0.8662
新疆	0.6716	0.6758	0.6755
辽宁	0.6263	0.7024	0.7128
吉林	0.8683	0.8241	0.8185
黑龙江	0.6735	0.8010	0.7919
平均值	0.7729	0.7739	0.7741

6.4.3.2 阶段权重的影响

以下两种情形用于计算中国区域工业系统的整体效率和时期效率。情形1：$\beta_1 = 0.6$ 和 $\beta_2 = 0.4$；情形2：$\beta_1 = 0.4$ 和 $\beta_2 = 0.6$。这些权重组合与中国过去几十年的发展实践是一致的，"十一五"期间促进了经济生产，"十二五"期间更加重视污染物减排。表6-6给出了使用不同阶段权重获得的效率评价结果。

表6-6　2007～2015年不同阶段权重组合的平均整体效率和时期效率

阶段权重组合	整体	时期								
		2007年	2008年	2009年	2010年	2011年	2012年	2013年	2014年	2015年
情形1	0.7707	0.7689	0.7546	0.7895	0.7522	0.8231	0.7989	0.7976	0.7821	0.7195
本研究	0.7741	0.7563	0.7375	0.7801	0.7515	0.8312	0.8040	0.8120	0.7988	0.7218
情形2	0.7782	0.7445	0.7210	0.7712	0.7509	0.8399	0.8096	0.8273	0.8161	0.7258

表6-6显示平均整体效率随着减排阶段权重增加。"十一五"期间平均时期效率随着生产阶段权重下降，然后在"十二五"期间随着减排阶段的权重增加。

"十一五"期间，生产阶段平均效率高于减排阶段（见图6-4）。此外，生产阶段比减排阶段对时期效率的影响更大。因此，平均时期效率随着生产阶段权重降低。

"十二五"期间，减排阶段平均效率大于生产阶段（见图6-4）。与生产阶段效率相比，减排阶段对时期效率的影响更大。因此，平均时期效率随着减排阶段权重增加。

请注意，在三种阶段权重组合下，中国工业系统在2010年（0.7522、0.7515和0.7509）和2015年（0.7195、0.7218和0.7258）的时期效率的平均得分相似。

可以得出如下结论：在2011～2015年，对污染物减排的重视显著地提高了减排阶段的效率。因此，区域工业系统的平均整体效率在此期间受到减排阶段效率的显著影响。为提高中国区域工业系统的运行效率，各区域应促进经济与环境协调发展。

6.4.3.3　环境变量的影响

区域工业系统的效率也可能受环境变量的影响。为了检验外部因素的影响，本书以效率值为因变量，以环境变量为自变量进行回归分析。基于已有研究（Xie et al.，2018；Liao and He，2018；Zhou et al.，2018），我们选择产业结构（industrial structure，IS）、经济发展水平（economic development level，EDL）、能源消耗结构（energy consumption structure，ECS）作为整体和阶段效率的主要影响因素。回归模型如下：

$$EFF_{jt} = \alpha + \beta_1 IS_{jt} + \beta_2 EDL_{jt} + \beta_3 ECS_{jt} + \xi_{jt} \tag{6.13}$$

其中，EFF 是使用结转变量工业废气处理能力估算的整体效率。ξ 表示残差。根据已有研究（Liao and He，2018；Zhou et al.，2018）并考虑数据的可用性，IS 被衡量为工业增加值占 GDP 的比例；其价值越高，工业化程度越高。EDL 以人均 GDP 衡量；它是地区经济状况是否良好的指标。ECS 以煤炭消费量占能源消费总量的比重衡量；其值越低，能源消费结构越好。这些检验变量的数据来自《中国统计年鉴》和《中国能源统计年鉴》。

需要注意的是，在文献中，技术水平通常被用作影响工业效率的因素，但本书探讨了代表废气处理技术水平的结转变量废气处理能力的动态影响，因此，技术水平未包括在这个回归模型中。

表 6 - 7 展示了两种回归方法的结果：Tobit 和普通最小二乘法（ordinary least squares，OLS）。由于效率值介于 0 和 1 之间，因此 Tobit 回归被认为是一种合适的方法（Sueyoshi et al.，2010），本书也进行了 Tobit 回归分析。霍夫（Hoff，2007）认为 OLS 和 Tobit 回归在第二阶段 DEA 中起作用。因此，继班克和纳塔拉詹（Bank and Natarajan，2008）的研究之后，本书后也使用了 OLS 估计回归模型。

表 6 – 7　　　　　　　　　　　回归分析结果

项目	Tobit 回归			OLS 回归			VIF
	整体	阶段 1	阶段 2	整体	阶段 1	阶段 2	
常量	0.983 *** (0.000)	0.989 *** (0.000)	0.975 *** (0.000)	0.952 *** (0.000)	0.939 *** (0.000)	0.958 *** (0.000)	
IS	– 1.084 *** (0.000)	– 1.414 ** (0.012)	– 1.018 *** (0.000)	– 0.687 *** (0.001)	– 0.436 ** (0.036)	– 0.787 *** (0.000)	1.508
EDL	0.032 *** (0.005)	0.066 *** (0.008)	0.020 *** (0.043)	0.482 ** (0.017)	0.440 ** (0.043)	0.338 * (0.093)	1.663
ECS	0.237 * (0.098)	0.228 (0.380)	0.353 *** (0.009)	0.289 (0.192)	0.069 (0.775)	0.557 ** (0.019)	2.815
Log likelihood	34.775	13.756	36.601				
Adj. R – squared				0.383	0.253	0.345	
F – statistic				6.988 *** (0.001)	4.275 ** (0.014)	6.092 *** (0.003)	

注：＊、＊＊和＊＊＊分别表示 10%、5% 和 1% 的显著性水平。

由于方差膨胀因子（variance inflation factors，VIF）具有较低的值（即 1.508、1.663 和 2.815），因此可以得出结论，检测变量不存在多重共线性问题。使用两种回归方法得出的结果一致表明：（1）产业结构对整体效率和阶段效率有显著的负向影响；（2）经济发展水平对整体效率和阶段效率有显著的正向影响；（3）能源消费结构可能只对减排效率产生直接影响。这些结果表明，为取得令人满意的效率，中国各区域应着眼于优化产业结构和促进经济发展。

此外，本书一些结果与相关文献的结果一致，但也存在一些差异，这与观察对象的特定性质有关。一是产业结构对整体效率和阶段效率产生负向影响。解等（2018）和周等（2018）也发现了类似的结果。"十一五"和"十二五"期间，中国重工业取得长足发展，2011～2015 年工业增加值年均增长 8%。随着工业经济的快速发展，能源消耗过多和环境污染问题日益突出。二是，经济发展水平（EDL）对整体和阶段效率有显著的正向影响。在文献中，经济发展水平和工业效率之间的关系是模棱两可的。一些研究表明经济发展水平对工业效率有积极影响（Zhou et al.，2018），而其他研究发现经济发展水平对工业效率有负面影响（Li et al.，2013）。实际上，经济发展水平的增加有利于促进人们的物质和文化需求。这些不断增长的需求对工业系统产生双向影响。一方面，可以促进工业升级，从而提高工业效率。另一方面，不可避免地带来能源消耗和工业污染的大幅增加。三是能源消费结构对减排效率有正向影响。优化能源消费结构是可持续发展的必然趋势，这促使决策者提前评估其潜在影响，避免过度使用不清洁能源。

6.5 本章小结

本章基于 SBM 方法，提出了一种动态的两阶段模型，评价了 2007 ~ 2015 年中国区域工业系统的运作效率。区域工业系统的运作流程被视为一种动态的两阶段结构，包含生产阶段和减排阶段。区域工业系统的一个显著特点是，工业废气处理能力作为结转变量将两个连续时期的减排阶段联系起来，既是前一期的期望产出，也是当期的投入。基于所提出的方法，可以同时求得整体、阶段、时期和时期阶段效率。本章同时考察了区域工业系统的内部结构和结转变量的动态影响，有助于识别区域工业系统低效率的来源。

所提出的方法被应用于评价中国 30 个区域工业系统的效率。根据计算结果，得出以下结论。（1）区域工业系统的结转因素废气处理能力对整体效率特别是减排效率有显著影响。减排效率高的区域工业系统更有可能获得较高的整体效率。（2）2007 ~ 2015 年中国区域工业系统整体效率较低，低效率同时源于生产阶段和减排阶段。但是，不同地区的工业系统低效率的来源存在很大差异。东部和西部地区的低效率源自两个阶段。相比之下，中部和东北地区的低效率主要源于生产阶段，特别是东北地区。（3）2007 ~ 2010 年（"十一五"期间）减排阶段的平均时期效率低于生产阶段。但

2011～2015 年（"十二五"期间）的情况正好相反。"十二五"期间，中国政府着力转变经济增长方式，推广清洁生产，推动循环经济发展。这解释了为什么该时期减排阶段的效率高于生产阶段，也验证了中国政府环境经济政策的有效性。（4）产业结构和经济发展水平被认为是影响区域工业系统效率的关键因素。想要取得高效率，各区域必须优化产业结构，促进经济发展。

第 7 章

基于目标的节能减排方法

7.1 引　　言

中国经济的持续增长，对能源的需求也迅速增加，威胁着国家的能源安全（Lo，2004；Wang，2007）。《中国能源统计年鉴（2018）》显示，在过去的 40 年中，中国能源的消耗总量增加了 6.9 倍；矿物质能源进口的依存度也大幅上升，由 1985 年的 0.44% 上升为 2018 年的 21%。特别地，中国对石油的进口依存度超过 70%（Leung，2011）。同时矿物质能源消耗的增加导致碳排放量的增加，而碳排放又是导致全球变暖与气候变化的关键因素。尽管中国作为一个发展中国家，历史上碳排放量较低，但也面临控制碳排放的国际压力。而且，随着中国超过美国成为世界上最大的碳排放国，这种国际压力也越来越大（Christoff，2010）。此外，矿物质能源的燃烧会导致空气、水和土壤污染，进而严重影响人们的健康、水安全和食品安全。

基于这些突出的问题，对中国而言，减少能源消耗和碳排放显得尤为重要。中国政府已经实施了许多措施以实现经济、能源和环境的可持续发展。近年来，中国政府推动各种节能新技术的开发，部署可再生能源，停产小型燃煤电厂，并为各种企业分配节能目标（Jiang et al.，2010；Hou et al.，2011）。中国政府已经宣布在 2005 年的基础上，到 2020 年单位 GDP 的能源消耗量降低 40%～45%（Bian et al.，2013；Wang et al.，2013）。为了达到这一重要目标，同时克服能耗增加的严峻挑战，就必须提高整个中国的能源效率。从实际情况来看，提高能源效率已被公认为减少碳排放量、维护国家能源安全和提升经济竞争力的最为经济、有效的方法（Ang et al.，2010）。在这些节能减排的努力中，一个关键的问题是，对一个国家的每个地区的生产运作流程要有全面的理解。

如导论所言，DEA 已经被广泛应用于评价决策单元的能源效率。由于其强大的优化能力，在能源相关领域，DEA 一直被视为优秀和强大的效率分析工具。近年来，大量的文献已经研究了节能和减少碳排放对能源效率的影响。胡和高（Hu and Kao，2007）在 DEA 框架下，运用全要素的方法研究了亚太经合组织成员的能源目标。周和昂（Zhou and Ang，2008）提出一些 DEA 模型，评价了经济系统的能源效率。本章，每种能源被视为一个独立的投入，这样就能很好地确定能源结构的变化与能源效率之间的关系。石等（2010）扩展了 DEA 模型，分析了中国各个省份潜在的能源效率增量。郭等（2011）提出一种环境 DEA 模型，描述了中国各个省份潜在的碳排放减少量、能源节约技术和能源结构调整。李等（Lee et al.，2011）运用传统的 DEA 模型，分析了中国 27 个省份电力、煤炭和汽油的节约量。卜等（2013）基于一种扩展的非径向 DEA 方法，估算了中国潜在的能源节约与碳排放减少量。

值得注意的是，上述研究都假定一个无效的决策单元通过调整其能源和碳排放可以自由地映射到一个有效的前沿面上。然而，现实中并非如此。通常情况下，一个决策单元在短期内不能显著地改变其生产结构。快速变化的政策可能在运作过程中遇到阻力（Golembiewski et al.，1976；Argyris and Schön，1997；Yu et al.，2013）。"数字议程倡议"就是一个很好的例子。近年来，欧洲推出了数字议程举措，旨在重振欧洲经济，帮助其公民和企业最大限度地发挥数字技术所带来的好处（EU，2010）。但是这一目标很难立即实现。要顺利实现这一倡议的具体目标，必须从长远的角度，追求信息和通信技术的显著的改善或重大突破。同样，中国已经宣布各项政策，如到 2020 年，非矿物质能源消耗占能源消费总量的比例提高到 15% 左右，单位 GDP 碳排放量降低 40% ~ 45%。但是，要实现这些目标，需要长期坚持调整产业结构、促使新能源技术的发展、平衡能源结构和实施严格的能源效率标准。在文献中，摩尔（Moore，1999）认为只有 50% 的能源相关目标在短期内可以实现。目前在中国，能源效率的提高与碳排放的减少，可以通过节能技术进步（energy conservation technology，ECT）和能源结构调整（energy structural adjustment，ESA）实现（Guo et al. 2011；Bian et al. 2013）。然而，能量利用技术进步是一个渐进的过程，并且技术无效率无法在特定的时间内完全消除。另外，能源结构受到矿物质能源和非矿物质能源供应能力的限制，平衡能源消费结构也需要一个长期的过程。因此，一个无效的决策单元很难在短期能实现其能源节约和碳排放减少的目标，尤其是远离有效前沿面、效率值较低的决策单元（Lim et al.，2011；Brissimis and Zervopoulos，2012；Fang，2015）。

逐步提高能源效率也许是实现能源节约和碳排放减少目标的可行、实用的策略。文献中存在许多实例。塞福德和朱（Seiford and Zhu，2003）提出多个有效层，为无效的决策单元提供了分层效率改进的方法。于等（Yu et al.，2013）提出了一种合适的改变方法，在不同的人力资源配置政策下，为台湾的 18 个机场分配人力资源。方（Fang，2015）在集中资源分配的情形下，提出一种分层改进的方法，帮助决策单元最终实现效率前面上的目标。

综上所述，为实现无效决策单元的节能减排目标，评价能源效率和探索切实可行的渐进式方法具有重要现实意义。各种能源投入是否明显地影响能源效率？如果影响，则必须确定混合能源结构中不同能源的特性，并估计其对能源效率的影响。此外，必须确定在节能技术进步和能源结构调整策略方面定制目标的影响。最后，通过能源节约和碳排放减少，为无效的决策单元设计一步一步机制，实现其能源效率的逐步提高。本书旨在解决这些问题。

本章提出一种以 DEA 为基础的框架，旨在促进能源节约与碳排放减少。因为每种能源对能源效率有着不同的影响，我们将相关的碳排放分为不同的类别，并为节能战略的定制调整方法提出一个框架。此外，根据节能技术进步水平，我们为无效的决策单元引入定制的目标。然后，结合节能技术进步和能源结构调整目标，提出一个基于目标的模型，描述了决策单元的调整能力，探索了不同能源的可能的调整量。而且，我们提出了一种改进的模型，分析了不同的能源结构调整范围的影响。相对于传统的方法，我们的方法提供了一种灵活的、可以克服中国能源消费困境的节能减排路径。在实证研究中，我们详细分析了中国区域能源效率，证明了本章方法的合理性。

7.2　基 本 模 型

7.2.1　环境 DEA 方法

假定有 n 个独立的决策单元，表示为 $DMU_j (j=1, 2, \cdots, n)$。每个决策单元使用非能源投入 $x_{ij} (i=1, 2, \cdots, m)$ 和能源投入 e_j，生产期望产出 $y_{rj} (r=1, 2, \cdots, s)$ 和非期望产出（二氧化碳）$c_{pj} (p=1, \cdots, k)$。T 表示转置，$c_j = (c_j^{\text{coal}}, c_j^{\text{oil}}, c_j^{\text{gas}})^T$ 表示来源于煤炭、原油及天然气的碳排放向量。煤炭、原油及天然气是中国碳排放的主要来源。$X_j = (x_{1j}, \cdots, x_{mj})^T$, $Y_j = (y_{1j}, \cdots, y_{sj})^T$ 和 $C_j = (c_{1j}, \cdots, c_{kj})^T$ 分别为投入、期望产出以及碳排放的向量。那么，DMU_j 的投入、产出集可以表示为 (X_j, e_j, Y_j, C_j)。

在一个区域生产过程中，通过消耗能源和非能源投入，产出国内生产总值和二氧化碳，其中二氧化碳是主要的副产品。实际上，一个区域无法同时增加 GDP 和减少碳排放量。即，碳排放量不能任意减少。要合理地描述区域能源使用效率，最好假定碳排放是弱可支配的（Färe and Primont, 1994；Färe and Grosskopf, 2004）。因此，在规模报酬不变的背景下，环境 DEA 技术（Färe and Grosskopf, 2004；Zhou et al., 2008a；Liu et al.,

2010；Bi et al.，2012）可以表示为如下形式：

$$T = \left\{ \begin{array}{l} (X, e, Y, C): \sum_{j=1}^{n} \lambda_j X_j \leqslant X, \sum_{j=1}^{n} \lambda_j e_j \leqslant e, \sum_{j=1}^{n} \lambda_j Y_j \geqslant Y, \sum_{j=1}^{n} \lambda_j C_j = C \\ \lambda_j \geqslant 0, j = 1, \cdots, n \end{array} \right\}$$

$$(7.1)$$

可以通过节能技术进步和能源结构调整方法节约能源和减少碳排放量（Bian et al.，2013）。接下来，我们将结合这两种方法提出相应的效率评价模型，估算潜在的能源节约和碳排放减少量。

7.2.2 技术进步——径向模型

为了研究基于节能技术进步方法的潜在能源节约和碳排放减少量，在规模报酬可变的情形下，我们首先提出一种径向的环境 DEA 模型（Zhou et al.，2008b）评价能源与碳排放效率。

$$\max \varphi$$

$$\text{s. t.} \quad \sum_{j=1}^{n} \lambda_j x_{ij} \leqslant x_{io}, \ i = 1, \cdots, m \qquad (7.2a)$$

$$\sum_{j=1}^{n} \lambda_j e_j \leqslant (1 - \varphi) e_o \qquad (7.2b)$$

$$\sum_{j=1}^{n} \lambda_j y_{rj} \geqslant y_{ro}, \ r = 1, \cdots, s \qquad (7.2c)$$

$$\sum_{j=1}^{n} \lambda_j c_{pj} = (1 - \varphi) c_{po}, \ p = 1, \cdots, k \qquad (7.2d)$$

$$\lambda_j \geqslant 0, \ j = 1, \cdots, n \qquad (7.2e) \qquad (7.2)$$

在模型（7.2）中，由于生产技术的进步，源于煤炭、原油及天然气的碳排放随着能源消耗量的减少而减少。假定 φ^* 为模型（7.2）的最优解，那么能源与碳排放效率定义为 $E_o = 1 - \varphi^*$。无效值 φ^*（即潜在的能源和碳排放减少的比例）的取值范围为（0，1]。因此，效率指标 E_o 的取值范围也为（0，1]。如果 $E_o = 1$，那么被评价的决策单元 DMU_o 是技术有效的；如果 $E_o < 1$，那么这个决策单元就是技术无效的，说明它的能源与

碳排放量仍有减少的可能。

根据节能技术进步方法，假定非能源投入和期望产出保持不变，能源消耗和碳排放的减少可以通过如下方式实现。

$$\begin{cases} e_o^* = (1-\varphi^*)e_o \\ c_o^* = (c_0^{coal\,*},\ c_0^{oil\,*},\ c_0^{gas\,*})T = ((1-\varphi^*)c_o^{coal},\ (1-\varphi^*)c_o^{oil},\ (1-\varphi^*)c_o^{gas})^T \end{cases}$$

$$(7.3)$$

基于节能技术进步方法的，潜在的矿物质能源节约（$PFFS_{ECT}$）和碳排放量的减少（PCR_{ECT}）可以表示为：

$$\begin{cases} PFFS_{ECT} = \varphi^* e_o \\ PCR_{ECT} = \varphi^* (c_o^{coal} + c_o^{oil} + c_o^{gas}) \end{cases}$$

$$(7.4)$$

7.2.3 能源结构调整——SBM 模型

在中国，大部分省份都表现出对煤炭较高的依存度（如 2018 年的平均依存度为 58%），而天然气利用水平相对较低（如 2018 年的平均依存度为仅为 7.8%）。这意味着，中国的能源消费结构是不合理的，会严重影响其可持续发展的能力。此外，李等（2012）的研究指出，煤的碳排放系数（0.7329）比的石油和天然气的大得多（分别为 0.565 和 0.445）。因此，各个省份有必要采取有效的措施降低煤炭消耗和增加天然气使用。此外，在中国石油的分布极不均匀、供给也不平衡，这意味着在不同地区石油的使用率有很高的不确定性。因此，某些地区可以自由地调整其石油的利用率水平。即，是增加还是减少石油的利用率，要取决于地区的偏好和能源消费结构调整的能力。因此，能源节约与碳排放减少，也可以通过平衡能源消费结构来实现。

为了估算的各种能源的不同影响，我们对相关的碳排放进行分类，并提出以下的模型来评估基于能源结构调整方法的能源节约和碳排放减少的潜力。

$$\max s_o^{\text{coal}} + s_o^{\text{oil}} + s_o^{\text{gas}}$$

s. t. constraints $(7.2a)$，$(7.2c)$ and $(7.2e)$

$$\sum_{j=1}^{n} \lambda_j e_j^* \leqslant e_o^* \qquad (7.5a)$$

$$\sum_{j=1}^{n} \lambda_j c_j^{\text{coal}*} = c_o^{\text{coal}*} - s_o^{\text{coal}} \qquad (7.5b)$$

$$\sum_{j=1}^{n} \lambda_j c_j^{\text{oil}*} = c_o^{\text{oil}*} - s_o^{\text{oil}} \qquad (7.5c)$$

$$\sum_{j=1}^{n} \lambda_j c_j^{\text{gas}*} = c_o^{\text{gas}*} + s_o^{\text{gas}} \qquad (7.5d)$$

$$s_o^{\text{coal}}, s_o^{\text{gas}} \geqslant 0; \ s_o^{\text{oil}} \text{is free} \qquad (7.5e) \qquad (7.5)$$

在模型（7.5）中，约束条件（7.5a）是指要满足区域生产活动中必需的能源消耗，在能源结构调整过程中，每个省份总的能源消耗量保持不变。在约束条件（7.5a）、约束条件（7.5b）和约束条件（7.5d）中，煤炭和天然气的剩余变量均为正数，即 $s_o^{\text{coal}} \geqslant 0$ 和 $s_o^{\text{gas}} \geqslant 0$。这表明，模型（7.5）允许降低煤炭消耗量和增加天然气消耗量。由于石油消耗量的增加或者减少取决于一个省份的偏好和能源消费结构调整的能力，所以在约束条件（7.5c）和约束条件（7.5e）中剩余变量 s_o^{oil} 可以自由调整。s_o^{oil} 大于0时，意味着石油的消耗量随着碳排放的减少而减少；s_o^{oil} 小于0时，意味着石油的消耗量随着碳排放的减少而增加。特别地，当 $s_o^{\text{coal}} = 0$（或者 $s_o^{\text{oil}} = 0$，$s_o^{\text{gas}} = 0$）时，意味着煤炭（或者石油和天然气）使用是有效的，不需要调整。

值得注意的是，在模型（7.2）中，由于生产技术的进步，源于煤炭、石油和天然气的碳排放随着能源消耗的降低而减少。基于模型（7.2），通过消除技术差异对能源节约和碳排放减少的影响，等式（7.3）可以将 $(X_j, e_j, Y_j, C_j)(j = 1, \cdots, n)$ 转化为 $(X_j, e_j^*, Y_j, C_j^*)(j = 1, \cdots, n)$。从前沿面的角度来说，通过径向的调整消除技术上的无效，无效的决策单元映射到前沿面上。即，投影后的决策单元或有效的决策单元沿着前沿面移动，并相应地调整松弛变量。因此，模型（7.5）的生产技术集为模型（7.2）的生产技术集的一部分。

在文献中，单位一致性表示决策单元的效率评价结果与投入和产出的单位无关（Lovell and Pastor，1995；Tone，2001）。在模型（7.5）中，c_o^{coal*}，c_o^{oil*} 和 c_o^{gas*} 的单位不同就会产生不同 s_o^{coal*}，s_o^{oil*} 和 s_o^{gas*}。c_o^{coal*}，c_o^{oil*} 和 c_o^{gas*} 的单位相同，且有相同变化（如，都由百万吨变为万吨），那么 s_o^{coal*}，s_o^{oil*} 和 s_o^{gas*} 保持不变。这些现象可以通过实证研究进行证实。此外，以往的研究中，c_o^{coal*}，c_o^{oil*} 和 c_o^{gas*} 的单位通常一致（Zhou et al.，2010；Guo et al.，2011；Bian et al.，2013）。这一点也与 IPCC 推荐的方法一致（IEA，2011）。因此，当运用模型（7.5）时，决策者可以选择统一的单位以避免单位不一致问题。

假定 s_o^{coal*}，s_o^{oil*} 和 s_o^{gas*} 是模型（7.5）的最优解。当 s_o^{coal*}，s_o^{oil*} 和 s_o^{gas*} 中存在一个不为 0，那么 DMU_o 定义为结构无效。因此，基于能源结构调整方法，潜在的碳排放减少量可以通过如下公式求得：

$$PCR_{ESA} = s_o^{coal*} + s_o^{oil*} - s_o^{gas*} \tag{7.6}$$

根据模型（7.5）中的剩余变量，也可以求得潜在的矿物质能源的节约量（$PFFS_{ESA}$）。

7.2.4　节能减排目标的可实现性问题

现实中，一个低效率的决策单元很难一步实现其潜在的能源节约和碳排放减少目标，特别是远离有效前沿面的决策单元（Estrada et al.，2009；Lim et al.，2011；Fang，2015）。节能减排目标的实现过程中存在两个主要的困难：（1）节能技术进步是一个渐进的过程，技术上的无效无法在特定时间内完全消除；（2）平衡能源消费结构是一个长期的过程。

接下来，我们先用一个包含 12 个决策单元的简单例子来说明实现节能减排目标的困难。表 7 - 1 中给出了具体投入和产出数据，其中每个决策单元消耗一个能源投入，产生一个期望产出（GDP）和一个非期望产出（二氧化碳）。

表 7 - 1　　　　　　　　　　　　　算例

决策单元	A	B	C	D	E	F	G	H	I	J	K	L
能源	2	6	9	3	4	8	5	7	8	7	7	8
GDP	1	1	1	1	1	1	1	1	1	1	1	1
二氧化碳	7	2	1	7	5	2	5	3	3	9	4	7
效率值	1.00	1.00	1.00	0.88	0.95	0.86	0.84	0.81	0.73	0.54	0.75	0.56

　　我们计算模型（7.2），得到 12 个决策单元的能源效率。因为这个问题仅涉及一种投入和两种产出，我们可以在一个二维平面上的说明上效率评估过程，如图 7 - 1 所示。

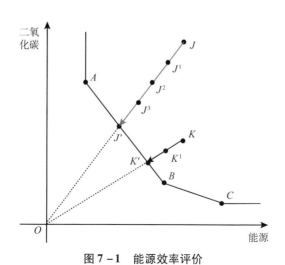

图 7 - 1　能源效率评价

　　在图 7 - 1 中，有三个决策单元（A，B 和 C）位于有效前沿面上，其他的决策单元都在前沿面内。以无效的决策单元 J 为例。传统上，J 沿着 J 与原点 O 之间的线段映射到有效前沿面上。也就是说，（J'线段 JO 与前沿面的交点）是其参考点，被视为调整的目标。然而，决策单元 J 很难一步就实现参考的目标，因为它距离有效前沿面较远。一种实用的方法可能是 J 通过 J^1，J^2 和 J^3 先后实现中间的目标，并最终达到指定目标。此外，其他无效的决策单元可以根据自己的偏好和能力，选择不同的路径。这可通过图 7 - 1 中决策单元 K 的调整路径来说明。

此外，能源结构调整受到矿物质能源和非矿物质能源供给的约束。而且，主要能源消耗部门对某种特定的能量存在依赖，不能在短期内轻易地调整这种依赖。因此，以能源结构调整为基础的节能减排目标能否实现取决于各个省份的现实条件，如矿物质能源与非矿物质能源的供给（Guo et al. , 2011）。

7.3　循序渐进的节能减排方法

如前面所述，基于节能技术进步和能源结构调整的方法在节约能源和减少碳排放方面存在一些局限性。在本小节中，我们构建一种可行的能源效率改进框架，为无效的决策单元提供一种分层的方法，帮助其实现能源节约和碳排放减少目标。

7.3.1　技术进步

在等式（7.3）中，我们假设每个决策单元可以自由调整其能源投入和碳排放水平。然而，在许多情况下，投入与产出变量可能有不同的特征。它们中的一些可以被任意地调整，而另一些则不能被随意地调整。此外，无效决策单元效率的改进受制于节能技术目前的水平。

我们假定一个决策单元只能在某一特定的范围内提高其效率。在传统的背景下，技术无效率是 φ^*，被评价的决策单元的能源效率可以根据比例 $1 - \varphi^*$ 进行调整。在实际应用中，这样的调整可能无法实现，决策者可以根据技术进步的百分比 ρ 来设置易实现的阶段性目标。且 $0 \leqslant \rho \leqslant 1$，这说明决策单元技术进步的能力是有限的。

我们将 ρ 定义为基于节能技术进步的目标，它描述了基于目前的节能技术水平，决策单元技术效率改进的能力。这包含两种含义：从实践的角度来看，每 DMU 可以根据其技术能力和偏好以及当前 ECT 的水平定制目标。因此，对于每一个DMU_j而言，ρ可以具体化为ρ_j。从理论的角度来看，相关研究中已经提出了类似的目标。例如，方（2015）在集中资源分配的背景下，为无效的决策单元提供了一系列中间参考目标。因此，等式（7.3）可以扩展为如下形式：

$$\begin{cases} e_o^T = (1 - \rho\varphi^*)e_o \\ c_o^T = ((1 - \rho\varphi^*)c_o^{coal}, \ (1 - \rho\varphi^*)c_o^{oil}, \ (1 - \rho\varphi^*)c_o^{gas})^T \end{cases} \tag{7.7}$$

其中，e_o^T和c_o^T分别是基于目前节能技术水平的能源消耗和碳排放目标。由于φ^*是无效的决策单元所需要消除的无效值，ρ是基于节能技术水平的定制目标，那么$\rho \times \varphi^*$表示被评价决策单元效率改进的目标。

因此，以目标为基础的矿物质能源节约量（$TFFS_{ECT}$）和碳排放减少量（TCR_{ECT}）可以表示为如下形式：

$$\begin{cases} TFFS_{ECT} = \rho\varphi^* e_o \\ TCR_{ECT} = \rho\varphi^* (c_o^{coal} + c_o^{oil} + c_o^{gas}) \end{cases} \tag{7.8}$$

通过为ρ设定一系列的值，决策单元可以获得一系列能源节约和碳排放减少的中间目标。例如，ρ等于0.2时意味着，在现有的技能技术水平下，一个决策单元只能实现其潜在能源节约量和碳排放减少量的20%的目标。ρ越大说明无效的决策单元提高节能技术水平的能力越强。因此，可以实现较高的能源节约量和碳排放减少量。特别地，当ρ等于0时说明，一个决策单元没有动力提高生产技术以减少能源消耗和碳排放。ρ等于1时说明，决策单元有能力完全消除技术无效。

因此，我们提出以下基于目标的模型，考虑能源结构调整对能源节约和碳排放减少的影响。

$$\max s_o^{coal} + s_o^{oil} + s_o^{gas}$$

$$\text{s.t. constraints}(7.2a), \ (7.2c), \ (7.2e) \text{ and } (7.5e)$$

$$\sum_{j=1}^{n} \lambda_j (1 - \rho\varphi^*)e_j \leqslant (1 - \rho\varphi^*)e_o \tag{7.9a}$$

$$\sum_{j=1}^{n} \lambda_j (1 - \rho\varphi^*)c_j^{coal} = (1 - \rho\varphi^*)c_o^{coal} - s_o^{coal} \tag{7.9b}$$

$$\sum_{j=1}^{n} \lambda_j (1 - \rho\varphi^*)c_j^{oil} = (1 - \rho\varphi^*)c_o^{oil} - s_o^{oil} \tag{7.9c}$$

$$\sum_{j=1}^{n} \lambda_j (1 - \rho \varphi^*) c_j^{gas} = (1 - \rho \varphi^*) c_o^{gas} + s_o^{gas} \qquad (7.9d) \quad (7.9)$$

在模型（7.9）中，对于 DMU_o 而言，约束条件（7.9a）～约束条件（7.9d）保证了其能源与碳排放量按照比例 $\rho \times \varphi^*$ 调整。值得注意的是，当 $\rho = 1$ 时，模型（7.9）就变为模型（7.5）。此外，通过设定一系列 ρ 值，无效的决策单元可以获得一系列中间的节能减排目标。这种方式在实践中为无效的决策单元提供一种容易实现的逐步改善路径。

为了方便同时又不失一般性，我们在后面的分析中假定模型（7.9）中所有的决策单元的 ρ 值是相同。或者，每个决策单元可以根据管理、政治及经济因素，确定一个 ρ 值以描述其在短期内的技术进步能力。例如，在图 7.1 中，决策单元 J 和 K 可以设置不同的 ρ 值，逐步到达有效前沿面。此外，我们还可以假定 ρ 是一个变量。也就是说，对决策单元而言，为了优化 s^{coal}，s^{gas} 和 s^{oil}，ρ 可以选取不同的值。因此，附加约束条件 $0 \le \rho \le 1$ 或者其他可以反映节能技术改进潜力的约束条件，模型（7.9）会变为一个参数线性规划问题。

实际上，ρ 值源于一个国家或者产业的能源消耗和碳排放目标。以中国为例，从国家层面来看，"十一五"规划中要求单位 GDP 能耗下降 20%，主要污染物的排放量减少 10%。基于该目标，"十二五"规划中单位 GDP 的碳排放量目标下降 17%，单位 GDP 能耗目标下降 16%。此外，在国民经济与社会发展的中期和长期计划中，单位 GDP 的碳排放量到 2020 年要在 2005 年水平上降低 40%～45%。这就要求每个省根据其自身条件，选择一个合适的 ρ 值以确定其阶段性的节能减排目标。从产业的角度来看，根据《节能与新能源汽车产业发展规划（2012～2020）》，客运车辆的平均油耗要由 2015 年的每百公里 6.9 升下降为 2020 年的每百公里 5.0 升。由于 2010 年的平均油耗为每百公里 8 升，这就要求中国的汽车制造商，在低能耗的车辆设计和生产方面继续努力。因此，为了应对政府管理规制的压力，它们也必须设置合适的 ρ 值，确定节能减排的阶段性目标。

在实践中可能无法获得具体的 ρ 值，但是可以获得 ρ 的取值范围。例如，为满足上述国家能源消耗的目标，一个省份须考虑其自身现实条件，确定一个合适的节能减排目标，ρ 值可在一个范围内变化，如，15% ~ 30%。从这个角度来说，在模型（7.9）中，我们可以将 ρ 约束在一定的范围内，即 $\rho^L \leqslant \rho \leqslant \rho^U$，这里，$\rho^L$ 和 ρ^U 分别表示 ρ 的上界和下界。这时，如上文所说，ρ 是一个变量，模型（7.9）变为一个参数线性问题。

假定 s_o^{coal*}，s_o^{oil*} 和 s_o^{gas*} 是模型（7.9）的最优解。如果决策单元是结构无效的，那么以能源结构调整为基础的潜在碳排放的减少量可以通过如下公式求得：

$$PCR_{ESA} = s_o^{coal*} + s_o^{oil*} - s_o^{gas*} \qquad (7.10)$$

根据模型（7.9）中的剩余变量，也可以求得潜在的矿物质能源的节约量（$PFFS_{ESA}$）。

7.3.2 能源结构调整

在实际应用中，能源结构调整的使用可能会受到各种因素的（如技术、环境政策和经济水平等）限制。例如，在中国大多数地区，煤炭目前仍然为主要能源，由于石油和天然气的供应相对稳定，能源消费结构在短期内不易改变。最近，中国政府已宣布了各种促进可持续发展的政策，如宣布了一项前瞻性的计划——非矿物质能源到 2020 年占能源消费总量的约15%。

本节假定能源消费结构在一定程度上可以调整，那么模型（7.9）转变为如下形式：

$$\max\ s_o^{coal} + s_o^{oil} + s_o^{gas}$$

s. t. constraints （7.2a），（7.2c）and （7.2e）

constraints （7.9a），（7.9b），（7.9c）and （7.9d）

$$0 \leqslant s_o^{coal} \leqslant \alpha(1 - \rho\varphi^*)c_o^{coal} \qquad (7.11a)$$

$$-\beta(1 - \rho\varphi^*)c_o^{oil} \leqslant s_o^{oil} \leqslant \beta(1 - \rho\varphi^*)c_o^{oil} \qquad (7.11b)$$

$$0 \leqslant s_o^{gas} \leqslant \gamma(1 - \rho\varphi^*)c_o^{gas} \qquad (7.11c)\quad(7.11)$$

其中，α，β 和 γ 分别表示煤炭、石油和天然气可能的调整范围。约束条件（7.11a）~ 约束条件（7.11c）描述了能源结构调整实施的可行性。以

$\alpha = 10\%$，$\beta = 5\%$ 和 $\gamma = 10\%$ 为例，煤炭消耗量的减少与天然气消耗量的增加上界均为 10%，石油消耗的调整量可以在 -5% 和 5% 之间变动。随着 α，β 和 γ 的上升，能源结构调整的目标越来越难以实现。为了方便求解且不失一般性，我们在后文的分析中假定模型（7.11）中所有决策单元的 α，β 和 γ 都相同。决策者们可以根据某一时期特定的经济和社会因素，确定其能源结构调整的实际能力，定义相应的 α，β 和 γ 值。

假定 $s_o^{\text{coal}*}$，$s_o^{\text{oil}*}$ 和 $s_o^{\text{gas}*}$ 为模型（7.11）的最优解。如果决策单元是结构无效的，那么可实施的碳排放减少量可以通过以下公式求得：

$$ICR_{ESA} = s_o^{\text{coal}*} + s_o^{\text{oil}*} - s_o^{\text{gas}*} \tag{7.12}$$

根据模型（7.9）中的剩余变量，也可以求得可实施的矿物质能源的节约量（$IFFS_{ESA}$）。

等式（7.8）和模型（7.11）为技术和结构无效的决策单元提供了关于能源节约和碳排放减少的现实信息。对节能减排目标的估算过程归纳如下。

第一步：计算模型（7.2），求得所有决策单元的潜在能源节约量和碳排放减少量。

第二步：给定目标参数 ρ，计算等式（7.8），获得一系列基于节能技术进步方法的节能减排的中间目标。ρ 也可以看作是一个用户指定的参数。

第三步：给定目标参数 ρ，α，β 和 γ，求解模型（7.11），估算基于能源结构调整方法的能源节约量和碳排放减少量。

7.4 实证研究

7.4.1 决策单元、变量及数据来源

本章以中国 30 个省级区域为例，研究可实施的能源节约和碳排放减少策略。类似于第 2 章，本章中，我们根据 30 个省级区域的经济和社会发展

特征，将它们分为三个地区：东部地区、中部地区和西部地区。东部地区经济最发达，其 GDP 产出占中国 GDP 总产出的一半左右。中部地区人口较多，农业与工业基础也较好。西部地区有着最低人口密度，是中国欠发达的地区。

非能源投入指标有劳动力和资本存量，能源投入指标为总的能源消耗（包括煤炭、石油、天然气和非矿物质能源），期望产出指标为 GDP，非期望产出的指标为二氧化碳排放（主要产生于煤炭、石油和天然气）（Zhou et al.，2010；Wang et al.，2012；Bian et al.，2013）。劳动力和 GDP 的数据可以从《中国统计年鉴（2011）》中获得，总的能源消耗数据可以从《中国能源统计年鉴（2011）》中获得。根据单豪杰（2008）的方法和1952 年的价格水平，可以得到资本存量的数据。由于二氧化碳主要产生于矿物质能源的燃烧，碳排放的数据可以根据刘等（Liu et al.，2010）和李等（Li et al.，2012）的方法求得。表 7 - 2 展示了投入和产出数据集的描述性统计分析结果。

表 7 - 2　2010 年数据集的描述性统计分析

	指标	单位	最大值	最小值	均值	标准差
非能源投入	劳动力	万人	6041.56	294.10	2555.31	1700.90
	资本	亿元	22907.69	508.05	7277.15	6378.82
能源投入	总能源消耗	百万吨标准煤	353.59	13.79	118.09	78.24
期望产出	GDP	亿元	46013.06	1350.43	14551.15	11308.92
非期望产出	二氧化碳（煤炭）	百万吨	716.52	12.42	244.05	175.88
	二氧化碳（石油）	百万吨	194.12	0.00	43.51	48.70
	二氧化碳（天然气）	百万吨	34.75	0.36	7.64	7.020

7.4.2　基于技术进步和结构调整的节能减排

为了验证所提环境 DEA 方法的可行性，我们首先通过求解模型

(7.2) 评估中国 30 个省级区域的能源效率。我们进一步运用等式（7.4）量化了基于节能技术进步方法的潜在能源节约量和碳排放减少量。结果显示，6 个省份（吉林省、黑龙江省、河南省、湖北省、陕西省和甘肃省）在技术上是无效的。表 7-3 给出了相应的计算结果。

表 7-3　　　　　　　　　　技术无效省份的计算结果

省份	φ^*	效率	$PFFS_{ECT}$	PCR_{ECT}
吉林	0.3901	0.6099	33.19	84.31
黑龙江	0.5679	0.4321	70.21	171.97
河南	0.2508	0.7492	51.92	133.95
湖北	0.0425	0.9575	5.31	12.45
陕西	0.5975	0.4025	72.08	177.71
甘肃	0.5887	0.4113	35.67	86.98

在表 7-3 中，湖北省的效率值最高（0.9575），吉林省和河南省的效率居中，分别为 0.6099 和 0.7492。特别地，黑龙江省、陕西省和甘肃省的能源效率低于 0.5。此外，较低的效率意味着无效的省份在节能技术进步方面有很大的潜力。

表 7-3 中，技术无效的省份表现出明显的地域特征。6 个无效的省份都位于中西部地区。4 个省份位于中部地区（吉林省、黑龙江省、河南省和湖北省），总的 PCR_{ECT} 为 4026.9 万吨，占 6 个省份总量的 60.3%。2 个省份位于西部地区（陕西省和甘肃省），总的 PCR_{ECT} 为 2646.9 万吨，占 6 个省份总量的 39.7%。很明显，黑龙江省、河南省和山西省总的 PCR_{ECT} 超过 10000 万吨，占总量的 72.5%。此外，吉林省和甘肃省总的 PCR_{ECT} 在 8000 万吨与 9000 万吨之间，占总量的 25.7%。湖北省的 PCR_{ECT} 低于 1500 万吨，只占总量的 1.8%。值得一提的是，$PFFS_{ECT}$ 的值具有与 PCR_{ECT} 相同的特征。

另外，一个省份的技术无效值（φ^*）与 PCR_{ECT} 值之间不存在单调关系。较高的 φ^* 并不一定意味着较高的 PCR_{ECT} 值。例如，甘肃省有最高的 φ^* 值 0.5887，而其 PCR_{ECT} 值（8698 万吨）相对较低，在无效的区域中排名第四。同样地，较高的 PCR_{ECT} 值并不意味着较高的 φ^*。河南省有较高的 PCR_{ECT} 值（133.95），而其 φ^* 值（0.2508）相对较低，在无效的区域中排名第五。由于 $PFFS_{ECT}$ 表现出与 PCR_{ECT} 相同的特征，那么它与 φ^* 之间的关系也类似于 PCR_{ECT} 与 φ^* 之间的关系。

首先，我们运用等式（7.3）消除决策单元的技术无效；其次，采用模型（7.5）量化基于 ESA 方法的矿物质能源消耗与碳排放的减少量，并将其结果列于表 7-4 中。为方便起见，我们在表 7-4 中只展示了结构无效省份的计算结果。

表 7-4　　　基于能源结构调整（ESA）方法的矿物质能源与
碳排放减少量-结构无效的省份

省（区、市）	s^{coal*}	s^{oil*}	s^{gas*}	$PFFS_{ESA}$	PCR_{ESA}
河北	407.08	-14.41	5.79	139.97	386.88
江苏	206.99	-24.03	11.41	58.44	171.55
浙江	66.22	8.32	4.82	25.86	69.72
山东	491.65	59.47	14.19	202.78	536.93
陕西	509.60	-23.99	0.00	178.55	485.61
内蒙古	476.53	-23.16	3.27	164.15	450.10
吉林	85.36	3.25	1.26	32.56	87.35
黑龙江	66.22	15.69	0.00	25.63	81.91
安徽	36.71	6.38	7.74	12.00	35.35
江西	86.03	-8.22	8.88	22.60	68.93
河南	285.62	-26.58	5.57	90.05	253.47
湖北	126.24	-10.05	2.41	40.65	113.78
湖南	74.73	-20.34	3.96	15.55	5.04
广西	55.73	-15.64	3.67	10.94	36.42
重庆	35.57	-10.67	0.00	9.27	24.90
贵州	178.68	-13.18	1.07	53.47	164.43
陕西	67.48	16.56	0.00	33.10	84.04
甘肃	36.48	13.08	0.60	19.51	48.96
宁夏	97.43	-0.93	0.00	35.81	96.50

根据表7－3和表7－4中给出的信息，我们可以确定11个省（区、市）（北京市、天津市、辽宁省、上海市、福建省、广东省、海南省、四川省、云南省、青海省和新疆维吾尔自治区）在技术上和结构上都是有效的。这些省（区、市）的PCR_{ECT}、$PFFS_{ECT}$、PCR_{ESA}及$PFFS_{ESA}$值均为0。值得一提的是，11个技术和结构有效的省（区、市）中，7个在东部地区，4个在西部地区，中部地区的省份均无效。

在表7－4中，结构无效的省份也表现出明显的地域特征。中部地区的PCR_{ESA}值最高，占总量的50.5%，远高于东部和西部地区（分别为36.4%和13.1%）。同样地，中部地区总的$PFFS_{ESA}$（592.68）大于东部地区（427.05），并且两者都远大于西部地区（151.16）。这些发现与中国目前的地区特征相一致。例如，中部地区占全国煤炭储量的80%，具有良好的重工业基础。因此，这个地区的煤炭消耗量和碳排放量都是相当高的，并且其能源消费结构可能也不合理。东部地区是中国最发达的地区。然而，伴随持续的经济增长，较高的矿物质能源消耗和不合理的能源消费结构，是困扰东部地区的主要问题。西部是最不发达的地区，且其矿物质能源消耗低于其他两个地区。

此外，为实现碳减排的目标，12个省（区、市），即河北省、江苏省、山西省、内蒙古自治区、江西省、河南省、湖南省、湖北省、广西壮族自治区、重庆市、贵州省和宁夏回族自治区，必须调整能源结构，减少煤炭消费量，增加石油和天然气消耗量；7个省（浙江省、山东省、吉林省、黑龙江省、安徽省、陕西省和甘肃省）必须减少煤和石油的消耗，并增加天然气消费量。而且，s^{coal*}的绝对值大于s^{oil*}和s^{gas*}的绝对值。这一发现与中国的实际情况相符。从实际情况来看，现有的以煤炭为主的能源消费结构可能会导致较高的结构无效，特别是在东部和中部地区。此外，石油的消耗在中国各地差异较大，根据各地的偏好，可以灵活地调整不同区域的能源消费结构。很显然，对于提高能源效率和减少碳排放量，更多的机会在于调整能源消费结构。例如，在表7－3中，全国总的PCR_{ECT}和$PFFS_{ECT}$只有66737万吨和26838万吨标准煤。然而，在表7－4中，全国总的PCR_{ESA}和$PFFS_{ESA}$为320187万吨和117089万吨标准煤。这很好地证明了，我们的方法可以同时为技术无效和有效的区域量化期节能和碳减排的潜力。这些结果还表明，在中国，模型（7.5）是促进节能和碳减排的有效途径。

具体来说，PCR_{ECT} 和 PCR_{ESA} 的总和为 386924 万吨，占中国碳排放总量的 43.7% 左右。这意味着，如果技术和结构上的无效可以完全消除，在中国，单位 GDP 的碳排放量到 2020 年下降 40%～45% 的预期目标就可以实现。

以甘肃省为例，来说明单位变化对碳排放的剩余变量的影响。如果 c_o^{coal*} 和 c_o^{oil*} 的单位为百万吨，c_o^{gas*} 的单位为万吨，那么 s_o^{coal*} 和 s_o^{oil*} 分别为 0.00 百万吨和 9.01 百万吨，s_o^{gas*} 为 729.81 万吨（即 7.2981 百万吨）。如果 c_o^{coal*}，c_o^{oil*} 和 c_o^{gas*} 的单位统一为百万吨，那么 s_o^{coal*}，s_o^{oil*} 和 s_o^{gas*} 分别为 36.48 百万吨，13.08 百万吨和 0.60 百万吨。如果 c_o^{coal*}，c_o^{oil*} 和 c_o^{gas*} 的单位统一为万吨，那么 s_o^{coal*}，s_o^{oil*} 和 s_o^{gas*} 分别为 3648 万吨，1308 万吨和 60 万吨（即 36.48 百万吨，13.08 百万吨和 0.60 百万吨）。详情见附录 8 和表 7-4。

7.4.3　基于目标的节能减排

如上面所述，对于决策单元而言，往往很难一步实现节能和碳减排的目标。因此，我们提出一种逐步改进的办法，旨在减少能源消耗和碳排放。

我们运用模型（7.9），通过设置不同的 ρ 值（即 $\rho = 0.2$，0.5 和 0.8），估算基于能源结构调整方法的潜在的能源消耗与碳排放减少量。这样，决策者可以得到一系列在实践中可以实现的中间目标。我们将目标结果列于表 7-5 中。为方便起见，表 7-5 中只给出了技术和结构上均无效的省份的计算结果。值得注意的是，对于技术上有效而结构上无效的决策单元而言，随着 ρ 值的变化，其 s^{coal*}、s^{oil*} 和 s^{gas*} 的值保持不变。

表 7-5　　　　　　　　中间目标——技术和结构上均无效的省份

省份	$TFFS_{ETC}$	TCR_{ETC}	s^{coal*}	s^{oil*}	s^{gas*}	$PFFS_{EAS}$	PCR_{EAS}
$\rho = 0.2$							
吉林	6.64	16.86	129.04	4.91	1.90	49.26	132.5
黑龙江	14.04	34.39	135.84	32.19	0.00	66.09	168.03
河南	10.38	26.79	362.11	-33.70	7.06	114.15	321.35
湖北	1.06	2.49	130.73	-10.27	2.50	42.27	117.96
陕西	14.42	35.54	147.62	36.23	0.00	72.42	183.85
甘肃	7.13	17.4	78.25	28.05	1.30	41.86	105.00
$\rho = 0.5$							
吉林	16.60	42.16	112.66	4.29	1.66	42.97	115.29
黑龙江	35.11	85.99	109.73	26.00	0.00	53.38	135.73
河南	25.96	66.98	333.43	-31.03	6.50	105.12	295.90
湖北	2.66	6.23	129.05	-10.14	2.47	41.55	116.44
陕西	36.04	88.86	117.57	28.86	0.00	57.68	146.43
甘肃	17.84	43.49	62.59	22.44	1.04	33.48	83.99
$\rho = 0.8$							
吉林	26.55	67.45	96.28	3.67	1.42	36.73	98.50
黑龙江	56.17	137.58	83.62	19.81	0.00	40.68	103.43
河南	41.54	107.16	304.75	-28.36	5.94	96.07	270.45
湖北	4.25	9.96	127.37	-10.04	2.43	41.01	114.90
陕西	57.66	142.17	87.51	21.48	0.00	42.93	108.99
甘肃	28.54	69.58	46.92	16.82	0.78	20.78	62.96

由表 7-5 可以看出，对于 6 个技术与结构上均无效的省份而言，其 $TFFS_{ETC}$ 和 TCR_{ETC} 随着 ρ 的上升而上升，s^{coal*}、s^{oil*}、s^{gas*}，$PFFS_{EAS}$ 和 PCR_{ESA} 随着 ρ 的上升而下降。而且，TCR_{ECT} 和 PCR_{ESA} 之间的差距随着 ρ 的上升而缩小。节能技术的进步可以缓解能源结构调整的压力。因此，在能源结构调整过程结合节能技术的进步可以有效地降低中国的能源消耗和碳排放量。

此外，根据模型（7.11），考虑不同的能源结构调整范围，量化了每个省份的$IFFS_{ESA}$和ICR_{ESA}。表7-6给出了三种能源结构调整方案，表7-7~表7-10列出了相应的计算结果。

表7-6 三种能源结构调整方案

	方案 I	方案 II	方案 III
α	10	20	30
β	5	10	15
γ	10	20	30

资料来源：Gou XD, Zhu L, Fan Y, Xie BC. Evaluation of potential reductions in carbon emissions in Chinese Provinces based on environmental DEA [J]. Energy Policy, 2011, 39 (5): 2352 - 2360.

方案 I 是一种在短期内可以实现的能源结构调整目标。方案 II 表述了一种中等难度的能源结构调整目标，调整的幅度是方案 I 的 2 倍。这就要求各个省份在能源结构调整方面付出更多的努力。方案 III 表示一种在长期内才可以实现的能源结构调整目标。

对于技术上有效的地区（$\varphi^* = 0$）而言，减少矿物质能源消耗和碳排放量可通过调整能源结构来实现。表7-7和表7-8列出了相应的计算结果。

表7-7 剩余变量——结构无效的省份

省份	方案 II			方案 II			方案 III		
	s^{coal*}	s^{oil*}	s^{gas*}	s^{coal*}	s^{oil*}	s^{gas*}	s^{coal*}	s^{oil*}	s^{gas*}
河北	52.72	2.07	0.59	105.44	4.14	1.18	158.16	6.21	1.77
江苏	31.77	-4.44	1.43	63.53	-8.88	2.86	95.31	-13.32	4.29
浙江	8.65	1.83	0.65	17.30	3.66	1.30	25.95	5.49	1.95
山东	71.65	8.28	0.95	143.30	16.56	1.90	214.95	24.84	2.85
内蒙古	4.51	-0.21	0.03	9.02	-0.42	0.06	13.53	-0.62	0.09
安徽	25.68	0.71	0.25	51.36	1.42	0.50	77.04	2.13	0.75
江西	4.35	-0.70	0.10	8.70	-1.40	0.20	13.05	-2.10	0.30
湖南	3.34	-0.87	0.24	6.66	-1.74	0.48	10.02	-2.61	0.72

省份	方案 I			方案 II			方案 III		
	s^{coal*}	s^{oil*}	s^{gas*}	s^{coal*}	s^{oil*}	s^{gas*}	s^{coal*}	s^{oil*}	s^{gas*}
广西	0.56	-0.16	0.04	1.12	-0.32	0.08	1.68	-0.48	0.12
贵州	2.02	0.00	0.08	4.04	0.00	0.16	6.06	0.00	0.24
宁夏	11.07	0.26	0.18	22.14	0.52	0.36	33.21	0.78	0.54

如表 7 - 7 所示，在三种调整方案中，s^{coal*} 的绝对值都大于 s^{oil*} 和 s^{gas*} 的绝对值。此外，方案 II 和方案 III 中 s^{coal*}、s^{oil*} 和 s^{gas*} 的绝对值分别是方案 I 的 2 倍和 3 倍。这意味着，能源结构的变化可以识别结构上的无效。在中国，通过降低煤炭消耗，平衡能源结构可以有效地减少碳排放量。

根据表 7 - 7 中的剩余变量，我们得到矿物质能源消耗量和碳排放量的可实施的减少目标，表 7 - 8 给出了相应的结果。

表 7 - 8　　　　　　　　　中间目标——结构无效的省份

省份	方案 I		方案 II		方案 III	
	$IFFS_{EAS}$	ICR_{EAS}	$IFFS_{EAS}$	ICR_{EAS}	$IFFS_{EAS}$	ICR_{EAS}
河北	20.26	54.20	40.52	108.40	60.78	162.60
江苏	8.80	25.90	17.60	51.80	26.40	77.70
浙江	3.70	9.98	7.40	19.96	11.10	29.94
山东	27.41	78.98	54.82	157.96	82.23	236.94
内蒙古	1.56	4.27	3.12	8.54	4.68	12.81
安徽	9.71	26.14	19.42	52.28	29.13	78.42
江西	1.22	3.55	2.44	7.10	3.66	10.65
湖南	0.67	2.23	1.34	4.46	2.01	6.69
广西	0.11	0.36	0.22	0.72	0.33	1.08
贵州	0.70	1.94	1.40	3.88	2.10	5.82
宁夏	4.14	11.15	8.24	22.30	12.42	33.45

在表 7 - 8 中，方案 II 和方案 III 中的 $IFFS_{ESA}$ 和 ICR_{EAS} 也分别是方案 I 的

2 倍和 3 倍。这一现象表明随着能源结构调整幅度的上升，矿物质能源的消耗与碳排放的减少量也在上升。为了更好地说明了基于目标的方法是如何实施的，我们以河北省为例。

在方案 I 中，我们得到 2026 万吨标准煤的 $IFFS_{EAS}$ 和 5420 万吨的 ICR_{EAS}。这一较低的目标对于河北省来说可以在不久的将来实现。在方案 II 中，我们得到 4052 万吨标准煤的 $IFFS_{EAS}$ 和 10840 万吨的 ICR_{EAS}。这种中等难度的目标要求河北省在能源结构调整方面付出更多的努力。在方案 III 中，我们得到 6078 万吨标准煤的 $IFFS_{EAS}$ 和 16260 万吨的 ICR_{EAS}。这种较难实现的目标，要求河北省在一个较长的时期内采取多种措施保证能源结构调整工作的顺利进行。

以上讨论表明，技术上有效的省份可以采用不同的能源结构调整方案实现其节能减排目标。然而，能源结构调整的范围受到矿物质和非矿物质能源产能的限制。要实现一个较难的调整目标（如方案 II 或方案 III），政府必须实施各种策略和政策，例如，促进可再生能源技术的部署，提高天然气的供应能力，扩大核能源的供应，实施差别电价等。

对于在技术和结构上均无效的省份，可以通过定义技术进步水平和定制能源结构调整范围实现其节能减排目标。表 7 - 9 和表 7 - 10 列出了相应的计算结果。

表 7 - 9 　　　　　　　　剩余变量——技术和结构上均无效的省份

省份	$\rho = 0.2$			$\rho = 0.5$			$\rho = 0.8$		
	s^{coal*}	s^{oil*}	s^{gas*}	s^{coal*}	s^{oil*}	s^{gas*}	s^{coal*}	s^{oil*}	s^{gas*}
方案 I									
吉林	16.96	1.28	0.40	14.81	1.12	0.35	12.65	0.96	0.30
黑龙江	20.79	2.76	0.53	16.79	2.23	0.42	12.80	1.70	0.32
河南	47.50	1.17	0.89	43.73	1.08	0.82	39.97	0.99	0.75
湖北	25.64	1.52	0.39	25.31	1.50	0.38	24.98	1.48	0.38
陕西	19.67	2.74	1.03	15.67	2.18	0.82	11.66	1.63	0.61
甘肃	9.13	1.83	0.25	7.30	1.46	0.20	5.47	1.10	0.15

省份	$\rho=0.2$			$\rho=0.5$			$\rho=0.8$		
	s^{coal*}	s^{oil*}	s^{gas*}	s^{coal*}	s^{oil*}	s^{gas*}	s^{coal*}	s^{oil*}	s^{gas*}
方案Ⅱ									
吉林	33.92	2.56	0.80	29.62	2.24	0.70	25.30	1.92	0.60
黑龙江	41.58	5.52	1.06	33.58	4.46	0.84	25.60	3.40	0.64
河南	95.00	2.34	1.78	87.46	2.16	1.64	79.94	1.98	1.50
湖北	51.28	3.04	0.78	50.62	3.00	0.76	49.96	2.96	0.76
陕西	39.34	5.48	2.06	31.34	4.36	1.64	23.32	3.26	1.22
甘肃	18.26	3.66	0.50	14.60	2.92	0.40	10.94	2.20	0.30
方案Ⅲ									
吉林	50.88	3.84	1.20	44.43	3.36	1.05	37.95	2.88	0.90
黑龙江	62.37	8.28	1.59	50.37	6.69	1.26	38.40	5.10	0.96
河南	142.50	3.51	2.67	131.19	3.24	2.46	119.91	2.97	2.25
湖北	76.92	4.56	1.17	75.93	4.50	1.14	74.94	4.44	1.14
陕西	59.01	8.22	3.09	47.01	6.54	2.46	34.98	4.89	1.83
甘肃	27.39	5.49	0.75	21.90	4.38	0.60	16.41	3.30	0.45

　　类似于表7-7中的结果,当 $\rho=0.2$、0.5 和 0.8 时,方案Ⅱ和方案Ⅲ中的 s^{coal}、s^{oil} 和 s^{gas} 也分别为方案Ⅰ的 2 倍和 3 倍。在三种方案中,s^{coal*} 的值都远大于 s^{oil*} 和 s^{gas*} 的值。s^{coal*}、s^{oil*} 和 s^{gas*} 随着 ρ 的上升而下降,因为节能技术的进步可以缓解能源结构调整的压力。

　　根据表7-9中的剩余变量,我们得到 $IFFS_{ESA}$ 和 ICR_{EAS} 的值,表7-10给出了相应的结果。

表7-10　　　　　中间目标——技术和结构上均无效的省份

省份	$\rho=0.2$		$\rho=0.5$		$\rho=0.8$	
	$IFES_{EAS}$	ICR_{EAS}	$IFES_{EAS}$	ICR_{EAS}	$IFES_{EAS}$	ICR_{EAS}
方案Ⅰ						
吉林	6.68	17.84	5.84	15.58	4.99	2.31

续表

省份	$\rho = 0.2$		$\rho = 0.5$		$\rho = 0.8$	
	$IFES_{EAS}$	ICR_{EAS}	$IFES_{EAS}$	ICR_{EAS}	$IFES_{EAS}$	ICR_{EAS}
方案 I						
黑龙江	8.74	23.03	7.07	18.60	5.39	14.18
河南	17.70	47.78	16.29	43.99	14.89	40.21
湖北	10.04	26.77	9.91	26.43	9.78	26.08
陕西	8.01	21.38	6.38	17.03	4.75	12.68
甘肃	4.13	10.71	3.30	8.56	2.47	6.42
方案 II						
吉林	13.36	35.68	11.68	31.16	9.98	4.62
黑龙江	17.48	46.06	14.14	37.20	10.78	28.36
河南	35.40	95.56	32.58	87.98	29.78	80.42
湖北	20.08	53.54	19.82	52.86	19.56	52.16
陕西	16.02	42.76	12.76	34.06	9.50	25.36
甘肃	8.26	21.42	6.60	17.12	4.94	12.84
方案 III						
吉林	20.04	53.52	17.52	46.74	14.97	6.93
黑龙江	26.22	69.09	21.21	55.80	16.17	42.54
河南	53.10	143.34	48.87	131.97	44.67	120.63
湖北	30.12	80.31	29.73	79.29	29.34	78.24
陕西	24.03	64.14	19.14	51.09	14.25	38.04
甘肃	12.39	32.13	9.90	25.68	7.41	19.26

　　注意，表7-5中已经列出了不同的技术进步水平下的矿物质能源节约量（$TFFS_{ECT}$）和碳排放减少量（TCR_{ECT}），因此，在表7-10中就不再给出。为了更好地说明基于目标的方法是如何实施的，我们以陕西省为例。

　　当 $\rho = 0.2$ 时，TCR_{ECT} 和 $TFFS_{ECT}$ 分别为3554万吨和1442万吨标准煤。这假定陕西省的节能技术可以提高20%，这个目标在短期内是不难实现的。当 $\rho = 0.2$ 时，在三种调整方案中，基于能源结构调整方法的矿物质能源消耗与碳排放的减少目标如下：在方案 I 中，ICR_{ESA} 为 2138 万吨，$IFFS_{ECT}$ 为 801 万吨标准煤。在方案 II 中，ICR_{ESA} 为 4276 万吨，$IFFS_{ECT}$ 为 1602 万吨标准煤。在方案 III 中，ICR_{ESA} 为 6414 万吨，$IFFS_{ECT}$ 为 2403 万吨标准煤。

当 $\rho = 0.5$ 时，TCR_{ECT} 和 $TFFS_{ECT}$ 分别为 8886 万吨和 3604 万吨标准煤。这假定陕西省的节能技术可以提高 50%。陕西省可能通过加强其节能技术投资和支持技能技术应用等措施来实现这一较难的目标。当 $\rho = 0.5$ 时，在三种调整方案中，基于能源结构调整方法的矿物质能源消耗与碳排放的减少目标如下：在方案 I 中，ICR_{ESA} 为 1703 万吨，$IFFS_{ECT}$ 为 638 万吨标准煤。在方案 II 中，ICR_{ESA} 为 3406 万吨，$IFFS_{ECT}$ 为 1276 万吨标准煤。在方案 III 中，ICR_{ESA} 为 5109 万吨，$IFFS_{ECT}$ 为 1914 万吨标准煤。

当 $\rho = 0.8$ 时，TCR_{ECT} 和 $TFFS_{ECT}$ 分别为 8886 万吨和 3604 万吨标准煤。这意味着陕西省的节能技术可以提高 80%。想要顺利实现这一目标，从长远来看，该省必须在节能技术方面取得显著的进步。当 $\rho = 0.8$ 时，在三种调整方案中，基于能源结构调整方法的矿物质能源消耗与碳排放的减少目标如下：在方案 I 中，ICR_{ESA} 为 1268 万吨，$IFFS_{ECT}$ 为 475 万吨标准煤。在方案 II 中，ICR_{ESA} 为 2536 万吨，$IFFS_{ECT}$ 为 950 万吨标准煤。在方案 III 中，ICR_{ESA} 为 3804 万吨，$IFFS_{ECT}$ 为 1425 万吨标准煤。

此外，我们发现，当 $\rho = 0.5$ 和 0.8 时，三种调整方案中 ICR_{ESA} 和 $IFFS_{ECT}$ 的值都小于 $\rho = 0.2$ 时的相应值。例如，在方案 I 中，当 $\rho = 0.2$ 时，ICR_{ESA} 和 $IFFS_{ECT}$ 的值分别为 3554 万吨和 1442 万吨标准煤；当 $\rho = 0.5$ 时，ICR_{ESA} 和 $IFFS_{ECT}$ 的值分别为 2138 万吨和 801 万吨标准煤；当 $\rho = 0.8$ 时，ICR_{ESA} 和 $IFFS_{ECT}$ 的值分别为 1268 万吨和 475 万吨标准煤。这些现象都说明节能技术的进步能够缓解能源结构调整的压力。

7.4.4 非矿物质能源消耗

前面为满足地区生产活动中对能量消耗的要求，假定在能源解调整的过程中各省份的能源消耗总量保持不变。因此，为确保总能源需求得到满足, 在减少矿物质能源消耗的同时, 需要增加非矿物质能源的消耗。这时, 非矿物质能源在能源结构调整中发挥着重要的作用。在能源结构调整过程中, 通过设置不同技术进步水平和定制不同的能源结构调整方案, 我们可以得到非矿物质能源消耗的比重。图7-2展示了相关的计算结果。

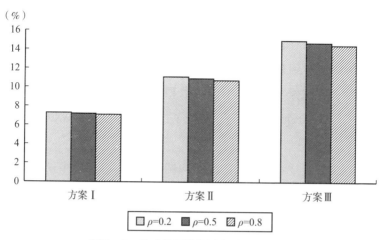

图7-2 非矿物质能源消耗比重的变化

由图7-2可以看出, 非矿物质能源占总能耗的比重相对较低, 矿物质能源仍然是主要的能源来源。给定一种调整方案, ρ值的变化对非矿物质能源的比重的影响较小。这也许可以说明, 节能技术的水平对非矿物质能源消耗的影响相对稳定。

给定ρ, 在方案Ⅰ、方案Ⅱ和方案Ⅲ中, 非矿物质能源的消耗比重呈上升趋势。特别地, 当$\rho=0.2$, $\rho=0.5$和$\rho=0.8$时, 方案Ⅲ中非矿物质能源消耗的比重分比为14.9%, 14.7%和14.4%。这样, 中国政府制定的到2020年非矿物质能源消耗将占能源消费总量的15%的目标是可以实现的。具体来说, 为实现这一目标, 必须提高天然气供应能力和促进非矿物质能源的发展。

7.5　本章小结

本章研究了决策单元的能源效率，并探索了逐步的、可行的节能减排策略，使无效的决策单元实现其能源节约和碳排放减少的目标。传统上，可以通过各种模型对能源效率进行评价，无效的决策单元被假定为通过一步调整就可以投影到有效前沿面上。然而，在实践中，这通常是不可能实现的。本章，我们分析了基于节能技术和能源结构调整方法的节能减排的困难，以中国的30个省份为例，讨论了这些区域如何实现2020年的总体目标。

为了克服节能技术进步和能源结构调整过程中的相关困难，我们定义了一个具体百分比 ρ 作为目标，这个目标可以反映出，在当前节能技术水平下，技术上的无效可以被消除的程度。我们提出了一个基于节能技术的目标模型，为不同的地区域（即这些地区在经济发展、科技创新以及政府管制等方面具有不同特征）识别和定制不同的目标。通过为 ρ 设定不同的目标值，可以得到一系列基于节能技术进步的节能减排的中间目标。接着，我们结合不同的节能技术目标，提出三种能源结构调整方案，并将这些方案分为，短期目标、中期目标和长期目标。这种分类与中国实际的能源消费情况相一致。通过对三种调整方案的分析，我们给出了一系列基于能源结构调整的节能减排的中间目标。

根据实证的结果，得到以下结论：第一，由于前面所讨论的困难限制了节能技术进步和能源结构调整在能源消耗与碳排放减少方面的作用，一个可行的能源政策必须考虑这些困难。为节能技术进步和能源结构调整范围设置一个恰当的阶段性目标可能是一种相对务实的策略。第二，在中国，各区域在基于节能技术进步的节能减排方面表现出很大的差距。6个技术无效率的省份都位于中西部地区。为了解决这一问题，这些省份可以与技术有效的省份进行合作，以获得技术援助。第三，通过减少煤炭的消耗，能源结构调整可以有效地推动中国矿物质能源消耗量与碳排放量的减少。为了满足区域生产活动中对能耗的要求，政策制定者要实施各种策略，大力发展非矿物质能源，确保石油和天然气的供应。第四，对于技术和结构上均无效的区域而言，基于节能技术进步和基于能源结构调整的节能减排目标之间的差距随着 ρ 的上升而缩小。节能技术进步可以缓解能源结构调整的压力。在能源结构调整的过程中结合节能技术的进步可以有效地推动矿物质能源消耗量与碳排放量的减少。

第8章

总结与展望

8.1 总 结

保障能源供给和保护生态环境是可持续发展战略中两个至关重要的问题。作为一种有效的评价工具，DEA 被广泛应用于能源与环境问题的相关研究。本书，我们基于效率视角，研究能源经济系统效率评价和改进所涉及的几个实际问题：基于应对策略的经济与环境效率评价、经济与环境效率的动态评价、考虑不确定性因素的能源与环境效率评价、复杂网络结构下可持续发展效率评价、动态网络结构下区域工业系统效率评价、节能减排目标的可实现性问题。

本书主要工作有以下六个方面：

（1）基于 RAM – DEA 模型，评价不同策略情形下的经济与环境效率，分析策略转换对效率的影响。

从决策者面对环境规制时所采取的策略出发，基于 RAM – DEA 模型，提出了不同策略（自然支配和管理支配）情形下，相应的经济与环境效率（即综合效率）评价模型，描述了积极策略和消极策略之间的转换对效率的影响，并给出了详细的投入、期望产出和非期望产出的调整目标。实证研究表明，从一个消极策略转变为一个积极策略会对综合效率产生积极的影响。因此，增加资本投入，促进清洁生产技术进步对可持续发展而言至关重要。为了满足工业污染预防和控制方面对资本的需求，政策的制定者们应该采取各种措施支持清洁生产活动。

（2）基于 DEA-MPI 方法，动态评价不同应对策略下的经济与环境效率，识别驱动效率动态变化的主要因素。

首先，根据工业系统的运作特征，将其生产活动分为两类：常规生产活动和污染控制活动。接着，提出不同应对策略下的动态 DEA 模型评价工业系统的综合效率和 MPI，并将综合分解为经济效率和环境效率。此外，还将各效率指标的 MPI 分解为两部分：静态效率变化和技术变化，识别出驱动效率动态变化的主要因素。实证研究表明，较低的环境效率是综合效率无效的主要原因。其次，自然支配下的综合效率和环境效率平均值低于管理支配下的平均值。这说明，区域工业系统可以通过增加对技术创新的资本投入提高综合效率和环境效率。最后，静态效率变化的影响不明显，而技术变化对综合效率变化的影响显著。这意味着中国工业系统的效率改进主要是由技术进步推动的，特别是污染控制技术的进步。

（3）考虑决策变量的特征，分析碳排放的不确定性情形下的能源与碳排放效率。

引入碳排放的不确定性问题，结合机会约束规划和 DEA 方法，提出一种径向的随机模型评价能源与碳排放效率；接着，将径向随机模型扩展为非径向的随机模型，并分析了碳排放的不确定性对各个决策单元的能源与碳排放效率的影响。此外，还根据决策者的风险态度和碳排放的不确定性程度，运用灵敏度分析的方法，讨论了风险态度和不确定性程度与效率结果之间的关系。一方面，风险态度直接影响能源与碳排放的效率，进而影响区域效率的改进。这意味着，在评价能源与碳排放效率时，选择一个合适的风险态度是必要。另一方面，碳排放的标准差也对区域能源与碳排放效率产生较大影响。这意味着，要提高区域效率，就要采取更多的措施节约能源、减少碳排放和控制碳排放的不确定程度。

（4）基于经济、环境和社会视角，探讨经济与环境子系统和社会子系统之间的交互关系对可持续发展系统效率的影响。

　　根据可持续发展系统的运作特征，将其分为两个部分：经济与环境子系统和社会子系统。接着，刻画经济与环境子系统和社会子系统之间的交互关系，分别提出非合作博弈和合作博弈 DEA 模型，分析子系统的交互方式对可持续发展系统效率的影响。实证研究表明，与传统的 DEA 模型相比，所提方法具有更高的效率识别能力，有助于明确效率改进的方向。在中国，可持续发展系统的低效率主要是来源于社会子系统而不是经济与环境子系统。关注经济与环境子系统和社会子系统的协调发展，提高公共服务投资的质量和效率，有助于提高可持续发展系统的效率。

　　（5）基于动态 DEA－SBM 模型，研究网络结构下考虑结转变量的工业系统效率评价问题。

　　根据工业系统的运作特征，将其分为两个阶段：生产阶段和减排阶段。接着，分析废气处理能力这一结转变量的特征，提出动态两阶段 DEA－SBM 模型，分析结转变量对工业系统效率的动态影响，并得到整体、期间、阶段和期间阶段效率的评价指标。此外，运用回归分析法探讨了环境变量对工业系统效率的影响，确定了影响区域工业系统效率的关键因素。实证研究表明，废气处理能力这一结转变量对整体效率特别是减排效率有显著影响，减排效率高的区域工业系统更有可能获得较高的整体效率。地方政府需建立激励机制，充分调动工业企业提高废气处理能力的积极性。其次，产业结构和经济发展水平被认为是影响区域工业系统效率的关键因素。要取得高效率，区域工业系统必须优化产业结构，促进经济发展。

　　（6）研究节能减排目标的可实现性问题，提出可实施的、循序渐进的节能减排路径。

　　测度了决策单元的能源效率，并探索了逐步的、可行的节能减排策略，使无效的决策单元实现其能源节约和碳排放减少的目标。理论上，可以通过各种模型对能源效率进行评价，无效的决策单元被假定为通过一步调整就可以投影到有效前沿面上。然而，在实践中这通常是不可能实现的。为了克服节能技术进步和能源结构调整中的相关困难，我们定义了一个具体比例，作为唯一的目标。提出了一个基于节能技术进步的目标模型，为不同的区域识别和定制不同的目标。通过设定不同的目标值，可以得到一系列基于节能技术进步的节能减排的中间目标。接着，结合不同的节能技术目标，提出三种能源结构调整方案，并将这些方案分为，短期目标、中期目标和长期目标。通过对三种调整方案的分析，给出了一系列基于能源结构调整的节能减排的中间目标。实证研究表明，在能源结构调整的过程中结合节能技术的进步可以有效地推动矿物质能源消耗量与碳排放量的减少。

8.2 创 新 点

本书主要创新点如下。

（1）第2章，我们提出的方法为决策者提供了一种积极的应对环境规制的策略，即提高清洁生产技术方面的资本投入，以提高期望产出和减少非期望产出。传统的环境DEA模型无法做到这一点。同时，本章的方法可以给出不同策略（即自然支配和管理支配）情形下，投入、期望产出和非期望产出的调整量，这为相关的经济和环境决策提供了参考依据，从而有助于经济和环境的协调发展。

（2）第3章，我们提出基于不同应对策略的动态模型以评价工业系统的综合效率。根据所构建的方法，可以得到经济效率和环境效率的评价指标。依据这些效率指标，决策者可以确定工业生产活动中低效率的来源。此外，我们还提供了所有效率指标的MPI值。同时，为了分析效率变化的驱动因素，将MPI值分解为静态效率变化和技术变化。

（3）第4章，我们很好地描述了碳排放的不确定性。在考虑碳排放不确定性问题时，我们的随机方法要比传统的确定性的DEA方法更具效率识别力。特别地，随机DEA模型可以发现极端有效的DMU，这是传统确定性方法所无法做到。

（4）第5章，我们分析了经济和环境子系统与社会子系统之间的运作关系。从运营的角度刻画了两个子系统之间的交互联系，符合实践中决策者面对的实际情形。同时，我们分别提出了非合作博弈和合作博弈DEA模型，分析子系统的交互方式对可持续发展系统效率的影响机理，有助于解决子系统的低效率问题，进而提高可持续发展系统的效率。

（5）第 6 章，我们考虑了结转变量废气处理能力对工业系统效率的动态影响。为此，构建了动态两阶段 DEA - SBM 模型，并获得了整体、期间、阶段和期间阶段效率，从而确定了工业系统低效率的来源。同时，我们运用回归分析法探讨了环境变量对工业系统效率的影响，从而确定了影响效率的关键因素，为效率改进提供政策建议。

（6）第 7 章，我们分析了节能减排目标的可实现性问题，并基于节能技术水平和能源结构调整能力，提出一种循序渐进的节能减排方式，符合现实的需要，有利于节能减排工作的开展。

8.3　工作展望

与已有的研究相比，本书有一定的创新性和实用性，但也存在一些不足和需要改进之处，不足与可能的拓展研究有：

（1）第 2 章，我们只考虑了技术进步投入对综合效率的影响。其他的因素，如能源消耗和经济状况等，也可以作为本章的延伸。

（2）第 4 章，我们只考虑了碳排放的不确定性，其他相关因素的不确定性，如能源投入和期望产出等，也可以视为本研究的扩展。

（3）第 5 章，我们只考虑城市基本公共服务的三个主要方面（即社会保障和就业、基础教育和医疗保健），而忽略其他方面。公共安全、公共住房、文化和体育可以用于扩展我们的研究。

（4）第 6 章，我们将前一年度产生的废气处理能力作为下一年度工业废气处理的技术基础。在未来的研究中可能会考虑其他结转变量。

（5）第 7 章，我们只考虑了节能技术进步与能源结构调整方面的困难，其他方面的问题，如经济增长方式的转变和社会发展水平等，也可以视为本章的扩展。

（6）第 3 章、第 7 章，我们提出的 DEA 方法是基于规模报酬不变的假设，可以扩展为规模报酬可变的情形。

（7）考虑数据的可获得性，本书还可以使用更多年份的面板数据。这可以提高 DEA 模型的识别力，为区域能源经济系统效率的改进提供更多的信息和决策依据。

附录

附录 1　非线性模型的转化

令 $\dfrac{1}{\displaystyle\sum_{r=1}^{s}(1+\phi_{ro})} \times \dfrac{1}{p} = \beta_o$，则模型（3.4）转化为：

$$TE^{SN} = \min \beta_o s \sum_{f=1}^{p}(1-\varphi_{fo})$$

$$\text{s. t. } p\beta_o \sum_{r=1}^{s}(1+\phi_{ro}) = 1$$

$$\sum_{j=1}^{n}\lambda_j x_{ij} \leqslant x_{io},\ i = 1,\cdots,m$$

$$\sum_{j=1}^{n}\lambda_j k_{lj} \leqslant k_{lo},\ l = 1,\cdots,h$$

$$\sum_{j=1}^{n}\lambda_j g_{rj} \geqslant (1+\phi_{ro})g_{ro},\ r = 1,\cdots,s$$

$$\sum_{j=1}^{n}\lambda_j b_{fj} \leqslant (1-\varphi_{fo})b_{fo},\ f = 1,\cdots,p$$

$$\lambda_j \geqslant 0,\ j = 1,\cdots,n \qquad\qquad (\text{附}1.1)$$

由于目标函数中包含 $\beta_o\varphi_{fo}$，约束条件中包含 $\beta_o\phi_{ro}$，模型（附1.1）仍然是非线性规划。令 $\beta_o\varphi_{fo} = \rho_{fo}$，$\beta_o\phi_{ro} = \delta_{ro}$ 以及 $\beta_o\lambda_j = \gamma_j$，则模型（附1.1）可以转化为如下形式：

$$TE^{SN} = \min s\left(\beta_o p - \sum_{f=1}^{p}\rho_{fo}\right)$$

$$\text{s. t. } p\left(s\beta_o + \sum_{r=1}^{s}\delta_{ro}\right) = 1$$

$$\sum_{j=1}^{n}\gamma_j x_{ij} \leqslant \beta_o x_{io},\ i = 1,\cdots,m$$

$$\sum_{j=1}^{n} \gamma_j k_{lj} \leqslant \beta_o k_{lo} , \ l = 1 , \cdots , h$$

$$\sum_{j=1}^{n} \gamma_j g_{rj} \geqslant (\beta_o + \delta_{ro}) g_{ro} , \ r = 1 , \cdots , s$$

$$\sum_{j=1}^{n} \gamma_j b_{fj} \leqslant (\beta_o - \rho_{fo}) b_{fo} , \ f = 1 , \cdots , p$$

$$\gamma_j \geqslant 0 , j = 1 , \cdots , n \qquad \qquad （附1.2）$$

通过求解模型（附1.2），可以得到最优解（γ_j^*，ρ_{ro}^*，δ_{ro}^*，β_o^*）、综合效率、经济效率以及环境效率。

类似于模型（3.4）和模型（3.8），可以转化为如下形式：

$$TE^{SM} = \min s(\beta_o p - \sum_{f=1}^{p} \rho_{fo})$$

$$\text{s. t. } p(s\beta_o + \sum_{r=1}^{s} \delta_{ro}) = 1$$

$$\sum_{j=1}^{n} \gamma_j x_{ij} \leqslant \beta_o x_{io} , \ i = 1 , \cdots , m$$

$$\sum_{j=1}^{n} \gamma_j k_{lj} \geqslant \beta_o k_{lo} , \ l = 1 , \cdots , h$$

$$\sum_{j=1}^{n} \gamma_j g_{rj} \geqslant (\beta_o + \delta_{ro}) g_{ro} , \ r = 1 , \cdots , s$$

$$\sum_{j=1}^{n} \gamma_j b_{fj} \leqslant (\beta_o - \rho_{fo}) b_{fo} , \ f = 1 , \cdots , p$$

$$\gamma_j \geqslant 0 , \ j = 1 , \cdots , n \qquad \qquad （附1.3）$$

通过求解模型（附1.3），可以得到最优解（γ_j^*，ρ_{ro}^*，δ_{ro}^*，β_o^*）、技术效率、经济效率以及环境效率。

类似于模型（3.4）和模型（3.13），可以转化为如下形式：

$$TE^{DN(t)} = \min s(\beta_o^t p - \sum_{f=1}^{p} \rho_{fo}^t)$$

$$\text{s. t. } p(s\beta_o^t + \sum_{r=1}^{s} \delta_{ro}^t) = 1$$

$$\sum_{q=1}^{T} \sum_{j=1}^{n} \gamma_j^q x_{ij}^q \leqslant \beta_o^t x_{io}^t , \ i = 1 , \cdots , m$$

$$\sum_{q=1}^{T} \sum_{j=1}^{n} \gamma_j^q k_{lj}^q \leqslant \beta_o^t k_{lo}^t , \ l = 1 , \cdots , h$$

$$\sum_{q=1}^{T} \sum_{j=1}^{n} \gamma_j^q g_{rj}^q \geqslant (\beta_o^t + \delta_{ro}^t) g_{ro}^t, \ r = 1, \cdots, s$$

$$\sum_{q=1}^{T} \sum_{j=1}^{n} \gamma_j^q b_{fj}^q \leqslant (\beta_o^t - \rho_{fo}^t) b_{fo}^t, \ f = 1, \cdots, p$$

$$\gamma_j^q \geqslant 0, \ j = 1, \cdots, n, \ q = 1, \cdots, T \qquad （附1.4）$$

类似于模型（3.4）和模型（3.18），可以转化为如下形式：

$$TE^{DM(t)} = \min s(\beta_o^t p - \sum_{f=1}^{p} \rho_{fo}^t)$$

$$\text{s. t. } p \ (s\beta_o^t + \sum_{r=1}^{s} \delta_{ro}^t) = 1$$

$$\sum_{q=1}^{T} \sum_{j=1}^{n} \gamma_j^q x_{ij}^q \leqslant \beta_o^t x_{io}^t, \ i = 1, \cdots, m$$

$$\sum_{q=1}^{T} \sum_{j=1}^{n} \gamma_j^q k_{lj}^q \geqslant \beta_o^t k_{lo}^t, \ l = 1, \cdots, h$$

$$\sum_{q=1}^{T} \sum_{j=1}^{n} \gamma_j^q g_{rj}^q \geqslant (\beta_o^t + \delta_{ro}^t) g_{ro}^t, \ r = 1, \cdots, s$$

$$\sum_{q=1}^{T} \sum_{j=1}^{n} \gamma_j^q b_{fj}^q \leqslant (\beta_o^t - \rho_{fo}^t) b_{fo}^t, \ f = 1, \cdots, p$$

$$\gamma_j^q \geqslant 0, \ j = 1, \cdots, n, \ q = 1, \cdots, T \qquad （附1.5）$$

附录 2　随机 DEA 模型的转化

模型 (4.3) 中的第一个约束条件可以改写为如下形式：

$$pro\left(\sum_{r=1}^{s} u_r y_{rj} - \sum_{i=1}^{r} v_i x_{ij} - \sum_{p=1}^{k} f_p e_{pj} \leqslant w\hat{c}_j \right) \geqslant 1 - \beta_j,\ j = 1,\ \cdots,\ n$$

（附2.1）

不等式（附2.1）等价于如下形式：

$$pro\left(\frac{w\hat{c}_j - w\bar{c}_j}{\sqrt{K_j}} \geqslant \frac{\sum_{r=1}^{s} u_r y_{rj} - \sum_{i=1}^{m} v_i x_{ij} - \sum_{p=1}^{k} f_p e_{pj} - w\bar{c}_j}{\sqrt{K_j}} \right) \geqslant 1 - \beta_j$$

$$j = 1,\ \cdots,\ n \qquad （附2.2）$$

其中，$\bar{c}_j$ 为随机变量 $\hat{c}_j$ 的期望值，K_j 为 $w\hat{c}_j$ 的方差。假定 $\hat{Z}_j = \dfrac{w\hat{c}_j - \overline{wc}_j}{\sqrt{K_j}}$

满足均值为 0、标准差为 1 的标准正态分布，则不等式的逆分布可以表达为：

$$\frac{\sum_{r=1}^{s} u_r y_{rj} - \sum_{i=1}^{m} v_i x_{ij} - \sum_{p=1}^{k} f_p e_{pj} - w\bar{c}_j}{\sqrt{K_j}} \leqslant \Phi^{-}(\beta_j),\ j = 1,\ \cdots,\ n$$

（附2.3）

注意，这里 Φ 标准正态分布的累积分布函数，Φ^{-} 表示其逆分布函数。

根据不等式（附2.3），模型（4.3）可以转化为如下规划：

$$\pi_o^S = \max \sum_{r=1}^{s} u_r y_{ro}$$

$$\text{s. t. } \sum_{r=1}^{s} u_r y_{rj} - \sum_{i=1}^{m} v_i x_{ij} - \sum_{p=1}^{k} f_p e_{pj} - w\bar{c}_j \leqslant \sqrt{K_j}\Phi^{-}(\beta_j),\ j = 1,\ \cdots,\ n$$

$$\sum_{i=1}^{m} v_i x_{io} + \sum_{p=1}^{k} f_p e_{po} + E(w\hat{c}_o) = 1$$

$$u_r, v_i, f_p \geqslant 0 \text{ and } w \text{ is free}, \forall\, r,\ i,\ p$$

（附2.4）

　　假定随机变量 $\hat{c}_j$ 可以表示为 $\hat{c}_j = \bar{c}_j + b_j\zeta$，这里，$\bar{c}_j$ 和 b_j 分别为 $\hat{c}_j$ 的期望值和标准差；ζ 是一个随机误差变量且满足标准正太分布 $N(0, 1)$。我们又假定对于所有的决策单元 $E(\hat{c}_j) = \bar{c}_j$ 均成立，那么 $K_j = (wb_j)^2$。

　　基于以上假设，模型（附 2.4）可以转化为如下确定性形式：

$$\pi_o^S = \max \sum_{r=1}^{s} u_r y_{ro}$$

$$\text{s. t. } \sum_{r=1}^{s} u_r y_{rj} - \sum_{i=1}^{m} v_i x_{ij} - \sum_{p=1}^{k} f_p e_{pj} - w(\bar{c}_j + b_j\Phi^-(\beta_j)) \leq 0, \; j = 1, \cdots, n$$

$$\sum_{i=1}^{m} v_i x_{io} + \sum_{p=1}^{k} f_p e_{po} + w\bar{c}_o = 1$$

$$u_r, v_i, f_p \geq 0 \text{ and } w \text{ is free}, \forall r, i, p \qquad\qquad (\text{附} 2.5)$$

附录 3　考虑"期望效率"的随机 DEA 模型

结合"期望效率"，模型（4.3）可以转化为如下随机模型：

$$\pi_o^S = \max \sum_{r=1}^{s} u_r y_{ro}$$

$$\text{s. t. } pro\left(\frac{\sum_{r=1}^{s} u_r y_{rj}}{\sum_{i=1}^{m} v_i x_{ij} + \sum_{p=1}^{k} f_p e_{pj} + w\hat{c}_j} \leqslant \alpha_j\right) \geqslant 1 - \beta_j, \; j = 1, \cdots, n$$

$$\sum_{i=1}^{m} v_i x_{io} + \sum_{p=1}^{k} f_p e_{po} + E(w\hat{c}_o) = 1$$

$$u_r, \; v_i, \; f_p \geqslant 0 \text{ and } w \text{ is free}, \; \forall r, i, p \qquad\qquad (\text{附} 3.1)$$

在模型（附 3.1）中，α_j 表示第 j 个决策单元的期望效率水平，这种期望的水平通常是由外部赋予的（Jin et al., 2014；Sueyoshi, 2000）（具体细节见 Cooper et al., 1996）。类似于模型（4.3），模型（附 3.1）也可以转化为如下确定性模型：

$$\pi_o^S = \min\theta$$

$$\text{s. t. } \sum_{j=1}^{n} \lambda_j \alpha_j x_{ij} + s_i^{x-} = \theta x_{io}, \; i = 1, \cdots, m$$

$$\sum_{j=1}^{n} \lambda_j \alpha_j e_{pj} + s_p^{e-} = \theta e_{po}, \; p = 1, \cdots, k$$

$$\sum_{j=1}^{n} \lambda_j y_{rj} - s_r^{y+} = y_{ro}, \; r = 1, \cdots, s$$

$$\sum_{j=1}^{n} \lambda_j \alpha_j (\bar{c}_j + b_j \Phi^-(\beta_j)) = \theta \bar{c}_o, \; p = 1, \cdots, k$$

$$\lambda_j, \; s_i^{x-}, \; s_p^{e-}, \; s_r^{y+} \geqslant 0, \; \forall r, i, p, j \qquad\qquad (\text{附} 3.2)$$

注意，在模型（附 3.2）中，每个 DMU 的非能源投入 x_{ij}、能源投入 e_{pj} 和碳排放都通过一个给定的期望效率水平 α_j 调整。很显然，模型（附 3.2）的效率前沿面取决于非能源投入的减少 $\alpha_j x_{ij}$、能源投入的减少 $\alpha_j e_{pj}$ 和碳排放的减少 $\alpha_j(\bar{c}_j + b_j \Phi^-(\beta_j))$。因此，期望效率水平 α_j 显著地影响着随机情形下效率评价的结果。

附录4 社会子系统作为领导者时，
经济与环境子系统的效率

在模型（6.6）的基础上，为确定社会子系统作为领导者、经济与环境子系统作为跟随者时，经济与环境子系统的效率（e_o^L），我们讨论以下两种情形：

（1）假设 $u_r'^*$ 是模型（6.6）的唯一最优解，如果存在一个确定的 r 满足 $u_r'^* \neq 0$，那么 EES 的效率可由以下模型求得：

$$EEE' = \max(U\sum_{r=1}^{R} u_r'^* y_{ro} - \sum_{m=1}^{M} w_m b_{mo})/\sum_{i=1}^{I} v_i x_{io}$$

$$\text{s. t. } (U\sum_{r=1}^{R} u_r'^* y_{rj} - \sum_{m=1}^{M} w_m b_{mj})/\sum_{i=1}^{I} v_i x_{ij} \leq 1, j = 1, \cdots, n$$

$$U, u_r'^*, v_i, w_m \geq 0, r = 1, \cdots, R, i = 1, \cdots, I, m = 1, \cdots, M$$

$$\text{（附4.1）}$$

这里 U 是 $y_{rj}(r = 1, \cdots, R)$ 的乘子。

令 $t = 1/\sum_{i=1}^{I} v_i x_{io}$，$tv_i = v_i'$，$tU = \sigma$，$tw_m = w_m'$，模型（附4.1）转化为：

$$EEE' = \max \sigma \sum_{r=1}^{R} u_r'^* y_{ro} - \sum_{m=1}^{M} w_m' b_{mo}$$

$$\text{s. t. } \sum_{i=1}^{I} v_i' x_{io} = 1$$

$$\sigma \sum_{r=1}^{R} u_r'^* y_{rj} - \sum_{m=1}^{M} w_m' b_{mj} - \sum_{i=1}^{I} v_i' x_{ij} \leq 0, j = 1, \cdots, n$$

$$\sigma, v_i', w_m' \geq 0, i = 1, \cdots, I, m = 1, \cdots, M \qquad \text{（附4.2）}$$

经济与环境子系统的最优效率表示为 EEE'^*。

（2）如果模型（6.6）中存在多重最优解，社会子系统作为领导者、经济与环境系统作为跟随者时，经济与环境子系统的效率可由以下模型求得：

$$EEE = \max \left(\sum_{r=1}^{R} u_r y_{ro} - \sum_{m=1}^{M} w_m b_{mo} \right) / \sum_{i=1}^{I} v_i x_{io}$$

$$\text{s. t. } \left(\sum_{r=1}^{R} u_r y_{rj} - \sum_{m=1}^{M} w_m b_{mj} \right) / \sum_{i=1}^{I} v_i x_{ij} \leqslant 1, \ j = 1, \cdots, n$$

$$\sum_{d=1}^{D} z_d g_{to} / \left(\sum_{k=1}^{K} \pi_k f_{ko} + \sum_{r=1}^{R} u_r y_{ro} \right) = e_o^{ss*}$$

$$\sum_{d=1}^{D} z_d g_{dj} / \left(\sum_{k=1}^{K} \pi_k f_{kj} + \sum_{r=1}^{R} u_r y_{rj} \right) \leqslant 1, \ j = 1, \cdots, n$$

$$u_r, \ v_i, \ w_m, \ z_d, \ \pi_k \geqslant 0, \ r = 1, \cdots, R, \ i = 1, \cdots, I, \ m = 1, \cdots, M,$$

$$d = 1, \cdots, D, \ k = 1, \cdots, K \qquad (\text{附 } 4.3)$$

令 $t' = 1 / \sum_{i=1}^{I} v_i x_{io}$, $t'v_i = v_i'$, $t'w_m = w_m'$, $t'z_d = z_d'$, $tu_r = u_r'$, $t'\pi_k = \pi_k'$,
模型（附 4.3）转化为：

$$EEE = \max \sum_{r=1}^{R} u_r' y_{ro} - \sum_{m=1}^{M} w_m' b_{mo}$$

$$\text{s. t. } \sum_{i=1}^{I} v_i' x_{io} = 1$$

$$\sum_{d=1}^{D} z_d' g_{to} - e_o^{ss*} \left(\sum_{k=1}^{K} \pi_k' f_{ko} + \sum_{r=1}^{R} u_r' y_{ro} \right) = 1$$

$$\sum_{r=1}^{R} u_r' y_{rj} - \sum_{m=1}^{M} w_m' b_{mj} - \sum_{i=1}^{I} v_i' x_{ij} \leqslant 0, \ j = 1, \cdots, n$$

$$\sum_{d=1}^{D} z_d' g_{dj} - \left(\sum_{r=1}^{R} u_r' y_{rj} - \sum_{k=1}^{K} \pi_k' f_{kj} \right) \leqslant 0, \ j = 1, \cdots, n$$

$$u_r', \ v_i', \ w_m', \ z_d', \ \pi_k' \geqslant 0, \ r = 1, \cdots, R, \ i = 1, \cdots, I,$$

$$m = 1, \cdots, M, \ d = 1, \cdots, D, \ k = 1, \cdots, K \qquad (\text{附 } 4.4)$$

经济与环境子系统的最优效率表示为 EEE^*。将模型（附 4.2）与模型（附 4.4）进行比较，发现 e_o^{ees*} 小于 EEE'^*，原因是模型（附 4.4）比模型（附 4.2）多一个约束。

基于模型（附 4.2）和模型（附 4.4），我们可以得到社会子系统作为领导者、经济与社会子系统作为跟随者时，经济与环境子系统的效率为 $e_o^L = EEE^*$。

附录5 双层 DEA 模型的求解方法

在开始求解双层 DEA 模型之前，我们简要介绍一下背景模型——双层线性规划。

$\tilde{x} \in \tilde{X} \in R^n$ 和 $\tilde{y} \in \tilde{Y} \in R^m$ 分别表示第一层和第二层的决策变量。双层线性规划的一般形式为：

$$\min_{\tilde{x} \in \tilde{X}} \varphi(\tilde{x}, \tilde{y}) = c_1 \tilde{x} + d_1 \tilde{y}$$

$$\text{s. t. } A_1 \tilde{x} + B_1 \tilde{y} \leq b_1$$

$$\min_{\tilde{y} \in \tilde{Y}} \gamma(\tilde{x}, \tilde{y}) = c_2 \tilde{x} + d_2 \tilde{y}$$

$$\text{s. t. } A_2 \tilde{x} + B_2 \tilde{y} \leq b_2$$

$$\tilde{x} \geq 0, \quad \tilde{y} \geq 0 \qquad (\text{附} 5.1)$$

这里 c_1，$c_2 \in R^n$，d_1，$d_2 \in R^m$，$b_1 \in R^e$，$b_2 \in R^f$，$A_1 \in R^{e \times n}$，$B_1 \in R^{e \times m}$，$A_2 \in R^{f \times n}$，$B_2 \in R^{f \times m}$。

首先将我们的问题转化为标准的双层线性规划形式，其次使用石等（Shi et al.，2006）中的分支定界法求解双层线性规划问题。

模型（5.8）可以重新表述为以下标准双层线性规划形式：

$$\min(-Y_o^T, B_o^T, 0) \begin{pmatrix} U \\ W \\ V \end{pmatrix} + (0, 0) \begin{pmatrix} Z \\ \Pi \end{pmatrix}$$

$$\text{s. t. } (Y_j^T, -B_j^T, -X_j^T) \begin{pmatrix} U \\ W \\ V \end{pmatrix} + (0, 0) \begin{pmatrix} Z \\ \Pi \end{pmatrix} \leq 0$$

$$(0, 0, -X_0^T) \begin{pmatrix} U \\ W \\ V \end{pmatrix} + (0, 0) \begin{pmatrix} Z \\ \Pi \end{pmatrix} \leq -1$$

$$(0, \ 0, \ X_0^T)\begin{pmatrix} U \\ W \\ V \end{pmatrix} + (0, \ 0)\begin{pmatrix} Z \\ \Pi \end{pmatrix} \leqslant 1$$

$$\min(0, \ 0, \ 0)\begin{pmatrix} U \\ W \\ V \end{pmatrix} + (-G_o^T, \ 0)\begin{pmatrix} Z \\ \Pi \end{pmatrix}$$

$$\text{s. t. } (-\delta Y_j^T, \ 0, \ 0)\begin{pmatrix} U \\ W \\ V \end{pmatrix} + (G_j^T, \ -F_j^T)\begin{pmatrix} Z \\ \Pi \end{pmatrix} \leqslant 0$$

$$(\delta Y_o^T, \ 0, \ 0)\begin{pmatrix} U \\ W \\ V \end{pmatrix} + (0, \ F_o^T)\begin{pmatrix} Z \\ \Pi \end{pmatrix} \leqslant 1$$

$$(-\delta Y_o^T, \ 0, \ 0)\begin{pmatrix} U \\ W \\ V \end{pmatrix} + (0, \ -F_o^T)\begin{pmatrix} Z \\ \Pi \end{pmatrix} \leqslant -1$$

$$U, \ V, \ Z, \ W, \ \Pi \geqslant 0, \ j = 1, \ \cdots, \ n \qquad (\text{附} 5.2)$$

这里，$Y_j^T = (y_{1j}, \ \cdots, \ y_{Rj})$，$X_j^T = (x_{1j}, \ \cdots, \ x_{Ij})$，$B_j^T = (b_{1j}, \ \cdots, \ b_{Mj})$，$G_j^T = (g_{1j}, \ \cdots, \ g_{Dj})$，$F_j^T = (f_{1j}, \ \cdots, \ f_{Kj})$；$U = (u_1', \ \cdots, \ u_R')^T$，$V = (v_1', \ \cdots, \ v_I')^T$，$W = (w_1', \ \cdots, \ w_M')^T$，$Z = (z_1', \ \cdots, \ z_T')^T$，$\Pi = (\pi_1', \ \cdots, \ \pi_k')^T$。

我们使用石等（2006）中的分支定界算法求解该双层线性规划模型。将石等（2006）关于一般双层线性规划问题的定理附 5.1 应用到双层 DEA 模型中，得到如下定理：

定理附 5.1

设 $\tilde{u} \in R^p$，$\tilde{v} \in R^q$ 和 $\tilde{w} \in R^l$ 分别表示约束条件的对偶变量，（$\tilde{x}^*$，$\tilde{y}^*$）是双层 *DEA* 模型（5.8）的最优解的充分必要条件是存在向量 $\tilde{u}^*$，$\tilde{v}^*$ 和 $\tilde{w}^*$ 满足（$\tilde{x}^*$，$\tilde{y}^*$，$\tilde{u}^*$，$\tilde{v}^*$，$\tilde{w}^*$）是以下模型的解：

$$EEE^{Bi} = \max \sum_{r=1}^{R} u_r' y_{ro} - \sum_{m=1}^{M} w_m' b_{mo}$$

s. t. $\sum_{i=1}^{I} v_i' x_{io} = 1$

$$\sum_{k=1}^{K} \pi_k' f_{ko} + \delta \sum_{r=1}^{R} u_r' y_{ro} = 1$$

$$\sum_{r=1}^{R} u_r' y_{rj} - \sum_{m=1}^{M} w_m' b_{mj} - \sum_{i=1}^{I} v_i' x_{ij} \leqslant 0, \ j = 1, \cdots, n$$

$$\sum_{d=1}^{D} z_d' g_{dj} - (\delta \sum_{r=1}^{R} u_r' y_{rj} - \sum_{k=1}^{K} \pi_k' f_{kj}) \leqslant 0, \ j = 1, \cdots, n$$

$$\tilde{u} B_1 + \tilde{v} B_2 - \tilde{w} = -d_2$$

$$\tilde{u} (b_1 - A_1 \tilde{x} - B_1 \tilde{y}) + \tilde{v} (b_2 - A_2 \tilde{x} - B_2 \tilde{y}) + \tilde{w} \tilde{y} = 0$$

$u_r', \ v_i', \ w_m', \ z_d', \ \pi_k' \geqslant 0; \ r = 1, \cdots, R; \ i = 1, \cdots, I; \ m = 1, \cdots, M;$

$$d = 1, \cdots, D; \ k = 1, \cdots, K$$

$$\tilde{u}, \ \tilde{v}, \ \tilde{w} \geqslant 0 \qquad\qquad (\text{附} 5.3)$$

这里:

$$\tilde{x} = \begin{pmatrix} U \\ W \\ V \end{pmatrix}, \quad \tilde{y} = \begin{pmatrix} Z \\ \Pi \end{pmatrix}$$

$$c_1 = (-Y_o^T, \ B_o^T, \ 0), \ d_1 = (0, \ 0)$$

$$A_1 = \begin{pmatrix} Y_j^T, & -B_o^T, & -X_j^T \\ 0, & 0, & -X_o^T \\ 0, & 0, & X_o^T \end{pmatrix}, \ B_1 = 0, \ b_1 = \begin{pmatrix} 0 \\ -1 \\ 1 \end{pmatrix}$$

$$c_2 = (0, \ 0, \ 0), \ d_2 = (-G_o^T, \ 0)$$

$$A_2 = \begin{pmatrix} -\delta Y_j^T, & 0, & 0 \\ \delta Y_o^T, & 0, & 0 \\ -\delta Y_o^T, & 0, & 0 \end{pmatrix}, \ B_2 = \begin{pmatrix} G_j^T, & -F_j^T \\ 0, & -F_o^T \\ 0, & F_o^T \end{pmatrix}, \ b_2 = \begin{pmatrix} 0 \\ -1 \\ 1 \end{pmatrix}$$

最后, 我们得到如下附带检验条件的线性规划模型:

$$EEE^{Bi} = \max \sum_{r=1}^{R} u_r' y_{ro} - \sum_{m=1}^{M} w_m' b_{mo}$$

s. t. $\sum_{i=1}^{I} v_i' x_{io} = 1$

$$\sum_{k=1}^{K} \pi'_k f_{ko} + \delta \sum_{r=1}^{R} u'_r y_{ro} = 1$$

$$\sum_{r=1}^{R} u'_r y_{rj} - \sum_{m=1}^{M} w'_m b_{mj} - \sum_{i=1}^{I} v'_i x_{ij} \leq 0, \ j = 1, \cdots, n$$

$$\sum_{d=1}^{D} z'_d g_{dj} - (\delta \sum_{r=1}^{R} u'_r y_{rj} - \sum_{k=1}^{K} \pi'_k f_{kj}) \leq 0, \ j = 1, \cdots, n$$

$$\tilde{u} B_1 + \tilde{v} B_2 - \tilde{w} = -d_2$$

$$u'_r, \ v'_i, \ w'_m, \ z'_d, \ \pi'_k \geq 0; \ r = 1, \cdots, R; \ i = 1, \cdots, I;$$

$$m = 1, \cdots, M; \ d = 1, \cdots, D; \ k = 1, \cdots, K;$$

$$\tilde{u}, \ \tilde{v}, \ \tilde{w} \geq 0 \tag{附5.4}$$

在每次迭代时，检查是否满足以下条件：

$$\tilde{u}(b_1 - A_1 \tilde{x} - B_1 \tilde{y}) + \tilde{v}(b_2 - A_2 \tilde{x} - B_2 \tilde{y}) + \tilde{w} \tilde{y} = 0 \quad (附5.5)$$

在模型（附5.4）中，满足方程（附5.5）的最优解是模型（附5.3）的最优解。

证明：由 $\tilde{u} B_1 + \tilde{v} B_2 - \tilde{w} = -d_2$ 和 $B_1 = 0$，得到：

$$\tilde{v} B_2 - \tilde{w} = -d_2, \ \forall \tilde{u}$$

一方面，根据 $\tilde{u}(b_1 - A_1 \tilde{x} - B_1 \tilde{y}) + \tilde{v}(b_2 - A_2 \tilde{x} - B_2 \tilde{y}) + \tilde{w} \tilde{y} = 0$，$b_1 - A_1 \tilde{x} - B_1 \tilde{y} \geq 0$，$b_2 - A_2 \tilde{x} - B_2 \tilde{y} \geq 0$，和 $\tilde{y} \geq 0$，得到：

$$\tilde{w} = 0$$

$$\tilde{v} B_2 = -d_2$$

另一方面，由 $\forall \tilde{u}$，$B_2 \neq 0$ 和 $d_2 \neq 0$，可知 $\tilde{v} \neq 0$ 和 $b_2 - A_2 \tilde{x} - B_2 \tilde{y} = 0$。因此，满足 $\tilde{v} B_2 = -d_2$ 的向量 $\tilde{v}^*$ 也满足 $\tilde{u}(b_1 - A_1 \tilde{x} - B_1 \tilde{y}) + \tilde{v}(b_2 - A_2 \tilde{x} - B_2 \tilde{y}) + \tilde{w} \tilde{y} = 0$。

附录 6   2012 年和 2013 年中国主要城市的效率

附表 6.1   2012 年中国主要城市的效率

区域	城市	EEE	SE	SE^L	EEE^{Bi}	SE^{Bi}	EEE^C	SE^C	SDE^C
东部地区	北京	1.000	0.728	0.728	1.000	0.038	0.961	0.093	0.527
	天津	1.000	0.818	0.818	0.907	0.038	0.850	0.201	0.525
	石家庄	0.450	0.607	0.607	0.450	0.097	0.394	0.296	0.444
	沈阳	1.000	0.743	0.743	0.971	0.042	0.908	0.238	0.573
	上海	1.000	0.900	0.900	1.000	0.011	0.972	0.083	0.528
	南京	0.852	0.876	0.876	0.852	0.083	0.780	0.245	0.568
	杭州	0.809	0.693	0.693	0.809	0.064	0.738	0.201	0.530
	福州	0.837	0.636	0.636	0.837	0.078	0.837	0.201	0.584
	济南	1.000	0.664	0.664	0.774	0.072	0.649	0.378	0.514
	广州	1.000	0.780	0.780	1.000	0.035	0.966	0.101	0.534
	海口	1.000	0.613	1.000	0.970	0.324	0.970	1.000	0.985
	平均	0.904	0.733	0.768	0.870	0.080	0.820	0.276	0.574
中部地区	太原	0.626	0.618	0.618	0.620	0.103	0.498	0.498	0.561
	呼和浩特	1.000	0.882	0.882	0.857	0.120	0.778	0.554	0.666
	长春	1.000	0.673	0.673	0.870	0.063	0.820	0.328	0.574
	哈尔滨	0.869	0.620	0.620	0.869	0.065	0.847	0.189	0.566
	合肥	0.663	0.779	0.779	0.663	0.089	0.569	0.364	0.557
	南昌	0.759	0.616	0.616	0.758	0.087	0.755	0.265	0.588
	郑州	0.598	0.728	0.728	0.598	0.095	0.548	0.240	0.499
	武汉	0.763	0.699	0.699	0.763	0.058	0.710	0.189	0.519
	长沙	1.000	0.762	0.762	0.935	0.054	0.877	0.229	0.553

续表

区域	城市	*EEE*	*SE*	*SE^L*	*EEE^Bi*	*SE^Bi*	*EEE^C*	*SE^C*	*SDE^C*
中部地区	南宁	0.654	0.682	0.682	0.654	0.118	0.503	0.519	0.597
	平均	0.793	0.706	0.706	0.758	0.085	0.690	0.338	0.568
西部地区	重庆	0.553	0.732	0.732	0.553	0.020	0.001	0.732	0.462
	成都	0.727	0.858	0.858	0.727	0.027	0.678	0.192	0.528
	贵阳	0.385	0.810	0.810	0.385	0.159	0.278	0.739	0.577
	昆明	0.453	0.745	0.745	0.453	0.099	0.370	0.451	0.513
	西安	0.759	0.656	0.656	0.757	0.087	0.651	0.307	0.545
	兰州	0.417	0.646	0.715	0.417	0.155	0.285	0.715	0.566
	西宁	0.486	0.619	0.988	0.486	0.289	0.486	0.955	0.736
	银川	0.514	1.000	1.000	0.514	0.215	0.383	1.000	0.757
	乌鲁木齐	0.709	0.858	0.858	0.709	0.133	0.548	0.643	0.683
	平均	0.556	0.769	0.818	0.556	0.131	0.409	0.637	0.596
全国	平均	0.763	0.735	0.764	0.739	0.098	0.654	0.405	0.579

附表6.2　　　　　　　　　　　2013 年中国主要城市的效率

区域	城市	*EEE*	*SE*	*SE^L*	*EEE^Bi*	*SE^Bi*	*EEE^C*	*SE^C*	*SDE^C*
东部地区	北京	1.000	0.793	0.793	1.000	0.040	0.956	0.094	0.525
	天津	1.000	0.837	0.837	0.905	0.043	0.836	0.209	0.522
	石家庄	0.432	0.663	0.663	0.432	0.081	0.313	0.365	0.453
	沈阳	1.000	0.771	0.771	0.918	0.102	0.865	0.245	0.555
	上海	1.000	0.921	0.921	1.000	0.012	0.942	0.107	0.524
	南京	0.877	0.955	0.955	0.877	0.070	0.718	0.320	0.567
	杭州	0.796	0.720	0.720	0.796	0.100	0.705	0.206	0.529
	福州	0.817	0.662	0.662	0.817	0.094	0.806	0.176	0.555
	济南	0.893	0.658	0.658	0.711	0.036	0.589	0.360	0.490
	广州	1.000	0.723	0.723	1.000	0.039	1.000	0.052	0.526
	海口	1.000	0.732	1.000	0.966	0.458	0.966	1.000	0.983
	平均	0.892	0.767	0.791	0.857	0.098	0.791	0.285	0.566

续表

区域	城市	EEE	SE	SE^L	EEE^{Bi}	SE^{Bi}	EEE^C	SE^C	SDE^C
中部地区	太原	0.621	0.729	0.729	0.621	0.137	0.457	0.512	0.586
	呼和浩特	1.000	0.862	0.862	0.875	0.135	0.758	0.532	0.645
	长春	1.000	0.826	0.826	0.884	0.109	0.828	0.348	0.588
	哈尔滨	0.936	0.702	0.702	0.886	0.104	0.845	0.237	0.563
	合肥	0.645	0.854	0.854	0.645	0.141	0.480	0.436	0.564
	南昌	1.000	0.707	0.707	1.000	0.142	1.000	0.257	0.628
	郑州	0.581	0.748	0.748	0.581	0.088	0.466	0.294	0.494
	武汉	0.750	0.863	0.863	0.750	0.088	0.633	0.268	0.538
	长沙	1.000	0.964	0.964	0.928	0.082	0.795	0.348	0.572
	南宁	0.638	0.713	0.713	0.638	0.145	0.462	0.491	0.582
	平均	0.817	0.797	0.797	0.781	0.117	0.672	0.372	0.576
西部地区	重庆	0.545	0.747	0.747	0.545	0.013	0.001	0.747	0.462
	成都	0.721	0.940	0.940	0.721	0.038	0.001	0.940	0.538
	贵阳	0.392	0.867	0.867	0.392	0.230	0.218	0.765	0.591
	昆明	0.461	0.787	0.787	0.461	0.134	0.317	0.488	0.518
	西安	0.746	0.753	0.753	0.744	0.129	0.636	0.300	0.549
	兰州	0.427	0.669	0.677	0.427	0.203	0.263	0.644	0.552
	西宁	0.502	0.836	1.000	0.502	0.375	0.502	0.889	0.751
	银川	0.544	1.000	1.000	0.544	0.368	0.352	0.951	0.765
	乌鲁木齐	0.737	1.000	1.000	0.737	0.144	0.428	0.811	0.710
	平均	0.564	0.844	0.863	0.564	0.182	0.302	0.726	0.604
全国	平均	0.769	0.800	0.817	0.744	0.130	0.605	0.446	0.581

附录7 2007～2015年中国区域工业系统的效率

附表7.1 2007～2015年时期效率

省（区、市）	2007年	2008年	2009年	2010年	2011年	2012年	2013年	2014年	2015年
北京	1.0000	1.0000	1.0000	1.0000	1.0000	1.0000	1.0000	1.0000	1.0000
天津	1.0000	0.7336	0.7760	1.0000	0.7915	0.8336	0.8391	1.0000	0.6698
河北	0.7369	0.6951	0.7241	0.8428	0.8141	0.7424	0.8165	0.8047	0.6738
上海	0.7573	0.7546	0.8056	1.0000	1.0000	1.0000	1.0000	1.0000	0.8641
江苏	0.6412	0.6855	0.7199	0.6262	0.6632	0.5586	0.6058	0.6291	0.5916
浙江	0.7665	0.7520	1.0000	0.6544	0.7531	0.8425	0.7728	0.6434	0.5985
福建	0.6581	0.5938	0.6714	0.7255	0.7131	0.7973	0.7595	0.6929	0.5949
山东	0.6164	0.6579	0.7506	0.6388	0.7933	0.7869	0.6495	0.6350	0.5782
广东	0.6913	0.7214	0.7167	0.8092	1.0000	1.0000	0.8908	0.7282	0.6939
海南	1.0000	1.0000	1.0000	1.0000	1.0000	0.6825	0.8315	1.0000	1.0000
山西	0.6254	0.7043	0.6673	0.5750	0.7061	0.8359	0.7616	0.7708	0.5781
安徽	0.7212	0.6880	0.8680	0.6631	1.0000	1.0000	0.8836	0.8551	1.0000
江西	1.0000	1.0000	1.0000	0.7395	0.7356	0.6581	0.6344	0.6528	0.5637
河南	0.5907	0.6186	0.6171	0.6424	0.8385	0.8443	0.7768	0.6312	0.7398
湖北	0.6243	0.6319	0.6772	0.8050	0.6939	0.7497	0.7552	0.7414	0.5116
湖南	0.8206	0.6752	0.8212	0.6902	0.8321	0.9219	0.7302	0.5841	0.5658
内蒙古	0.8488	0.8286	0.8935	0.8892	1.0000	0.8637	0.8818	1.0000	0.9081
广西	0.9247	0.6458	0.6738	0.8351	0.8643	0.8718	0.8345	0.8198	0.6109
重庆	0.4756	0.4570	0.6399	0.6374	1.0000	0.9358	1.0000	1.0000	0.8899
四川	0.6212	0.7583	0.5317	0.4980	0.7524	0.7244	0.7209	0.6979	0.5957
贵州	0.8614	0.8478	1.0000	0.7614	0.6451	0.6516	1.0000	1.0000	1.0000

续表

省（区、市）	2007 年	2008 年	2009 年	2010 年	2011 年	2012 年	2013 年	2014 年	2015 年
云南	0.7643	0.8313	1.0000	0.7041	0.7950	0.7569	0.8362	0.9257	0.8869
陕西	0.7877	0.9243	0.9761	0.7094	0.8540	0.7819	0.8021	0.8345	0.7365
甘肃	0.5647	0.5324	0.5949	0.5231	0.8218	0.7904	0.7674	0.7381	0.6356
青海	0.5280	0.6421	0.5979	0.5159	0.8261	0.5902	0.6625	0.6666	0.6051
宁夏	0.9507	0.7920	0.6437	1.0000	1.0000	1.0000	1.0000	0.9049	0.6599
新疆	0.6793	0.6650	0.5556	0.8348	0.7700	0.6045	0.7227	0.6272	0.6475
辽宁	0.5793	0.6453	0.6823	0.6692	0.7569	0.6383	0.7667	0.7645	0.8213
吉林	0.8536	0.8065	0.8653	0.8027	0.8836	0.8581	0.8856	0.8241	0.6730
黑龙江	1.0000	0.8369	0.9334	0.7536	0.6331	0.7996	0.7723	0.7927	0.7602
平均	0.7563	0.7375	0.7801	0.7515	0.8312	0.8040	0.8120	0.7988	0.7218

附表 7.2   2007～2015 年生产效率

省（区、市）	生产效率（阶段 1）								
	2007 年	2008 年	2009 年	2010 年	2011 年	2012 年	2013 年	2014 年	2015 年
北京	1.0000	1.0000	1.0000	1.0000	1.0000	1.0000	1.0000	1.0000	1.0000
天津	1.0000	1.0000	1.0000	1.0000	1.0000	1.0000	1.0000	1.0000	1.0000
河北	0.8201	0.7397	0.7567	0.6856	0.6542	0.7047	0.6835	0.6404	0.5938
上海	1.0000	1.0000	1.0000	1.0000	1.0000	1.0000	1.0000	1.0000	1.0000
江苏	0.7279	0.6884	0.7109	0.6134	0.6091	0.5609	0.5086	0.5033	0.5429
浙江	0.7256	0.8146	1.0000	0.7473	0.7837	0.7040	0.6113	0.5799	0.6065
福建	0.7055	0.6777	0.6865	0.6986	0.6823	0.6351	0.5857	0.5675	0.5777
山东	0.6745	0.7115	0.7293	0.6206	0.6373	0.6158	0.5437	0.5186	0.5345
广东	1.0000	1.0000	1.0000	1.0000	1.0000	1.0000	1.0000	0.6454	0.6566
海南	1.0000	1.0000	1.0000	1.0000	1.0000	0.8707	0.8496	1.0000	1.0000
山西	0.6672	0.8856	0.6966	0.5779	0.6463	0.7138	0.5983	0.6006	0.4801
安徽	0.6096	0.6806	0.8354	0.6363	1.0000	1.0000	0.7845	0.7105	1.0000
江西	1.0000	1.0000	1.0000	0.7268	0.7129	0.6931	0.5785	0.5351	0.5713
河南	0.7908	0.8010	0.7976	0.6689	0.7232	0.8437	0.5575	0.4495	0.4741

续表

省(区、市)	生产效率(阶段1)								
	2007 年	2008 年	2009 年	2010 年	2011 年	2012 年	2013 年	2014 年	2015 年
湖北	0.6507	0.6706	0.6807	0.6469	0.6885	0.6887	0.5743	0.5038	0.5768
湖南	0.6975	0.7003	0.6830	0.6248	0.6444	0.7000	0.6381	0.5882	0.6074
内蒙古	1.0000	1.0000	1.0000	1.0000	1.0000	1.0000	1.0000	1.0000	1.0000
广西	0.8574	0.7903	0.7939	0.6713	0.7458	0.7557	0.7033	0.6432	0.6550
重庆	0.5959	0.5900	0.8175	0.7950	1.0000	1.0000	1.0000	1.0000	0.7798
四川	0.5799	0.5997	0.5838	0.5756	0.6127	0.6160	0.5801	0.5414	0.5205
贵州	1.0000	1.0000	1.0000	0.6091	0.5675	0.6891	1.0000	1.0000	1.0000
云南	0.8152	0.9128	1.0000	0.7937	0.7628	0.8193	0.8539	0.8933	0.7838
陕西	0.8716	0.8570	0.9522	0.8997	0.8997	0.9804	0.9260	0.8908	0.8733
甘肃	0.6329	0.6698	0.6393	0.5699	0.6941	0.6488	0.6879	0.6296	0.5258
青海	0.6525	0.7273	0.7471	0.7041	1.0000	0.6801	0.6880	0.6760	0.5987
宁夏	1.0000	1.0000	0.6148	1.0000	1.0000	1.0000	1.0000	1.0000	1.0000
新疆	1.0000	0.7608	0.7095	0.6697	0.5860	0.5616	0.5400	0.5620	0.4912
辽宁	0.6006	0.6143	0.6287	0.5796	0.6140	0.5874	0.5588	0.5530	0.6572
吉林	0.7309	0.6631	0.7502	0.7646	0.7672	0.7359	0.7711	0.8247	0.7580
黑龙江	1.0000	0.9294	0.8667	0.8059	0.8170	0.6539	0.6196	0.6374	0.6061
平均	0.8135	0.8162	0.8227	0.7562	0.7950	0.7820	0.7481	0.7231	0.7157

附表 7.3　　　　　　　　　**2007 ~ 2015 年减排效率**

省(区、市)	减排效率(阶段2)								
	2007 年	2008 年	2009 年	2010 年	2011 年	2012 年	2013 年	2014 年	2015 年
北京	1.0000	1.0000	1.0000	1.0000	1.0000	1.0000	1.0000	1.0000	1.0000
天津	1.0000	0.4673	0.5520	1.0000	0.5830	0.6672	0.6782	1.0000	0.3991
河北	0.6464	0.6392	0.6846	1.0000	1.0000	0.7935	1.0000	1.0000	0.7726
上海	0.5145	0.5092	0.6112	1.0000	1.0000	1.0000	1.0000	1.0000	0.7367
江苏	0.5546	0.6824	0.7290	0.6417	0.7269	0.5552	0.7488	0.8159	0.6465
浙江	0.8117	0.6894	1.0000	0.5615	0.7225	1.0000	1.0000	0.7372	0.5895

续表

省（区、市）	减排效率（阶段2）								
	2007 年	2008 年	2009 年	2010 年	2011 年	2012 年	2013 年	2014 年	2015 年
福建	0.5979	0.5014	0.6552	0.7537	0.7459	1.0000	1.0000	0.8652	0.6134
山东	0.5458	0.5842	0.7735	0.6610	1.0000	1.0000	0.7884	0.7914	0.6235
广东	0.3825	0.4429	0.4333	0.6184	1.0000	1.0000	0.7815	0.8342	0.7364
海南	1.0000	1.0000	1.0000	1.0000	1.0000	0.4822	0.8123	1.0000	1.0000
山西	0.5646	0.5088	0.6282	0.5713	0.7921	1.0000	1.0000	1.0000	0.7126
安徽	0.8838	0.6988	0.9061	0.6955	1.0000	1.0000	1.0000	1.0000	1.0000
江西	1.0000	1.0000	1.0000	0.7523	0.7597	0.6177	0.7077	0.8159	0.5573
河南	0.8549	0.5202	0.8466	0.7123	0.9508	1.0000	0.9726	0.8074	0.6653
湖北	0.5159	0.5438	0.5441	0.6377	1.0000	1.0000	1.0000	0.7889	1.0000
湖南	0.5313	0.5409	0.6707	1.0000	0.7542	0.8024	0.8890	0.9190	0.4255
内蒙古	0.6975	0.6571	0.7870	0.7784	1.0000	0.7274	0.7636	1.0000	0.8318
广西	1.0000	0.4684	0.5291	1.0000	1.0000	1.0000	1.0000	1.0000	0.5783
重庆	0.3099	0.2343	0.4595	0.4797	1.0000	0.8716	1.0000	1.0000	1.0000
四川	0.6771	1.0000	0.4681	0.4054	0.9456	0.8518	0.8821	0.8823	0.6656
贵州	0.7228	0.6955	1.0000	1.0000	0.7775	0.5993	1.0000	1.0000	1.0000
云南	0.7050	0.7420	1.0000	0.6145	0.8342	0.6835	0.8167	0.9580	1.0000
陕西	0.6953	1.0000	1.0000	0.5192	0.8083	0.5834	0.6781	0.7782	0.6432
甘肃	0.4682	0.3354	0.5350	0.4717	1.0000	1.0000	0.8755	0.8985	0.7657
青海	0.3964	0.5422	0.4487	0.3276	0.6521	0.4906	0.6343	0.6559	0.6100
宁夏	0.9014	0.5840	0.6875	1.0000	1.0000	1.0000	1.0000	0.8098	0.4696
新疆	0.3586	0.5665	0.3867	1.0000	1.0000	0.6665	1.0000	0.7269	0.8636
辽宁	0.5502	0.6947	0.7659	0.7728	0.9281	0.7196	1.0000	1.0000	1.0000
吉林	1.0000	1.0000	1.0000	0.8436	1.0000	1.0000	1.0000	0.8235	0.6152
黑龙江	1.0000	0.7424	1.0000	0.7013	0.4492	1.0000	1.0000	1.0000	1.0000
平均	0.6962	0.6530	0.7367	0.7507	0.8810	0.8371	0.9010	0.8970	0.7507

附录 8　单位不一致性问题

附表 8.1　　　　　模型（8.5）中单位不一致性问题的影响

省（区、市）	s^{coal} *	s^{oil} *	s^{gas} *	s^{coal} *	s^{oil} *	s^{gas} *
	百万吨		万吨	万吨		
河北	172.42	−64.75	5368.44	40708	−1441	579
江苏	174.18	−94.19	2968.37	20699	−2403	1141
浙江	53.21	−18.03	1666.30	6622	832	482
山东	132.86	−7.26	7518.87	49165	5947	1419
山西	421.10	−111.03	1971.95	50960	−2399	0.00
内蒙古	322.59	−86.69	1005.72	47653	−2316	327
吉林	29.99	−12.05	910.68	8536	325	126
黑龙江	55.98	−20.28	763.90	6622	1569	0.00
安徽	47.50	−20.49	1147.76	3671	638	774
江西	36.47	−9.80	1720.00	8603	−822	888
河南	106.09	−28.60	4583.13	28562	−2658	557
湖北	139.57	−91.12	2765.87	12624	−1005	241
湖南	40.09	−4.25	1988.26	7473	−2034	396
广西	18.00	0.81	1697.42	5573	−1564	367
重庆	45.23	−37.51	516.54	3557	−1067	0.00
贵州	169.50	−81.63	1807.38	17868	−1318	107
陕西	8.52	3.60	816.96	6748	1656	0.00
甘肃	0.00	9.01	729.81	3648	1308	60
宁夏	78.27	−10.27	216.28	9743	−93	0.00

参 考 文 献

［1］卞亦文．基于 DEA 理论的环境效率评价方法研究［D］．合肥：中国科学技术大学，2006.

［2］戴彦德，朱跃中，白泉．中国 2050 年低碳发展之路：能源需求暨碳排放情景分析［J］．经济研究参考，2010（26）：2–22.

［3］鲁志国．广义资本投入与技术创新能力相关关系研究［M］．上海：上海三联书店，2006.

［4］单豪杰．中国资本存量 K 的再估算：1952～2006 年［J］．数量经济技术经济研究，2008，25（10）：17–31.

［5］魏权龄．数据包络分析［M］．北京：科学出版社，2004.

［6］盛召瀚，朱乔，吴广谋．DEA 理论、方法与应用［M］．北京：科学出版社，1996.

［7］周德群，查冬兰，周鹏．中国能源效率研究［M］．北京：科学出版社，2012.

［8］钟君，刘志昌，陈勇，刘须宽，徐滔．中国城市基本公共服务力评价［M］．北京：社会科学文献出版社，2011～2013.

［9］中华人民共和国国家统计局．中国统计年鉴［M］．北京：中国统计出版社，2007～2016.

［10］中华人民共和国国家统计局．中国能源统计年鉴［M］．北京：中国统计出版社，2007～2016.

［11］中华人民共和国国家统计局．中国区域经济统计年鉴［M］．北京：中国统计出版社，2013.

［12］中华人民共和国国家统计局．中国固定资产投资统计年鉴［M］．北京：中国统计出版社，2007～2016.

［13］中华人民共和国国家统计局. 国际统计年鉴［M］. 北京：中国统计出版社，2013.

［14］Abbott M. The productivity and efficiency of the Australian electricity supply industry［J］. Energy Economics，2006，28（4）：444 – 454.

［15］Adler N，Friedman L，Sinuany – Stern Z. Review of ranking methods in the data envelopment analysis context［J］. European Journal of Operational Research，2002，140（2）：249 – 265.

［16］Agrell PJ，Bogetoft P. Economic and environmental efficiency of district heating plants［J］. Energy Policy，2005，33（10）：1351 – 1362.

［17］Akther S，Fukuyama H，Weber WL. Estimating two-stage network slacks-based inefficiency：An application to Bangladesh banking［J］. Omega，2013，41（1）：88 – 96.

［18］Al – Mansour F. Energy efficiency trends and policy in Slovenia［J］. Energy，2011，36（4）：1868 – 1877.

［19］Amirteimoori A. A DEA two-stage decision processes with shared resources［J］. Central European Journal of Operations Research，2013，21（1）：141 – 151.

［20］Ang BW. Monitoring changes in economy-wide energy efficiency：From energy – GDP ratio to composite efficiency index［J］. Energy Policy，2006，34（5）：574 – 582.

［21］Ang BW，Mu AR，Zhou P. Accounting frameworks for tracking energy efficiency trends［J］. Energy Economics，2010，32（5）：1209 – 1219.

［22］Angelakoglou K，Gaidajis G. A review of methods contributing to the assessment of the environmental sustainability of industrial systems［J］. Journal of Cleaner Production，2015，108：725 – 747.

［23］Arcos – Vargas A，Núñez – Hernández F，Villa – Caro G. DEA analysis of electricity distribution in Spain：An industrial policy recommendation［J］. Energy Policy，2017，102：583 – 592.

［24］Argyris C，Schön DA. Organizational learning：A theory of action perspective [J]. Reis, 1997, 77/78: 345 – 348.

[25] Arrow K. The Economic Implication of Learning by Doing [J]. Review of Economic Studies, 1962, 29: 166 – 170.

[26] Azadeh A, Amalnick MS, Ghaderi SF, Asadzadeh SM. An integrated DEA PCA numerical taxonomy approach for energy efficiency assessment and consumption optimization in energy intensive manufacturing sectors [J]. Energy Policy, 2007, 35 (7): 3792 – 3806.

[27] Banker RD, Charnes A, Cooper WW. Some models for estimating technical and scale inefficiencies in data envelopment analysis [J]. Management Science, 1984, 30 (9): 1078 – 1092.

[28] Banker RD, Morey RC. Efficiency analysis for exogenously fixed inputs and outputs [J]. Operations Research, 1986, 34 (4): 513 – 521.

[29] Banker RD, Natarajan R. Evaluating contextual variables affecting productivity using data envelopment analysis [J]. Operations research, 2008, 56 (1): 48 – 58.

[30] Bard J F. An efficient point algorithm for a linear two-stage optimization problem [J]. Operations Research, 1983, 31 (4): 670 – 684.

[31] Barros CP, Managi S, Matousek R. The technical efficiency of the Japanese banks: non-radial directional performance measurement with undesirable outputs [J]. Omega, 2012, 40 (1): 1 – 8.

[32] Bevilacqua M, Braglia M. Environmental efficiency analysis for ENI oil refineries [J]. Journal of Cleaner Production, 2002, 10 (1): 85 – 92.

[33] Bi G, Luo Y, Ding J, Liang, L. Environmental performance analysis of Chinese industry from a slacks-based perspective [J]. Annals of Operations Research, 2012, 228 (1): 65 – 80.

[34] Bi G, Song W, Zhou P, Liang L. Does environmental regulation affect energy efficiency in China's thermal power generation? Empirical evidence from a slacks-based DEA model [J]. Energy Policy, 2014, 66: 537 – 546.

[35] Bian Y, He P, Xu H. Estimation of potential energy saving and car-

bon dioxide emission reduction in China based on an extended non-radial DEA approach [J]. Energy Policy, 2013, 63: 962 – 971.

[36] Bian Y, Liang N. Xu H. Efficiency evaluation of Chinese regional industrial systems with undesirable factors using a two-stage slacks-based measure approach [J]. Journal of Cleaner Production, 2015, 87: 348 – 356.

[37] Bian Y, Yang F. Resource and environment efficiency analysis of provinces in China: A DEA approach based on Shannon's entropy [J]. Energy Policy, 2010, 38 (4): 1909 – 1917.

[38] Boyd GA, Lee JM. Measuring plant level energy efficiency and technical change in the US metal-based durable manufacturing sector using stochastic frontier analysis [J]. Energy Economics, 2019, 81: 159 – 174.

[39] Boyd GA, Pang JX. Estimating the linkage between energy efficiency and productivity [J]. Energy policy, 2000, 28 (5): 289 – 296.

[40] Boyd GA, Tolley G, Pang J. Plant level productivity, efficiency, and environmental performance of the container glass industry [J]. Environmental & Resource Economics, 2002, 23 (1): 29 – 43.

[41] Brissimis SN, Zervopoulos PD. Developing a step-by-step effectiveness assessment model for customer-oriented service organizations [J]. European Journal of Operational Research, 2012, 223 (1), 226 – 233.

[42] Calvo GA, Reinhart C M. Inflows of capital to developing countries in the 1990s [J]. Journal of Economic Perspectives, 1996, 10 (2): 123 – 139.

[43] Camanho AS, Dyson RG. Efficiency, size, benchmarks and targets for bank branches: an application of data envelopment analysis [J]. Journal of the Operational Research Society, 1999: 903 – 915.

[44] Chang YT, Zhang N, Danao D, Zhang N. Environmental efficiency analysis of transportation system in China: A non-radial DEA approach [J]. Energy policy, 2013, 58: 277 – 283.

[45] Charnes A, Cooper WW. Programming with linear fractional functions [J]. Naval Research Logistics, 1962, 9 (3 – 4): 181 – 186.

[46] Charnes A, Cooper WW. Deterministic equivalents for optimizing and satisficing under chance constraints [J]. Operations Research, 1963, 11 (1): 18 – 39.

[47] Charnes A, Cooper WW, Rhodes E. Measuring the efficiency of decision making units [J]. European Journal of Operational Research, 1978, 2 (6): 429 – 444.

[48] Caves DW, Christensen LR, Diewert WE. The economic theory of index numbers and the measurement of input, output, and productivity [J]. Econometrica, 1982: 1393 – 1414.

[49] Chen C, Zhu J, Yu JY, Noori H. A new methodology for evaluating sustainable product design performance with two-stage network data envelopment analysis [J]. European Journal of Operational Research, 2012, 221 (2): 348 – 359.

[50] Chen L, Jia G. Environmental efficiency analysis of China's regional industry: a data envelopment analysis (DEA) based approach [J]. Journal of Cleaner Production, 2017, 142: 846 – 853.

[51] Chen L, Lai F, Wang YM, Huang Y, Wu FM. A two-stage network data envelopment analysis approach for measuring and decomposing environmental efficiency [J]. Computers & Industrial Engineering, 2018, 119: 388 – 403.

[52] Chen PC, Yu MM, Chang CC, Hsu SH, Managi S. The enhanced Russell – based directional distance measure with undesirable outputs: Numerical example considering CO_2 emissions [J]. Omega, 2015, 53: 30 – 40.

[53] Chen S, Golley J. 'Green' productivity growth in China's industrial economy [J]. Energy Economics, 2014, 44: 89 – 98.

[54] Chen Y, Cook WD, Du J, Hu H, Zhu J. Bounded and discrete data and Likert scales in data envelopment analysis: application to regional energy efficiency in China [J]. Annals of Operations Research, 2017, 255 (1 – 2): 347 – 366.

［55］Chen Y, Cook WD, Li N, Zhu J. Additive efficiency decomposition in two-stage DEA ［J］. European Journal of Operational Research, 2009, 196 (3): 1170 – 1176.

［56］Cherchye L, De Rock B, Walheer B. Multi-output efficiency with good and bad outputs ［J］. European Journal of Operational Research, 2015, 240 (3): 872 – 881.

［57］Cherchye L, De Rock B, Walheer B. Multi-output profit efficiency and directional distance functions ［J］. Omega, 2016, 61: 100 – 109.

［58］Choi Y, Zhang N, Zhou P. Efficiency and abatement costs of energy-related CO_2 emissions in China: A slacks-based efficiency measure ［J］. Applied Energy, 2012, 98 (5): 198 – 208.

［59］Christoff P. Cold climate in Copenhagen: China and the United States at COP15 ［J］. Environmental Politics, 2010, 19 (4): 637 – 656.

［60］Chung YH, Färe R, Grosskopf S. Productivity and undesirable outputs: a directional distance function approach ［J］. Journal of Environmental Management, 1997, 51 (3): 229 – 240.

［61］Coelli T. A guide to DEAP version 2. 1: a data envelopment analysis (computer) program ［J］. Centre for Efficiency and Productivity Analysis, University of New England, Australia, 1996.

［62］Cook WD, Liang L, Zhu J. Measuring performance of two-stage network structures by DEA: a review and future perspective ［J］. Omega, 2010, 38 (6): 423 – 430.

［63］Cook WD, Seiford LM. Data envelopment analysis (DEA) – Thirty years on ［J］. European Journal of Operational Research, 2009, 192 (1): 1 – 17.

［64］Cook WD, Zhu J, Bi G, Yang F. Network DEA: Additive efficiency decomposition ［J］. European Journal of Operational Research, 2010, 207 (2): 1122 – 1129.

［65］Cooper WW, Deng H, Huang ZM, Li SX. Chance constrained programming approaches to technical efficiencies and inefficiencies in stochastic data envelopment analysis [J]. Journal of the Operational Research Society, 2002, 53 (12): 1347 – 1356.

[66] Cooper WW, Hemphill H, Huang Z, Li S, Lelas V, Sullivan, DW. Survey of mathematical programming models in air pollution management [J]. European Journal of Operational Research, 1997, 96 (1): 1 – 35.

[67] Cooper WW, Huang Z, Li SX. Satisficing DEA models under chance constraints [J]. Annals of Operations Research, 1996, 66 (4): 279 – 295.

[68] Cooper WW, Park KS, Pastor JT. RAM: a range adjusted measure of inefficiency for use with additive models, and relations to other models and measures in DEA [J]. Journal of Productivity Analysis, 1999, 11 (1): 5 – 42.

[69] Chung YH, Färe R, Grosskopf S. Productivity and undesirable outputs: a directional distance function approach [J]. Journal of Environmental Management, 1997, 51 (3): 229 – 240.

[70] Cuthill M. Strengthening the 'social' in sustainable development: Developing a conceptual framework for social sustainability in a rapid urban growth region in Australia [J]. Sustainable Development, 2010, 18 (6): 362 – 373.

[71] Debreu G. The coefficient of resource utilization [J]. Econometrica: Journal of the Econometric Society, 1951: 273 – 292.

[72] Du J, Chen Y, Huang Y. A modified Malmquist – luenberger productivity index: Assessing environmental productivity performance in China [J]. European Journal of Operational Research, 2018, 269 (1): 171 – 187.

[73] Easterlin RA. Does economic growth improve the human lot? Some empirical evidence [J]. Nations and households in economic growth, 1974, 89: 89 – 125.

[74] Emrouznejad A, Yang G. CO_2 emissions reduction of Chinese light manufacturing industries: A novel RAM – based global Malmquist – Luenberger productivity index [J]. Energy Policy, 2016, 96: 397 – 410.

[75] Emrouznejad A, Yang G. A survey and analysis of the first 40 years

of scholarly literature in DEA: 1978 – 2016 [J]. Socio – Economic Planning Sciences, 2018, 61 (1): 4 – 8.

[76] Estrada SA, Song HS, Kim Y, Namn SH, Kang SC. A method of stepwise benchmarking for inefficient DMUs based on the proximity-based target selection [J]. Expert Systems with Applications, 2009, 36 (9): 11595 – 11604.

[77] EU D. A Digital Agenda for Europe. Communication, COM, 2010.

[78] Fang L. Centralized resource allocation based on efficiency analysis for step-by-step improvement paths [J]. Omega, 2015, 51: 24 – 28.

[79] Färe R, Grosskopf S. A nonparametric cost approach to scale efficiency [J]. The Scandinavian Journal of Economics: 1985: 594 – 604.

[80] Färe R, Grosskopf S. Productivity and intermediate products: A frontier approach [J]. Economics Letter, 1996, 50 (1): 65 – 70.

[81] Färe R, Grosskopf S. Modeling undesirable factors in efficiency evaluation: comment [J]. European Journal of Operational Research, 2004, 157 (1): 242 – 245.

[82] Färe R, Grosskopf S, Carl A Pasurka Jr. Accounting for Air Pollution Emissions in Measures of State Manufacturing Productivity Growth [J]. Journal of Regional Science, 2001, 41 (3): 381 – 409.

[83] Färe R, Grosskopf S, Hernandez – Sancho F. Environmental performance: an index number approach [J]. Resource & Energy Economics, 2004, 26 (4): 343 – 352.

[84] Färe R, Grosskopf S, Lovell CK, Pasurka C. Multilateral productivity comparisons when some outputs are undesirable: a nonparametric approach [J]. The review of Economics and Statistics, 1989: 90 – 98.

[85] Färe R, Grosskopf S, Noh DW, Weber W. Characteristics of a polluting technology: theory and practice [J]. Journal of Econometrics, 2005, 126 (2): 469 – 492.

[86] Färe R, Grosskopf S, Norris M, Zhang Z. Productivity growth,

technical progress, and efficiency change in industrialized countries [J]. The American economic review, 1994: 66 – 83.

[87] Färe R, Grosskopf S, Pasurka Jr CA. Environmental production functions and environmental directional distance functions [J]. Energy, 2007, 32 (7): 1055 – 1066.

[88] Färe R, Grosskopf S, Yaisawarng S, Li SK, Wang ZP. Productive growth in Illinois electric utilities [J]. Resources and Energy, 1990, 12: 383 – 398.

[89] Färe R, Lovell CK. Measuring the technical efficiency of production [J]. Journal of Economic theory, 1978, 19 (1): 150 – 162.

[90] Färe R, Primont D. Multi – Output Production and Duality: Theory and Applications [M]. Springer, 1994.

[91] Farrell MJ. The measurement of productive efficiency [J]. Journal of the Royal Statistical Society. Series A (General), 1957, 120 (3): 253 – 290.

[92] Feng CP, Chu F, Ding JJ, Bi GB, Liang L. Carbon emissions abatement (CEA) allocation and compensation schemes based on DEA [J]. Omega, 2015, 53: 78 – 89.

[93] Fernando Y, Hor WL. Impacts of energy management practices on energy efficiency and carbon emissions reduction: a survey of Malaysian manufacturing firms [J]. Resources Conservation and Recycling, 2017, 126: 62 – 73.

[94] Fernández D, Pozo C, Folgado R, Jiménez L, Guillén – Gosálbez G. Productivity and energy efficiency assessment of existing industrial gases facilities via data envelopment analysis and the Malmquist index [J]. Applied Energy, 2018, 212: 1563 – 1577.

[95] Førsund FR. Multi – equation modelling of desirable and undesirable outputs satisfying the materials balance [J]. Empirical Economics, 2018, 54 (1): 67 – 99.

[96] Førsund FR, Kittelsen S. Productivity development of Norwegian electricity distribution utilities [J]. Resource & Energy Economics, 1998, 20

(97): 207 – 224.

[97] Fukuyama H, Weber WL. A directional slacks-based measure of technical inefficiency [J]. Socio – Economic Planning Sciences, 2009, 43 (4): 274 – 287.

[98] Fukuyama H, Weber WL. A slacks-based inefficiency measure for a two-stage system with bad outputs [J]. Omega, 2010, 38 (5): 398 – 409.

[99] Fukuyama H, Yoshida Y, Managi S. Modal choice between air and rail: a social efficiency benchmarking analysis that considers CO_2 emissions [J]. Environmental Economics and Policy Studies, 2011, 13 (2): 89 – 102.

[100] Fuss M, McFadden D, Mundlak Y. A survey of functional forms in the economic analysis of production [J]. Histoy of Economic Thought Chapters, 1978: 1.

[101] Grzebyk M, Stec M. Sustainable development in EU countries: concept and rating of levels of development [J]. Sustainable Development, 2015, 23 (2): 110 – 123.

[102] Goto M, Otsuka A, Sueyoshi T. DEA (Data Envelopment Analysis) assessment of operational and environmental efficiencies on Japanese regional industries [J]. Energy, 2014, 66: 535 – 549.

[103] Golembiewski RT, Billingsley K, Yeager S. Measuring change and persistence in human affairs: Types of change generated by OD designs [J]. The Journal of Applied Behavioral Science, 1976, 12 (2): 133 – 157.

[104] Cui X, Zhao T, Wang J. Allocation of carbon emission quotas in China's provincial power sector based on entropy method and ZSG – DEA [J]. Journal of Cleaner Production, 2021, 284: 124 – 683.

[105] Guo XD, Zhu L, Fan Y, Xie BC. Evaluation of potential reductions in carbon emissions in Chinese provinces based on environmental DEA [J]. Energy Policy, 2011, 39 (5): 2352 – 2360.

[106] Guo X, Zhu Q, Lv L, Chu J, Wu J. Efficiency evaluation of regional energy saving and emission reduction in China: A modified slacks-based

measure approach [J]. Journal of Cleaner Production, 2017, 140: 1313 – 1321.

[107] Guo Y, Liu W, Tian J, He R, Chen L. Eco – efficiency assessment of coal-fired combined heat and power plants in Chinese eco-industrial parks [J]. Journal of Cleaner Production, 2017, 168: 963 – 972.

[108] Hailu A, Veeman TS. Non – parametric Productivity Analysis with Undesirable Outputs: An Application to the Canadian Pulp and Paper Industry [J]. American Journal of Agricultural Economics, 2001, 83 (3): 605 – 616.

[109] Halkos GE, Tzeremes NG, Kourtzidis SA. Measuring sustainability efficiency using a two-stage data envelopment analysis approach [J]. Journal of Industrial Ecology, 2016, 20 (5): 1159 – 1175.

[110] Hashmi R, Alam K. Dynamic relationship among environmental regulation, innovation, CO_2 emissions, population, and economic growth in OECD countries: A panel investigation [J]. Journal of Cleaner Production, 2019, 231: 1100 – 1109.

[111] Hawdon D. Efficiency, performance and regulation of the international gas industry-a bootstrap DEA approach [J]. Energy Policy, 2003, 31 (11): 1167 – 1178.

[112] Hill RC. Capital accumulation and urbanization in the United States. Readings in Urban Analysis: Perspectives on Urban Form and Structure, 2017: 150.

[113] Hoff A. Second stage DEA: Comparison of approaches for modelling the DEA score [J]. European Journal of Operational Research, 2007, 181 (1): 425 – 435.

[114] Hou J, Zhang P, Tian Y, Yuan X, Yang Y. Developing low-carbon economy: actions, challenges and solutions for energy savings in China [J]. Renewable Energy, 2011, 36 (11): 3037 – 3042.

[115] Hu J, Kao C. Efficient energy-saving targets for APEC economies [J]. Energy policy, 2007, 35 (1): 373 – 382.

[116] Hu J, Wang S. Total-factor energy efficiency of regions in China

[J]. Energy policy, 2006, 34 (17): 3206 – 3217.

[117] Huang J, Yang X, Cheng G, Wang S. A comprehensive eco-efficiency model and dynamics of regional eco-efficiency in China [J]. Journal of Cleaner Production, 2014, 67: 228 – 238.

[118] IPCC. Good practice guidance and uncertainty management in national greenhouse gas inventories [J]. Intergovernmental Panel on Climate Change, 2000.

[119] Iram R, Zhang J, Erdogan S, Abbas Q, Mohsin M. Economics of energy and environmental efficiency: evidence from OECD countries [J]. Environmental Science and Pollution Research, 2020, 27 (4): 3858 – 3870.

[120] Jamasb T, Pollitt M. International benchmarking and regulation: an application to European electricity distribution utilities [J]. Energy Policy, 2003, 31 (15): 1609 – 1622.

[121] Jebaraj S, Iniyan S. A review of energy models [J]. Renewable and Sustainable Energy Reviews, 2006, 10 (4): 281 – 311.

[122] Jiang B, Sun Z, Liu M. China's energy development strategy under the low-carbon economy [J]. Energy, 2010, 35 (11): 4257 – 4264.

[123] Jin J, Zhou D, Zhou P. Measuring environmental performance with stochastic environmental DEA: The case of APEC economies [J]. Economic Modelling, 2014, 38: 80 – 86.

[124] Kao C. Network data envelopment analysis: A review [J]. European Journal of Operational Research, 2014, 239 (1): 1 – 16.

[125] Kao C, Hwang SN. Multi – period efficiency and Malmquist productivity index in two-stage production systems [J]. European Journal of Operational Research, 2014, 232 (3): 512 – 521.

[126] Kashani HA. Regulation and efficiency: an empirical analysis of the United Kingdom continental shelf petroleum industry [J]. Journal of Invasive Cardiology, 2005, 17 (11): 609 – 612.

[127] Korhonen PJ, Luptacik M. Eco – efficiency analysis of power plants: an extension of data envelopment analysis [J]. European Journal of

Operational Research, 2004, 154 (2): 437 –446.

[128] Kühlwein J, Friedrich R. Uncertainties of modelling emissions from road transport [J]. Atmospheric Environment, 2000, 34 (27): 4603 –4610.

[129] Land KC, Lovell C, Thore S. Chance – constrained data envelopment analysis [J]. Managerial and Decision Economics, 1993, 14 (6): 541 –554.

[130] Lee YC, Hu JL, Kao CH. Efficient saving targets of electricity and energy for regions in China [J]. International Journal of Electrical Power & Energy Systems, 2011, 33 (6): 1211 –1219.

[131] Lefeber L, Vietorisz T. The meaning of social efficiency [J]. Review of Political Economy, 2007, 19 (2): 139 –164.

[132] Leung GC. China's energy security: Perception and reality [J]. Energy Policy, 2011, 39 (3): 1330 –1337.

[133] Li H, Mu H, Zhang M, Gui S. Analysis of regional difference on impact factors of China's energy – Related CO_2 emissions [J]. Energy, 2012, 39 (1): 319 –326.

[134] Li X, Yang J, Liu X. Analysis of Beijing's environmental efficiency and related factors using a DEA model that considers undesirable outputs [J]. Mathematical and Computer Modelling, 2013, 58 (5 –6): 956 –960.

[135] Li Y, Shi X, Emrouznejad A, Liang L. Environmental performance evaluation of Chinese industrial systems: a network SBM approach [J]. Journal of the Operational Research Society, 2018, 69 (6): 825 –839.

[136] Liang L, Cook WD, Zhu J. DEA models for two-stage processes: Game approach and efficiency decomposition [J]. Naval Research Logistics (NRL), 2008, 55 (7): 643 –653.

[137] Liang L, Yang F, Cook WD, Zhu J. DEA models for supply chain efficiency evaluation [J]. Annals of Operations Research, 2006, 145 (1): 35 – 49.

[138] Liao N, He Y. Exploring the effects of influencing factors on energy

efficiency in industrial sector using cluster analysis and panel regression model [J]. Energy, 2018, 158: 782 - 795.

[139] Lim S, Bae H, Lee LH. A study on the selection of benchmarking paths in DEA [J]. Expert Systems with Applications, 2011, 38 (6): 7665 - 7673.

[140] Lin B, Wang X. Exploring energy efficiency in China's iron and steel industry: A stochastic frontier approach [J]. Energy Policy, 2014, 72: 87 - 96.

[141] Liu L, Wang J, Wu G, Wei Y. China's regional carbon emissions change over 1997 - 2007 [J]. International Journal of Energy and Environment, 2010, 1 (1): 161 - 176.

[142] Liu W, Meng W, Li X, Zhang D. DEA models with undesirable inputs and outputs [J]. Annals of Operations Research, 2010, 173 (1): 177 - 194.

[143] Liu Y, Wang K. Energy efficiency of China's industry sector: An adjusted network DEA (data envelopment analysis) - based decomposition analysis [J]. Energy, 2015, 93: 1328 - 1337.

[144] Løken E. Use of multicriteria decision analysis methods for energy planning problems [J]. Renewable and Sustainable Energy Reviews, 2007, 11 (7): 1584 - 1595.

[145] Lovell CK, Pastor JT. Units invariant and translation invariant DEA models [J]. Operations Research Letters, 1995, 18 (3): 147 - 151.

[146] Lozano S, Gutiérrez E. Slacks - based measure of efficiency of airports with airplanes delays as undesirable outputs [J]. Computers & Operations Research, 2011, 38 (1): 131 - 139.

[147] Lozano S, Villa G, Brännlund R. Centralised reallocation of emission permits using DEA [J]. European Journal of Operational Research, 2009, 193 (3): 752 - 760.

[148] Lu WM, Lo SF. A benchmark-learning roadmap for regional sustainable development in China [J]. Journal of the Operational Research Society,

2007, 58（7）: 841 –849.

［149］ Mahmoudi R, Emrouznejad A, Khosroshahi H, Khashei M, Rajabi P. Performance evaluation of thermal power plants considering CO_2 emission: A multistage PCA, Clustering, Game theory and Data Envelopment Analysis ［J］. Journal of Cleaner Production, 2019, 223（20）: 641 –650.

［150］ Makridou G, Andriosopoulos K, Doumpos M, Zopounidis C. Measuring the efficiency of energy-intensive industries across European countries ［J］. Energy Policy, 2016, 88: 573 –583.

［151］ Mandal SK, Madheswaran S. Causality between energy consumption and output growth in the Indian cement industry: An application of the panel vector error correction model（VECM）［J］. Energy Policy, 2010, 38（11）: 6560 –6565.

［152］ Meng F, Su B, Thomson E, Zhou D, Zhou P. Measuring China's regional energy and carbon emission efficiency with DEA models: A survey ［J］. Applied Energy, 2016, 183: 1 –21.

［153］ Monni S, Syri S, Savolainen I. Uncertainties in the Finnish greenhouse gas emission inventory ［J］. Environmental Science & Policy, 2004, 7（2）: 87 –98.

［154］ Mukherjee K. Energy use efficiency in US manufacturing: a nonparametric analysis ［J］. Energy Economics, 2008, 30（1）: 76 –96.

［155］ Munksgaard J, Pade LL, Fristrup P. Efficiency gains in Danish district heating. Is there anything to learn from benchmarking? ［J］. Energy Policy, 2005, 33（15）: 1986 –1997.

［156］ Murphy K. The social pillar of sustainable development: a literature review and framework for policy analysis ［J］. Sustainability: Science, practice and policy, 2012, 8（1）: 15 –29.

［157］ Ng YC, Chang MK. Impact of computerization on firm performance: a case of Shanghai manufacturing enterprises ［J］. Journal of the Operational Research Society, 2003, 54（10）: 1029 –1037.

[158] Palmer K, Oates WE, Portney PR. Tightening environmental standards: The benefit-cost or the no-cost paradigm? [J]. The Journal of Economic Perspectives, 1995, 9 (4): 119 - 132.

[159] Pastor JT, Lovell CK. A global Malmquist productivity index [J]. Economics Letter, 2005, 88 (2): 266 - 271.

[160] Picazo - Tadeo A J, Prior D. Environmental externalities and efficiency measurement [J]. Journal of Environmental Management, 2009, 90 (11): 3332 - 3339.

[161] Picazo - Tadeo A J, Reig - Martinez E, Hernandez - Sancho F. Directional distance functions and environmental regulation [J]. Resource and Energy Economics, 2005, 27 (2): 131 - 142.

[162] Porter ME, Van der Linde C. Toward a new conception of the environment-competitiveness relationship [J]. The Journal of Economic Perspectives, 1995, 9 (4): 97 - 118.

[163] Ramanathan R. A holistic approach to compare energy efficiencies of different transport modes [J]. Energy Policy, 2000, 28 (11): 743 - 747.

[164] Ramanathan R. Combining indicators of energy consumption and CO_2 emissions: a cross-country comparison [J]. International Journal of Global Energy Issues, 2002, 17: 214 - 227.

[165] Ramanathan R. "An Analysis of Energy Consumption and Carbon Dioxide Emissions in Countries of the Middle East and North Africa." [J]. Energy, 2005, 30 (15): 2831 - 2842.

[166] Ruggiero J. A new approach for technical efficiency estimation in multiple output production [J]. European Journal of Operational Research, 1998, 111 (2): 369 - 380.

[167] Rypdal K, Winiwarter W. Uncertainties in greenhouse gas emission inventories-evaluation, comparability and implications [J]. Environmental Science & Policy, 2001, 4 (2): 107 - 116.

[168] Saen RF, Azadi M. A chance-constrained data envelopment analysis

approach for strategy selection [J]. Journal of Modelling in Management, 2011, 6 (2): 200 –214.

[169] Scheel H. Undesirable outputs in efficiency valuations [J]. European Journal of Operational Research, 2001, 132 (2): 400 –410.

[170] Seifert S, Cullmann A, von Hirschhausen C. Technical Efficiency and CO_2 Reduction Potentials – An Analysis of the German Electricity and Heat Generating Sector [J]. Energy Economics, 2016, 56: 9 –19.

[171] Seiford L M, Zhu J. Modeling undesirable factors in efficiency evaluation [J]. European Journal of Operational Research, 2002, 142 (1): 16 –20.

[172] Seiford LM, Zhu J. Context – dependent data envelopment analysis-measuring attractiveness and progress [J]. Omega, 2003, 31 (5): 397 –408.

[173] Sengupta JK. Data envelopment analysis for efficiency measurement in the stochastic case [J]. Computers & Operations Research, 1987, 14 (2): 117 –129.

[174] Shi C, Lu J, Zhang G, Zhou H. An extended branch and bound algorithm for linear bilevel programming [J]. Applied Mathematics and Computation, 2006, 180 (2): 529 –537.

[175] Shi GM, Bi J, Wang JN. Chinese regional industrial energy efficiency evaluation based on a DEA model of fixing non-energy inputs [J]. Energy Policy, 2010, 38 (10): 6172 –6179.

[176] Simar L, Wilson PW. Sensitivity analysis of efficiency scores: How to bootstrap in nonparametric frontier models [J]. Management Science, 1998, 44 (1): 49 –61.

[177] Song M, An Q, Zhang W, Wang Z, Wu J. Environmental efficiency evaluation based on data envelopment analysis: a review [J]. Renewable and Sustainable Energy Reviews, 2012, 16 (7): 4465 –4469.

[178] Song M, Zhang L, An Q, Wang Z, Li Z. Statistical analysis and combination forecasting of environmental efficiency and its influential factors since China entered the WTO: 2002 – 2010 – 2012 [J]. Journal of Cleaner Produc-

tion, 2013, 42: 42 – 51.

[179] Statistics IEA. CO_2 emissions from fuel combustion-highlights. IEA, Paris http: //www. iea. org/CO_2 highlights/CO_2 highlights. pdf. Cited July, 2011.

[180] Strezov V, Evans A, Evans TJ. Assessment of the economic, social and environmental dimensions of the indicators for sustainable development [J]. Sustainable Development, 2017, 25 (3): 242 – 253.

[181] Sueyoshi T. Stochastic DEA for restructure strategy: an application to a Japanese petroleum company [J]. Omega, 2000, 28 (4): 385 – 398.

[182] Sueyoshi T, Goto M. Slack – adjusted DEA for time series analysis: performance measurement of Japanese electric power generation industry in 1984 – 1993 [J]. European Journal of Operational Research, 2001, 133 (2): 232 – 259.

[183] Sueyoshi T, Goto M, DEA approach for unified efficiency measurement: Assessment of Japanese fossil fuel power generation [J]. Energy Economics, 2011, 33 (2): 195 – 208.

[184] Sueyoshi T, Goto M. DEA radial and non-radial models for unified efficiency under natural and managerial disposability: theoretical extension by strong complementary slackness conditions [J]. Energy Economics, 2012a, 34 (3): 700 – 713.

[185] Sueyoshi T, Goto M. Environmental assessment by DEA radial measurement: U. S. coal-fired power plants in ISO (Independent System Operator) and RTO (Regional Transmission Organization) [J]. Energy Economics, 2012b, 34 (3): 663 – 676.

[186] Sueyoshi T, Goto M. Data envelopment analysis for environmental assessment: Comparison between public and private ownership in petroleum industry [J]. European Journal of Operational Research, 2012c, 216 (3): 668 – 678.

[187] Sueyoshi T, Goto, M. Investment strategy for sustainable society by development of regional economies and prevention of industrial pollutions in Japanese manufacturing sectors [J]. Energy Economics, 2014, 42: 299 – 312.

[188] Sueyoshi T, Goto M. Undesirable congestion under natural disposability and desirable congestion under managerial disposability in US electric power industry measured by DEA environmental assessment [J]. Energy Economics, 2016, 55: 173 – 188.

[189] Sueyoshi T, Goto M, Omi Y. Corporate governance and firm performance: Evidence from Japanese manufacturing industries after the lost decade [J]. European Journal of Operational Research, 2010, 203 (3): 724 – 736.

[190] Sueyoshi T, Goto M, Sugiyama M. DEA window analysis for environmental assessment in a dynamic time shift: Performance assessment of US coal-fired power plants [J]. Energy Economics, 2013, 40: 845 – 857.

[191] Sueyoshi T, Goto M, Ueno T. Performance analysis of US coal-fired power plants by measuring three DEA efficiencies [J]. Energy Policy, 2010, 38 (4): 1675 – 1688.

[192] Sueyoshi T, Sekitani K. Measurement of returns to scale using a non-radial DEA model: A range-adjusted measure approach [J]. European Journal of Operational Research, 2007, 176 (3): 1918 – 1946.

[193] Sueyoshi T, Yuan Y, Goto M. A literature study for DEA applied to energy and environment [J]. Energy Economics, 2017, 62: 104 – 124.

[194] Sun J, Du T, Sun W, et al. An evaluation of greenhouse gas emission efficiency in China's industry based on SFA [J]. Science of The Total Environment, 2019, 690: 1190 – 1202.

[195] Sun J, Wu J, Liang L, et al. Allocation of emission permits using DEA: centralised and individual points of view [J]. International Journal of Production Research, 2014, 52 (2): 419 – 435.

[196] Tajbakhsh A, Hassini E. A data envelopment analysis approach to evaluate sustainability in supply chain networks [J]. Journal of Cleaner Production, 2015, 105: 74 – 85.

[197] Tan B, Yavuz Y, Otay EN, et al. Optimal selection of energy efficiency measures for energy sustainability of existing buildings [J]. Computers &

Operations Research, 2015, 66: 258 – 271.

[198] Tang C S, Zhou S. Research advances in environmentally and socially sustainable operations [J]. European Journal of Operational Research, 2012, 223 (3): 585 – 594.

[199] Thrall RM. Duality, classification and slacks in DEA [J]. Annals of Operations Research, 1996, 66 (2): 109 – 138.

[200] Tone K. A slacks-based measure of efficiency in data envelopment analysis [J]. European Journal of Operational Research, 2001, 130 (3): 498 – 509.

[201] Tone K, Kweh QL, Lu WM, Ting IWK. Modeling investments in the dynamic network performance of insurance companies [J]. Omega, 2019, 88: 237 – 247.

[202] Tone K, Tsutsui M. Dynamic DEA: A slacks-based measure approach [J]. Omega, 2010, 38 (3 – 4): 145 – 156.

[203] Tone K, Tsutsui M. Dynamic DEA with network structure: A slacks-based measure approach [J]. Omega, 2014, 42 (1): 124 – 131.

[204] Triantis K, Otis P. Dominance-based measurement of productive and environmental performance for manufacturing [J]. European Journal of Operational Research, 2004, 154 (2): 447 – 464.

[205] Van Ackere A. The principal/agent paradigm: its relevance to various functional fields [J]. European Journal of Operational Research, 1993, 70 (1): 83 – 103.

[206] Walheer B. Growth and convergence of the OECD countries: A multi-sector production-frontier approach [J]. European Journal of Operational Research, 2016, 252 (2): 665 – 675.

[207] Walheer B. Economic growth and greenhouse gases in Europe: A non-radial multi-sector nonparametric production-frontier analysis [J]. Energy Economics, 2018, 74: 51 – 62.

[208] Walheer B. Is constant returns-to-scale a restrictive assumption for

sector-level empirical macroeconomics? The case of Europe [J]. Applied Economics Letters, 2019, 26 (3): 231 – 236.

[209] Wang B. An imbalanced development of coal and electricity industries in China [J]. Energy Policy, 2007, 35 (10): 4959 – 4968.

[210] Wang C, Zhan J, Bai Y, Chu X, Zhang F. Measuring carbon emission performance of industrial sectors in the Beijing – Tianjin – Hebei region, China: A stochastic frontier approach [J]. Science of The Total Environment, 2019, 685: 786 – 794.

[211] Wang D, Li S, Sueyoshi T. DEA environmental assessment on US Industrial sectors: Investment for improvement in operational and environmental performance to attain corporate sustainability [J]. Energy Economics, 2014, 45: 254 – 267.

[212] Wang H, Zhou P, Zhou D. Scenario-based energy efficiency and productivity in China: A non-radial directional distance function analysis [J]. Energy Economics, 2013, 40: 795 – 803.

[213] Wang Q, Su B, Zhou P, Chiu CR. Measuring total-factor CO_2 emission performance and technology gaps using a non-radial directional distance function: A modified approach [J]. Energy Economics, 2016, 56: 475 – 482.

[214] Wang K, Wei YM. China's regional industrial energy efficiency and carbon emissions abatement costs. Applied Energy, 2014, 130: 617 – 631.

[215] Wang K, Yu S, Zhang W. China's regional energy and environmental efficiency: a DEA window analysis based dynamic evaluation [J]. Mathematical and Computer Modelling, 2013, 58 (5): 1117 – 1127.

[216] Wang K, Zhang X, Wei Y, Yu S. Regional allocation of CO_2 emissions allowance over provinces in China by 2020 [J]. Energy Policy, 2013, 54: 214 – 229.

[217] Wang Q, Zhou P, Zhou D. Efficiency measurement with carbon dioxide emissions: the case of China [J]. Applied Energy, 2012, 90 (1):

161 – 166.

［218］Wang Z, Feng C. A performance evaluation of the energy, environmental, and economic efficiency and productivity in China: An application of global data envelopment analysis ［J］. Applied Energy, 2015, 147: 617 – 626.

［219］Wei C, Ni J, Du L. Regional allocation of carbon dioxide abatement in China ［J］. China Economic Review, 2012, 23 (3): 552 – 565.

［220］Wei X, Qiu R, Liang Y, Liao Q, Klemes J, Xue J, Zhang H. Roadmap to carbon emissions neutral industrial parks: Energy, economic and environmental analysis ［J］. Energy, 2022, 238: 121 – 732.

［221］Weitzman ML. Sustainability and technical progress ［J］. The Scandinavian Journal of Economics, 1997, 99 (1): 1 – 13.

［222］Weyman – Jones TG. Productive efficiency in a regulated industry: The area electricity boards of England and Wales ［J］. Energy Economics, 1991, 132: 116 – 122.

［223］White L, Lee GJ. Operational research and sustainable development: Tackling the social dimension ［J］. European Journal of Operational Research, 2009, 193 (3): 683 – 692.

［224］Wong E. As Pollution Worsens in China, Solutions Succumb to Infighting. The New York Times. Retrieved March 22, 2013.

［225］Wu C, Li Y, Liu Q, Wang K. A stochastic DEA model considering undesirable outputs with weak disposability ［J］. Mathematical and Computer Modelling, 2013, 58 (5): 980 – 989.

［226］Wu DD, Luo C, Wang H, Birge JR. Bi – level programing merger evaluation and application to banking operations ［J］. Production and Operations Management, 2016, 25 (3): 498 – 515.

［227］Wu F, Fan LW, Zhou P, Zhou DQ. Industrial energy efficiency with CO_2 emissions in china: A nonparametric analysis ［J］. Energy Policy, 2012, 49 (1): 164 – 172.

［228］ Wu H, Du S, Liang L, Zhou Y. A DEA – based approach for fair reduction and reallocation of emission permits ［J］. Mathematical and Computer Modelling, 2013, 58 (5): 1095 – 1101.

［229］ Wu J, An Q, Xiong B, Chen Y. Congestion measurement for regional industries in China: A data envelopment analysis approach with undesirable outputs ［J］. Energy Policy, 2013, 57: 7 – 13.

［230］ Wu J, An Q, Yao X, Wang B. Environmental efficiency evaluation of industry in China based on a new fixed sum undesirable output data envelopment analysis ［J］. Journal of Cleaner Production, 2014, 74: 96 – 104.

［231］ Wu J, Li M, Zhu Q, Zhou Z, Liang L. Energy and environmental efficiency measurement of China's industrial sectors: A DEA model with non-homogeneous inputs and outputs ［J］. Energy Economics, 2019, 78: 468 – 480.

［232］ Wu J, Xiong B, An Q, Sun J, Wu H. Total – factor energy efficiency evaluation of Chinese industry by using two-stage DEA model with shared inputs ［J］. Annals of Operations Research, 2017, 255 (1 – 2): 257 – 276.

［233］ Wu J, Xiong B, An Q, Zhu Q, Liang L. Measuring the performance of thermal power firms in China via fuzzy enhanced Russell measure model with undesirable outputs ［J］. Journal of Cleaner Production, 2015, 102: 237 – 245.

［234］ Wu J, Zhu Q, Ji X, Chu J, Liang L. Two – stage network processes with shared resources and resources recovered from undesirable outputs ［J］. European Journal of Operational Research, 2016, 251 (1): 182 – 197.

［235］ Xie BC, Duan N, Wang YS. Environmental efficiency and abatement cost of China's industrial sectors based on a three-stage data envelopment analysis ［J］. Journal of Cleaner Production, 2017, 153: 626 – 636.

［236］ Xie BC, Wang JY, Ma JJ, Duan N. Efficiency evaluation of China's provincial power systems based on the dynamic network slacks-based measure model ［J］. Journal of Cleaner Production, 2018, 174: 650 – 660.

［237］ Yan Y, Wang C, Quan Y, Wu G, Zhao J. Urban sustainable development efficiency towards the balance between nature and human well-being: Connotation, measurement, and assessment [J]. Journal of Cleaner Production, 2018, 178: 67 – 75.

[238] Yao X, Guo C, Shao S, Jiang Z. Total – factor CO_2 emission performance of China's provincial industrial sector: A meta-frontier non-radial Malmquist index approach [J]. Applied Energy, 2016, 184: 1142 – 1153.

[239] Yang H, Pollitt M. The necessity of distinguishing weak and strong disposability among undesirable outputs in DEA: environmental performance of Chinese coal-fired power plants [J]. Energy Policy, 2010, 38 (8): 4440 – 4444.

[240] Yang M, An Q, Ding T, Yin P, Liang L. Carbon emission allocation in China based on gradually efficiency improvement and emission reduction planning principle [J]. Annals of Operations Research, 2019, 278 (1): 123 – 139.

[241] Yang M, Hou Y, Ji Q, Zhang D. Assessment and optimization of provincial CO2 emission reduction scheme in China: an improved ZSG – DEA approach [J]. Energy Economics, 2020, 91: 104 – 931.

[242] Yang Y, Ma B, Koike M. Efficiency – measuring DEA model for production system with k independent subsystems [J]. Journal of the Operations Research Society of Japan, 2000, 43 (3): 343 – 354.

[243] Yu MM, Chern CC, Hsiao B. Human resource rightsizing using centralized data envelopment analysis: Evidence from Taiwan's Airports [J]. Omega, 2013, 41 (1): 119 – 130.

[244] Zaim O, Taskin F. Environmental efficiency in carbon dioxide emissions in the OECD: A non-parametric approach [J]. Journal of Environmental Management, 2000a, 58: 95 – 107.

[245] Zaim O, Taskin F. A Kuznets curve in environmental efficiency: An application on OECD countries [J]. Environmental and Resource Economics, 2000b, 17: 21 – 36.

［246］Zaim O. Measuring environmental performance of state manufacturing through changes in pollution intensities：A DEA framework ［J］. Ecological Economics, 2004, 48（1）：37 – 47.

［247］Zha Y, Liang L. Two – stage cooperation model with input freely distributed among the stages ［J］. European Journal of Operational Research, 2010, 205（2）：332 – 338.

［248］Zha Y, Liang N, Wu M, Bian Y. Efficiency evaluation of banks in China：A dynamic two-stage slacks-based measure approach ［J］. Omega, 2016, 60：60 – 72.

［249］Zha Y, Zhao L, Bian YW. Measuring regional efficiency of energy and carbon dioxide emissions in China：A chance constrained DEA approach ［J］. Computers & Operations Research, 2016, 66：351 – 361.

［250］Zhang C, Lin Y. Panel estimation for urbanization, energy consumption and CO_2 emissions：A regional analysis in China ［J］. Energy policy, 2012, 49：488 – 498.

［251］Zhang B, Bi J, Fan Z, et al. Eco – efficiency analysis of industrial system in China：A data envelopment analysis approach. Ecological Economics, 2008, 68（1 – 2）：306 – 316.

［252］Zhang L, Zhao L, Zha Y. Efficiency evaluation of Chinese regional industrial systems using a dynamic two-stage DEA approach ［J］. Socio – Economic Planning Sciences, 2021,（1）：101031.

［253］Zhang N, Choi Y. Total – factor carbon emission performance of fossil fuel power plants in China：A metafrontier non-radial Malmquist index analysis ［J］. Energy Economics, 2013, 40（2）：549 – 559.

［254］Zhang N, Wang B, Liu Z. Carbon emissions dynamics, efficiency gains, and technological innovation in China's industrial sectors ［J］. Energy, 2016, 99：10 – 19.

［255］Zhang R, Lu C C, Lee J H, et al. Dynamic Environmental Efficiency Assessment of Industrial Water Pollution ［J］. Sustainability, 2019,

11 (11): 30 – 53.

[256] Zhang W, Li J, Li G, et al. Emission reduction effect and carbon market efficiency of carbon emissions trading policy in China [J]. Energy, 2020, 196: 117.

[257] Zhang W, Yang, S. The influence of energy consumption of China on its real GDP from aggregated and disaggregated viewpoints [J]. Energy Policy, 2013, 57: 76 – 81.

[258] Zhang X, Cheng X, Yuan J, et al. Total – factor energy efficiency in developing countries [J]. Energy Policy, 2011, 39 (2): 644 – 650.

[259] Zhang Y J, Hao J F. Carbon emission quota allocation among China's industrial sectors based on the equity and efficiency principles [J]. Annals of Operations Research, 2017, 255 (1 – 2): 117 – 140.

[260] Zhao L, Zha Y, Liang N, et al. Data envelopment analysis for unified efficiency evaluation: An assessment of regional industries in China [J]. Journal of Cleaner Production, 2016, 113: 695 – 704.

[261] Zhao L, Zha Y, Wei K, et al. A target-based method for energy saving and carbon emissions reduction in China based on environmental data envelopment analysis [J]. Annals of Operations Research, 2017, 255: 277 – 300.

[262] Zhao L, Zha Y, Zhuang Y, et al. Data envelopment analysis for sustainability evaluation in China: Tackling the economic, environmental, and social dimensions [J]. European Journal of Operational Research, 2019, 275 (3): 1083 – 1095.

[263] Zhao L, Zhang L, Zha Y. Industrial Efficiency Evaluation in China: A Nonparametric Production – Frontier Approach [J]. Sustainability, 2019, 11 (18): 1 – 23.

[264] Zhao X, Yang R, M Q. China's total factor energy efficiency of provincial industrial sectors [J]. Energy, 2014, 65: 52 – 61.

[265] Zhou C, Shi C, Wang S, et al. Estimation of eco-efficiency and its influencing factors in Guangdong province based on Super – SBM and panel

regression models [J]. Ecological Indicators, 2018, 86: 67 – 80.

[266] Zhou D Q, Wang Q, Su B, et al. Industrial energy conservation and emission reduction performance in China: A city-level nonparametric analysis [J]. Applied Energy, 2016, 166: 201 – 209.

[267] Zhou H, Yang Y, Chen Y, et al. Data envelopment analysis application in sustainability: The origins, development and future directions [J]. European Journal of Operational Research, 2018, 264 (1): 1 – 16.

[268] Zhou P, Ang B W. Linear programming models for measuring economy-wide energy efficiency performance [J]. Energy Policy, 2008, 36 (8): 2911 – 2916.

[269] Zhou P, Ang B, Han J. Total factor carbon emission performance: A Malmquist index analysis [J]. Energy Economics, 2010, 32 (1): 194 – 201.

[270] Zhou P, Ang B W, Poh K L. Slacks – based efficiency measures for modeling environmental performance [J]. Ecological Economics, 2006, 60 (1): 111 – 118.

[271] Zhou P, Ang B W, Poh K L. A survey of data envelopment analysis in energy and environmental studies [J]. European Journal of Operational Research, 2008a, 189 (1): 1 – 18.

[272] Zhou P, Ang B W, Poh K L. Measuring environmental performance under different environmental DEA technologies [J]. Energy Economics, 2008b, 30 (1): 1 – 14.

[273] Zhou P, Ang B W, Poh K L. Slacks – based efficiency measures for modeling environmental performance [J]. Ecological Economics, 2010, 60 (1): 111 – 118.

[274] Zhou P, Ang B W, Wang H. Energy and CO_2 emission performance in electricity generation: A non-radial directional distance function approach [J]. European Journal of Operational Research, 2012, 221 (3): 625 – 635.

[275] Zhou P, Ang B W, Zhou D. Measuring economy-wide energy efficiency performance: A parametric frontier approach [J]. Applied Energy,

2012, 90 (1): 196 – 200.

[276] Zhou P, Sun Z, Zhou D. Optimal path for controlling CO_2 emissions in China: A perspective of efficiency analysis [J]. Energy Economics, 2014, 45 (C): 99 – 110.

[277] Zhou P, Poh KL, Ang BW. A non-radial DEA approach to measuring environmental performance [J]. European Journal of Operational Research, 2007, 178 (1): 1 – 9.

[278] Zhu J. Data envelopment analysis with preference structure [J]. Journal of the Operational Research Society, 1996, 47: 136 – 150.

[279] Zhu J. Data envelopment analysis vs. principal component analysis: an illustrative study of economic performance of Chinese cities [J]. European Journal of Operational Research, 1998, 111 (1): 50 – 61.

[280] Bennett M, James P, Klinkers L. (Eds.). Sustainable measures: Evaluation and reporting of environmental and social performance [M]. Routledge, 2017.

[281] Bohm P. Social efficiency: A concise introduction to welfare economics [M]. Macmillan, 1987.

[282] Brundtland GH. Report of the World Commission on environment and development: "Our common future." [M]. Oxford: Oxford University Press, 1987.

[283] Clark J. Preface to Social Economics: Economic Theory and Social Problems [M]. Routledge, 2017.

[284] Cooper W W, Seiford L M, Zhu J. Handbook on data envelopment analysis [M]. Boston: Kluwer Academic Publishers, 2004.

[285] Gerschenkron A. Economic backwardness in historical perspective: A book of essays [M]. Cambridge, MA: Belknap Press of Harvard University Press, 1962.

[286] Global BP. BP statistical review of world energy [M]. British Petroleum, 2010.

[287] Holden E, Linnerud K, Banister D, Schwanitz V J, Wierling

A. The Imperatives of Sustainable Development: Needs, Justice, Limits [M].
Routledge, 2017.

[288] Moore R. Making common sense common practice: Models for man-ufacturing excellence [M]. Gulf Publishing Company, 1999.

[289] Peacock A T. The Growth of Public Expenditure. In The Encyclope-dia of Public Choice [M]. Springer, Boston, MA, 2004.

[290] Ramanathan R. An Introduction to Data Envelopment Analysis: A Tool for Performance Measurement [M]. New Delhi: Sage Publications, 2003.

[291] Robinson R K, Morgan D F, Green R T, Shinn C W. Foundations of public service [M]. Routledge, 2015.

[292] Zhou P, Poh K L, Ang B W. Data Envelopment Analysis for Meas-uring Environmental Performance. In Handbook of Operations Analytics Using Da-ta Envelopment Analysis [M]. Springer US, 2016.

[293] Zhu J. Quantitative models for performance evaluation and bench-marking: Data envelopment analysis with spreadsheets [M]. Springer, 2014.